불화의
세상

불화의
언어

불화의 세상

허상문 평론집

불화의 언어

인간과문학사

■ **책머리에**

　인간과 세상의 불화가 깊어가고 있다. 인간과 인간, 인간과 세상, 인간과 자연의 갈등과 불화는 날이 갈수록 심해져 간다. 이러한 평가는 오래전부터 많은 철학자와 시인들이 삶의 모습이 '지옥 같다'고 비유하면서 물신(物神)적 세계 속에서 살아가는 인간의 모습을 그려낼 때 이미 잘 드러났다. 기술과 물질세계에 빠져든 인간의 본질이 세계 속 교환가치의 대상으로 전락하면서 그 관계는 불화로 치달을 수밖에 없게 된 것이다.
　현대적인 삶의 상황은 인간을 '절망'에 빠뜨리고 더 이상 희망이 가능하지 않은 궁지로 몰아가고 있다. 궁극적으로 이런 상황은 인간의 안과 밖의 불화에서 출발한다. 세계를 부조리한 것으로 인식하고 그에 저항한다고 해서 세계 밖으로 달려 나갈 수는 없다. 부조리하고 불화하는 세상에서 벗어나 저항할 수 있는 존재가 될 수 있는 길은 무엇인가. 그것은 세상을 벗어나는 길이 아니라 세상을 관통하면서 새로운 세상을 꿈꾸는 길밖에 없다.
　문학은 세상의 절망적 상황과 함께 살아가면서 새로운 삶을 꿈꾸는 것을 하나의 윤리로 삼고 있다. 부조리한 세상에 맞서 분기하면서 새로운 세상을 기다려야 하는 것, 문학과 문학하는 사람들의 비극성은 여기에 있다. 그들에게는 바깥세상으로 나아갈 수도 은둔할 수도 있는 힘이 없다. 하여 문학은 언어와의 또 다른 불화를 낳는다. 문학을 통한 언어의 불화는 또 다른 삶의 불화이며 세계와의 불화이다.

오늘날 이 세상의 고통과 슬픔은 모두 '말할 수 없음'으로 봉인되어 있다. 이때, '말할 수 없음'은 할 수 있는 것을 하지 않음이 아니라, 말의 엄밀한 의미에서 고통과 슬픔은 말로 표현하는 것이 원천적으로 불가능하다는 사실을 말해준다. 세상의 고통은 이성적인 로고스의 차원이 아니라 몸으로 직접 겪어야 하는 파토스의 차원에서만 존재하기 때문이다. 우리 시대의 고통은 이성적으로 이해하고 판단할 수 있는 것이 아니라 오직 몸으로 겪고 마음으로 동참할 수 있을 뿐이다.

비트겐슈타인은 "말할 수 없는 것에는 침묵해야 한다"고 했지만, 문학은 말할 수 없는 침묵을 말할 수 있게 해야 한다. 모든 글쓰기는 말할 수 없는 침묵을 말할 수 있게 하는 일이다. 작가는 인간으로서의 타자뿐만 아니라, 적이나 악의 모습으로 보일 수 있는 절망과 슬픔을 희망과 기쁨으로 전환시키는 사람이다. 작가가 이야기하는 '절망'은 단순히 세상에 좌절하거나 슬퍼하는 차원을 넘어서서, 이 세계를 구성하는 모든 것과 적극적으로 함께 새로운 차원을 여는 것을 일컫는다. 이 세계를 긍정하고 수용하기 위해서는 이 세계가 '나'에게 부과하는 짐을 기꺼이 긍정해야 한다. 자신의 삶을 불가능하게 하는 요건들을 가능성의 차원으로 전복시킬 수 있는 차원을 살피고 실천해야 한다. 문학의 과업은 세상이 지닌 그런 불화와 절망을 희망과 빛의 언어로 표현해내는 일이리라. 모든 문학적 글쓰기가 잠들지 못하는 불멸의 작업인 이유도 여기에 있다.

  이 책에 실린 수필평론들은 이런 문제의식에서 쓰인 것들이다. 이 글들은 서로가 서로에게 세상과 삶의 불화에 대한 언어의 공유적 의지가 되는 모습을 보여준다. 이제 우리 시대의 삶과 세상에 대한 절망은, 단순히 희망이 끝나버린 상태의 이름이 아니라 작가와 시인으로 하여금 이 세상을 살아갈 수 있는 새로운 힘이 되도록 한다. 이 불면의 시간에 문학이 어떻게 불멸의 시대를 맞을 것인가를 고민하는 작가들에게 경의를 드린다. 어려운 시절에 책으로 만들어 주신 신아출판사에도 깊이 감사드린다.

2025. 여름 허상문

차례

■ 책머리에

제1부

슬픔의 서사 문법-김이경의 수필 읽기 • 10
생명의 서사학-함무성의 수필 세계 • 18
강천 수필의 생태적 읽기 • 36
사물과 세상을 읽는 방식-박영득 수필의 인식론적 해석 • 51
어느 나르시시스트의 별탑 쌓기-김추리의 수필 읽기 • 66
고향의 상실 혹은 노스탤지어의 서사-이에스더의 수필 세계 • 79

제2부

잃어버린 시간을 찾아가는 주체의 순례-신규의 수필 세계 • 94
토포필리아와 양일섶의 수필 읽기 • 106
묵시록적 풍경과 비애의 파토스-정태헌의 『낮고 높은 풍경』 읽기 • 119
에피스테메episteme의 글쓰기 혹은 존재의 무게-최선욱의 수필 세계 • 128
인간과 역사 이해의 열린 지평
　-이은화의 『철학으로 풀어보는 내 맘대로 세계사』 읽기 • 141
새로운 세계 질서에의 꿈-김종민의 수필 세계 • 156

제3부

삶의 깊이, 문학의 깊이—오승휴의 수필 세계 • 170

존재와 부재의 현상학—김백윤의 수필 세계 • 180

눈물의 미학, 슬픔의 승화—진해자의 수필 세계 • 193

생성과 소멸, 꽃으로 읽는 세상—오금자의 수필 세계 • 206

몸 철학의 구현을 위한 삶과 글쓰기—고한철의 수필 세계 • 218

영원의 모성성, 구원의 글쓰기—강순지의 수필 세계 • 230

촛불 그리기, 인생 사랑하기—이금미의 수필 세계 • 243

제4부

체험의 현상학—류현서 · 하창수 · 심선경의 수필 • 256

생명의 글쓰기를 위한 모색—려원 · 박주희 · 차하린의 수필 • 272

여성의 삶, 여성의 글쓰기—고유진 · 배공순 · 강향숙의 수필 • 287

거미학hyphologie, 해석의 여백—이형숙 · 황진숙 · 제은숙의 수필 • 301

어둠의 미로에서 길 찾기—장미숙 · 윤온강 · 최지안 · 장영은의 수필 • 317

인간과 세상의 관조—정태헌 · 이미영 · 김정화 · 강병숙의 수필 • 328

제1부

슬픔의 서사 문법
생명의 서사학
강천 수필의 생태적 읽기
사물과 세상을 읽는 방식
어느 나르시시스트의 별탑 쌓기
고향의 상실 혹은 노스텔지어의 서사

슬픔의 서사 문법
- 김이경의 수필 읽기

1. 생의 아픔을 견디는 방식

　김이경의 수필을 읽다 보면 우리를 자꾸 멈칫거리게 하는 독특한 분위기가 있다. 우리가 느끼는 이런 서먹함은 그의 문체나 이야기 전개의 어색함 때문이 아니다. 오히려 복잡하고 어지러운 삶의 국면을 진솔하게 드러내는 섬세한 문체와 화법에도 불구하고, 그가 그려내는 세계의 아픔과 슬픔의 풍경을 좀처럼 속도감 있게 읽어내진 못한다. 그의 작품으로부터 순정한 독서와 몰입을 기대하는 사람이라면 그의 수필을 손쉽게 읽지 못할 각오를 해야 한다. 김이경의 작품을 읽으면서 우리가 자꾸 멈칫거리는 이유는 무엇인가. 그가 삶과 세상을 바라보는 시각은 놀라울 정도로 냉정하고 담담해서 그 세상에 동참하는 독자의 태도 역시 그가 그려내는 감정의 거리 주변에서 맴돌 수밖에 없다. 그러면서 우리는 김이경과 함께 이 시리고 아픈 세상을 읽는 방식을 서서히 배워가게 된다.

　김이경은 활동한 햇수나 발간한 책을 헤아리면 세상을 바라보는 눈이 이미 일정한 경지에 이른 작가이다. 그는 2001년에 『수필과 비평』으로 등단한 이래 『멍텅구리 의자』에서 『하얀 소용돌이』에 이르기까지 예닐곱 권의 수필집을 통하여, '교원문학상'과 '신곡문학상' 같은 문학상을 수상하면서 우리에게 세상의 아픔을 이겨내고 생을 견뎌낼 수 있는 독특한 방식을 제시하는 중량감 있는 수필가로 자리하고 있다. 어떤 방식으로 생에 대응하고 이해하며 견디어 낼 것인가. 이런 물음에 대답하는 과정과 방식은 그대로 그의 문학의 몸체를 이룬다. 또한 그러한 방식은 한 생과 세계의 무게를 감당하고자 하는 작가의 의지로 이루어지게 된다.

　김이경 수필의 저류를 관통하고 있는 가장 깊은 정서는 슬픔이다. 말 그대로 슬픔이란 슬픈 마음이나 느낌에서 발동한다고 할 수 있으며, 그러한 감정은 비통한 일을 겪거나 불쌍한 일을 보면 마음이 아프고 괴로운 상태를 의미한다. 인간의 기본적 감정인 희로애락 중에서도 슬픔의 감정은 우리의 가장 깊은 정서이다. 흔히 슬픔을 잘 견디는 사람은 남들보다 더 강하거나 모진 마음을 가진 사람으로 그들이 사용하는 언어도 삶의 긴장감으로 채워질 것으로 여겨진다. 일반적으로 슬픔의 정조는 이를 견뎌내는 사람의 마음을 쉽게 출렁이게 한다. 그러나 침식성이 강한 슬픔은 천천히 스며들어 이를 바라보는 사람의 마음을 오랫동안 침잠하게 한다. 눈에는 잘 띄지 않지만 오랜 시간 동안 가슴에 앙금으로 남으며 우리의 마음을 흔들게 하는 감정, 흡사 반 고흐가 누드화 「슬픔」을 그릴 때와 같은 감정이다. 고흐는 아무런 보호막 없이 벗겨진 어느 창녀의 몸을 통해 그 감정을 있는 대로 드러내고자 하였다. 생의 버거움을 고스란히 짊어진 그녀의 실루엣은 인생의 바닥에 주저앉아 어쩔 수 없이 살아야 하는 인간의 운명과 고통을 처절하게 담아내고 있다. 인간의 내면 깊숙한 곳에 자리한 진실한 감성을 그려야 한다고 믿었던 고흐는 그녀를 본 순간, 그리고 그녀를 그리면서 자연스럽게 슬픔이라는 감정을 이끌어냈다.

김이경은 이 세계가 처해 있는 아픔과 슬픔을 덜 추어 내는 예민한 감수성, 텍스트의 욕망을 따라 내려가는 공감의 글쓰기를 하고 있다. 그의 작품에는 우리 시대의 인간이 겪는 슬픔의 양상과 그것을 앓는 존재에 대한 진맥을 위한 노력이 오롯이 드러난다. 김이경은 세상과 시대가 안고 있는 슬픔을 텍스트로 다시 끌어안고 아파하는 작가이며, 세계의 상처와 슬픔을 텍스트로 표현하는 고통이 무엇인지를 동시에 알아내고자 하는 이른바 밀란 쿤데라가 이야기했던 '공감sympathy'의 의미를 추적하기 위해 애쓰는 작가이다. 이런 의미에서 김이경의 수필은 우리 시대의 슬픔과 고통의 깊은 심연까지 내려가서 새로운 언어를 굴착해 내고 그 (무)의식을 우리에게 전달하고자 한다.

2. 상실과 부재의 글쓰기

김이경의 수필은 전통적 서사 문법에 충실하면서도 이 세상과 삶의 슬픔과 고통이 함유한 의미를 규명하고자 하는 서사구조로 이루어지고 있다는 문학적 특성을 지니고 있다. 그의 수필이 우리에게 남기는 여운은 이 세상에서 상실과 부재라는 상반된 감정에 의해서 유발되는 지극한 슬픔과 위안이라는 감정을 동시에 느끼게 하기 때문이다. 마찬가지로 그의 수필을 읽다 보면 말할 수 없이 착잡한 상실과 부재, 혹은 존재와 소멸 사이의 분리 불가한 상반성의 거리가 공존하고 있다는 사실을 깨닫게 된다. 이것이 김이경이 독자와 작가 사이에 드리우고 있는 서사 구성 방식으로서의 '거리'이다. 지금 우리가 겪는 슬픔과 아픔은 인간답게 살아가기 위해 치러야 하는 대가라는 생각은 한편 우리에게 위안으로 다가온다. 그러나 김이경의 수필에서는 언제나 우리의 삶에서 건널 수 없는 슬픔과 기쁨, 이 세상에서 존재하다가 상실되어 가는 것과 부재하는 것에 대한 노뇌로 비틀거린다.

예컨대 「이사 연습」은 이사를 앞둔 화자의 심정을 다각도로 그리고 있는 작품이지만, 사실은 우리에게서 존재하다가 사라지는 것에 대한 작가의 심정을 잘 보여주는 작품이다. 이사를 하기 위해 물건을 정리하는 과정에서 다른 물건들은 정리하면 되지만 오동나무 장롱이 문제이다. "300년도 쓸 수 있다는 명품을. 어처구니없었지만 아이들 눈에 오동나무 장롱은 구시대의 유물일 뿐이었다. 그것이 사랑스럽고 자랑스러운 것은 내게서 끝난 일이었다." 그러나 작가의 사유는 단순히 자신이 아끼던 물건을 버리느냐 마느냐의 문제가 아니라 장롱이라는 사물에 대한 실존의 문제로 발전한다. 사실 따지고 보면 친절하지도 소중하지도 않은 세상의 시공간에 던져진 채 살아가는 사람들의 신산한 존재도 물건과 크게 다르지 않다. 그런 점에서 김이경의 수필은 인간의 실존적 상황을 축약한 알레고리라는 인상을 주기까지 한다. 그것이 물건이든 인생이든 존재하다가 모두 떠나가야 하는 삶의 한 조각을 바라보는 작가의 심정은 허무하다. "나는 앞으로 또 한 번 이사해야 한다. 그 이사를 위한 연습이었다고 해야 할까. 열두 자 장롱이 들어가는 집이 아니라 한 평 땅에 지을 집. 옷 한 벌 챙겨입고 가면 되는 그 집에 이사하려면 이젠 버리는 일만 남은 것 같다."(「이사 연습」)

버려야 할 장롱으로부터 삶의 실존적 의미를 읽어내는 작가의 인식은 예사롭지 않다. 이런 인식은 사물을 바라보는 작가의 단순한 시선에서 나오는 것이 아니라 사물 너머의 새로운 세계에 대한 인식에서 우러나오는 것이다. 세상의 풍경을 바라보는 작가의 시선도 마찬가지다. 이 세상의 모든 것은 저마다의 시간이 있다. 꽃이 피는 시간이 있으면 꽃이 지는 시간도 있고, 사람이 태어나서 어른이 되고 늙으면 죽어야 할 시간이 있다. 김이경의 「불시개화不時開花」에서 작가는 산수유 나무가 서 있는 언덕 아래 떨기나무들이 붉게 물들어있는 모습을 보면서 시간의 의미를 사유한다. "위태롭게 매달린 저 빨간 열매는 언제까지 저 모습을 지켜낼 수 있을까?" 서리를 맞으면 더욱 붉어진다는 낙상홍落霜紅과 그 곁에는 가을을 붉게 태우던 화살나무가 지친 듯이 붉은 구슬을 감고 있다. 그토록 붉게 가을을 태우고도 붉은 열매를 달고 있는 것은 낙상홍에 지고 싶지 않은 때문인지, 그 가운데에는 철쭉 한 그루가 붉은 열매를 꽃피우고 있다. 때가 되면 모두 떠나는 것은 당연한 자연 현상이고 세상의 섭리이다. 그러나 이런 자연 현상과 섭리가 계절과 시간에 어울리지 않게 역행한다는 것은 이상한 일이다. 꽃이 필 때가 아닌 때 피는 '불시개화'를 바라보는 작가의 마음은 편치 않다. 이런 현상은 식물들의 비정상적 발육과 성장을 보여주는 것이지만, 이를 바라보는 작가의 생각은 개인적 차원에 머물지 않는다. 작가의 사유는 지구의 삶의 현상에 대한 우려로까지 발전한다.

  작가란 어려운 삶의 상황일수록 세상과 존재의 모습을 새로운 모습으로 이야기해야 한다. 작가는 나에 대해 말하는 것은 물론 세상과 인간의 현상에 대해 텍스트를 통하여 말해야 한다. 세상의 모든 현상을 이야기하면서 존재를 향한 마음의 문이 열린다. 이것이 바로 작가가 간직해야 할 타자에 대한 존재론적 문제이다. 작가의 세상 이해는 방법의 문제가 아니라 존재 현현의 문제이다. 세상에 대한 이해와 믿음을 이루면서 작가는 폴 리쾨르가 말하는 식의 '해석학적 순환'을 이루게 된다. 리쾨르는 삶에서 무엇보다 필요한 것은 인간의 의지, 행복,

죄악의 뜻을 올바르게 해석하고 이해함으로써 삶의 의미를 제대로 파악하는 것이라고 했다. 그럼으로써 작가는 삶과 세상에 대한 보다 깊은 이해의 방법과 존재론적 영감을 얻게 되는 것이다.

3. 상처 입은 자들을 위한 위안

김이경의 시선은 불우한 세상과 그 속에서 살아가는 사람들의 슬픔으로 확대된다. 작가는 잃어버린 상실과 부재의 세계 언저리에서 간신히 파국을 유보하는 상상력을 보여준다. 오늘날과 같이 슬픔이 일상화된 세계에서 김이경의 수필은 우리들의 아프고 슬픈 일상에 깊이 빠져들면서 불가능할 것같이 보이는 불우한 자들과의 공감과 사랑의 마음을 일구면서 새로운 글쓰기로 우리를 이끌어간다. 그의 글은 우리를 때로 얼음처럼 차갑게 만들고 때로 불꽃처럼 뜨겁게 만든다.

「죄 없는 자의 늪」에서 작가는 요양원에 혼자 버려진 정노인의 모습을 보여준다. 오늘날 가족들로부터, 세상으로부터 버려진 노인의 모습을 보기란 그리 어려운 일이 아니다. 정노인의 "요양원의 시간은 추억과 애증, 불면과 배회, 통증과 무기력들을 버무린 속에" 분노와 절망도 쌓여갔다. 노인의 이런 요양원에서의 모습은 불우한 삶의 환경과 싸워가면서 이루어지고 있는 서사라는 점에서 우리 사회와 가족 관계의 슬픈 단면을 잘 보여주고 있다. "팽팽한 긴장감과 적대감도 체념이라는 각질이 되어갔다. 안타까움과 절망이 각질에 묻혔다. 그러나 가끔씩 폭발할 것 같은 분노가 번득이는 그의 눈은 휴화산이었다."는 서술은 정노인의 삶을 통해 바라보는 세상이 얼마나 슬픔과 고통으로 가득 찬 것인가를 힘주어 보여준다. 이렇게 김이경의 수필은 우리 시대의 불우한 인간과 삶의 환경을 조우하면서 자아와 세계에 대한 존재론적 성숙을 이루어가는 서사구조를 이루고 있다.

　이 세상에서 상실되어가는 것이 인간의 모습만이 아니다. 인간과 함께 자연은 갈수록 황폐화되어 간다. 「저녁 풍경」은 작가가 자주 산책하는 양달 천의 저녁 풍경을 그린 작품이다. 양달 천변 풀들이 알뜰하게 베어진 것과 달리 호숫가엔 온갖 풀덤불이 우거져 있다. 쑥, 개망초, 바랭이, 강아지풀…. 꽃들을 바라보면서 작가의 생각은 이어진다. 바다로 흘러간 물은 양달 천도 방화 천도 보통 천도 아니다. 그저 바닷물이다. 이름이란 사람이 붙여놓은 허망함일 뿐. 이름만 지우면 저들과 나는 얼마나 닮은 꼴인가(「저녁 풍경」). 인간의 풍경과 세상의 풍경은 갈수록 삭막하고 황폐화되어가지만, 작가는 이들을 모성적 포용과 이해의 시선으로 감싸 안고자 한다. 한 작가의 문학에서 세계를 어떤 방식으로 이해하고 작동시키느냐에 따라 그의 문학은 특별한 의미를 지니게 된다. 여성 작가로서 남성적 지배와 세계 권위의 질서에 불복할 때 그것은 부당한 억압에 맞서고 전복하는 하나의 대안적 세계이해의 방식이 될 수 있지만, 동시에 삶과 세계의 갈등을 무화시키고 그 부당한 억압까지도 끌어안기 위해서 진정으로 필요한 것은 포용과 사랑의 이데올로기다. 김이경의 수필에서 삶과 세계가 지닌 모순과 갈등에 대하여 일관되게 보이는 시선은 모성적 포용과 사랑의 힘이다. 이것이야말로 부당한 세계와 불우한 인간을 구원하는 진정한 무기인지도 모른다.

　김이경이 모성적 포용과 사랑으로 구현하고자 하는 삶에 대한 희망이나 위안이 과연 얼마나 유효한 것인가 하는 문제는 별도의 논의를 요하는 것이지만, 그의 수필이 던져주는 삶과 죽음, 슬픔과 고통, 존재와 부재 사이의 거리를 넘어서는 희망과 사랑의 이념이 우리의 삶에서 반드시 필요한 것임은 분명하다. 삶과 세상은 항상 우리에게 또 다른 절망과 부정의 순간으로 우리를 인도한다. 어쩌면 삶이란 거리와 여운을 넘어 더 큰 상처를 우리에게 부여하는 거짓 위안이고 환상인지도 모른다. 생은 어떤 순간에도 자신의 모든 속내를 감추며 그 비밀과 신비를 우리에게 보이지 않는 폭군이 아니던가. 김이경은 이런 질문을 결코 외면하거나 거부하지 않으면서 삶에의 의심과 질문의 한가운데로 뛰어든다. 오히려 그는 더욱 힘든 질문을 계속하며 삶과 문학이 숨기고 있는 비밀을 파헤치기 위해 앞길로 나아간다.

오늘날 삶의 모든 부면에서 사람들은 오직 밝음과 새로움을 위해 일방적으로 치닫고 있으나 어둠과 슬픔의 심연에서 삶의 진실한 의미를 찾고자 하는 것은 작가의 소중한 미덕이 아닐 수 없다. 김이경에게 수필은 일종의 '슬픔의 서사'라고 할만한 발화의 문법을 지니고 있다. 그는 생에서 발생하는 온갖 슬픔과 아픔을 희망과 사랑의 언어로 번역해냄으로써 삶을 살만한 것으로 전화轉化해가고자 한다. 김이경의 수필에서 나타나는 삶에 대한 세심하고 깊이 있는 탐사를 위한 서사 정신, 익숙한 일상에 안주하지 않고 새로움의 가치를 찾고자 하는 끈기 있는 작가 정신은 모두 이를 위해 바쳐지는 것이라 해도 지나치지 않다.

김이경의 수필은 이제 완숙한 세월의 냄새를 풍긴다. 그의 수필은 독한 냉소의 흔적이나 격앙된 목소리보다는 일종의 체념을 경유하고 난 후에 나오는 여유와 달관의 모습까지 보인다. 그리하여 그의 수필은 갈수록 떨리는 공명으로 전달되어오면서 우리를 세상의 슬픔과 아픔을 새롭게 이해할 수 있는 길로 이끌어 간다.

생명의 서사학
— 함무성의 수필 세계

1. 들어가며

　오늘날 우리는 생명 상실의 시대에 살고 있다. 코로나19라는 정체불명의 질병으로 몇 년째 마스크를 쓰고 생활하고 있는가 하면, 지구는 온난화를 비롯한 각종 자연재해로 생명의 위기를 당하고 있다. 질병과 기후변화 같은 위기 상황은 기존 자본주의 성장 모델로는 이 세계의 삶을 더 이상 지탱할 수 없다는 생명 재생산에 대한 강력한 문제의식을 환기한다. 삶과 세상에서 생명의 가치를 새롭게 인식하고자 하는 노력은 인문학 전반에 새로운 사유 양식을 요청하게 될 것이다.
　문학의 기능과 역할도 이러한 의미에서 새롭게 인식되고 사유되어야 할 것이 분명하다. 문학은 인간이 만든 글로 새로운 세상을 꿈꾼다. 작가와 독자는 살아있는 문학을 통하여 나를 깨닫고 삶을 되돌아보게 된다. 말하자면 문학은 생명을 위한 언어일 때 더욱 가치 있는 것이 될 수 있다. 생명을 가진 모든 것과의 생생한 교감을 통하여 문학 언어는 더욱 빛나게 되는 것이다.

이런 관점에서 함무성의 수필집 『실뜨기』는 많은 시사를 준다. 작가는 "자연 속에서 만나는 생명체들의 말이 들리는 듯하고, 나이가 늘어나니 감성도 더욱 깊어져 담아놓을 그릇"(「작가의 말」)이 필요하다는 것이 이 책을 발간케 된 동기였다고 하고 있다. 따라서 그의 많은 수필이 담고 있는 무엇보다 중요한 의의는 지상의 모든 생명체들과 진지한 교감을 이루고 있다는 사실이다. 함무성의 문학은 사물이나 사건과의 단순한 만남보다는 그들과 내밀한 교감을 이루면서 우리가 흔히 간과하는 생명의 의미와 가치를 사유하고 있다. 이것은 자신이 만나는 사물이나 생명과 깊은 관계의 연대성에 의해 가능한 것이다. 그의 작품에서는 언제나 작가가 만나는 꽃과 나무, 고양이와 개 같은 동식물들이 하나하나 개체를 지닌 생명체로서 인간과 세상과의 연결의 관계를 가능케 한다. 그러기에 이 세상과 자연에 대한 작가의 생명적 상상력은 우리를 일깨우면서 삶에 대하여 새롭게 사유하는 주체로 다시 태어나게 한다.

이런 주체의 감정은 오늘날의 삶의 현실에서 우리가 가지는 이기적이고 적대적인 감정을 벗어나 모든 관계와의 연대성을 통해 새로운 세계를 꿈꾸게 한다. 그리하여 나무에 대한 가지치기(「가지치기」), 한여름에 두 번이나 꽃을 피우는 홍조팝(「두 번 피는 꽃」), 고양이 루키에 대한 눈물겨운 사랑(「루키」), 반려 강아지 말리에 대한 이야기(「반려동물 이야기」)에서와 같이, 자아와 타자와의 연대는 조화롭고 통합적인 생명 의식을 이루게 되고 인간 세상에서의 선악과 미추를 초월하는 세계를 꿈꾸게 만든다.

함무성의 수필은 언제나 자아와 타자를 긴밀하게 연결하며 주체가 고립되거나 소외되기보다는 하나가 되어 교류하는 관계적 자아를 보여준다. 여기서 관계적 자아는 인간과 자연, 인간과 다른 생명체와의 상생과 조화를 이루는 자아이며, 이를 통해 작가는 모든 관계에 포용과 승화를 이루게 된다. 이런 작가의 사고는 "인간만이 고등생명체가 아니다. 언어가 다르다 하여, 우리가 그들의 언어를 모른다하여 그들을 낮춰 볼 수는 없는 일이다. 그들이 우리의 음성을 알아듣듯 우리도 그들의 마음을 읽어 주는 것이 공평"(「만지다」)하다고 여기는 작가 의식에서 나온다. 작가는 서로 순환하면서 상생하는 자연에 자신의 삶과 사유를 대비하고 종합하면서 이런 삶의 이치가 근본적이며 절대적임을 보여준다. 이를테면 작가가 한 그루의 나무와 한 송이의 꽃, 그리고 한 마리의 동물들과 함께 언어를 나눌 수 있는 것은 절대적인 자연의 질서를 통해 생명체를 더욱 사랑으로 만지고 포용하려는 노력과 의지가 있기에 가능하다. 포용과 승화는 사랑의 마음을 통해 확장되고 확고해진다. 함무성의 문학이 지닌 이런 생태주의적 관점은 인간과 자연, 인간과 세상에 대한 유기적인 관계를 위해 삶의 공동체를 수용하고 포용하는 자세에서 나오는 글쓰기 문법이랄 수 있다.

말하자면, 함무성 수필은 항상 원초적인 자연의 모습에서 직접적이고 실감있는 문학적 인식을 얻고 있다. 그의 수필은 노자의 『도덕경』에 나오는 구절, "사람은 땅을 본받고 땅은 하늘을 본받는다人法地 地法天"는 말을 연상시킨다. 여기서 사람이 땅을 본받는다는 것은 땅과 하나가 된다는 것, 사람이 땅과 하나라는 사실을 깨닫고 그로 인해 삶의 의미를 인식하며 살아간다는 것을 의미한다. 이는 곧 원초적인 자연의 원리와 섭리를 삶의 현재 속에 육화시키고, 이를 문학적 상상력의 본질적 원리로 받아들이겠다는 의지이기도 하다. 자연은 작가의 상상력을 불러일으키고 그 생명력을 통해 자신을 드러내고 말을 건넨다. 이때에야말로 작가는 생명의 상상력을 통해 우주적 자아를 만들어 내게 된다. 따라서 문학작품을 감상하는 진정한 즐거움은 자연의 영혼과 그 생명성에 대한 깨달음을 통해 진정한 자아의 모습을 발견하는 것을 의미한다고 할 수 있다.

이 같은 함무성의 수필 세계는 오늘날 상실되어가는 생명의 가치와 의미에 대하여 많은 시사를 제공한다는 뜻깊은 의의를 지니는 것이지만, 이는 더 나아가 우리 수필에서 만연하고 있는 개인성과 일상성의 동어반복에서 벗어나야 할 당위성에 대한 문제 제기라는 점에서 더욱 중요한 의미를 지닌다. 실로 지금 우리는 이 지상에서 죽어가는 생명에 대해, 그와 더불어 함께 갈 길을 찾지 못한 채 헤매고 있는 문학의 현실에 눈감고 있다고 해도 지나치지 않다. 이제 삶과 문학에서 새로운 생명 복원의 가능성을 위해 깊게 사유해야 할 시점에 서 있다고 할 때, 수필집 『실뜨기』에 실린 많은 작품은 이런 우리들의 논의에 많은 단서와 문제 제기를 제공하고 있다.

2. 생명의 글쓰기와 함무성의 수필

생명에 대한 공감과 사유로 이루어진 함무성의 체험은 주로 작가가 생활하는 '숲속마을'에서 이루어진다. 가까이는 집 안과 마당에서 태어나 자란 동물과 식물, 집 밖으로 나가면 넓게 펼쳐진 산과 들에서 만나는 다양한 종류의 생명체가 그에게 지구라는 넓은 집을 함께 쓰는 존재이다. 그들은 그저 심심할 때 함께 놀고 구경하는 이질적인 생명이 아니라 가족보다 더 많은 시간을 함께 보내는 벗이고, 때로 자신과 그들을 구분하지 못할 정도로 가까운 관계이다. 자연이라는 어머니 품 안에서 서로 다른 생김새로 태어나 함께 자라는 생명, 그들과 교감하면서 서로 다른 존재가 아니라 함께라는 마음가짐이 함무성의 자연과 생명에 대한 본질적 태도이다. 그야말로 함무성이 자연을 받아들이고 모든 생명을 존경과 경외의 마음으로 존중하는 태도의 출발점이다. 이를테면 '숲속마을'에서 공유하는 생명체들에 대한 작가의 마음을 읽어보자.

> 이른 아침의 부지런한 딱따구리소리는 또 얼마나 청아한가. 비 온 뒤에 마당가에 어슬렁거리는 두꺼비…… 모두가 이 마을의 가족이다.
> 그것뿐인가. 울타리도 없이 아래위로 옹기종기 모여 있는 마을에 씨앗을 맘대로 날려 집집마다 퍼진 엉경퀴며 두메양귀비, 하얀 데이지꽃은 마을을 한 덩이로 묶어주는 또 다른 가족이다. 생명을 가진 모든 것들은 함께 연결되어 있으며 더불어 살아야 한다. 어느 누구도 홀로 섬이 되어 살 수는 없다.
> ─「숲속마을 가족」에서

한 작가로서 생명을 다루는 그의 태도는 생명에 대한 사랑이 근원이고 울타리이며 판단의 준거가 된다. 무엇이 인간에게 이롭고 해로운가가 아니라 어떻게 다가서야 인간과 타자가 함께 살고 생태계 전체가 상처 없이 순환의 고리를 이어 가며 공존할 수 있는가를 생각하는 것이 진정한 생명에 대한 작가의 마음이다. 크고 작은 생명체를 애정 있는 마음으로 바라보는 시선이란 그래서 중요한 것이며, 이기심 없이 모든 생명체에 기울이는 사랑이란 그래서 아름다운 것이다. 위에서 인용된 '숲속마을 가족'들은 다른 가족이 아니고, "생명을 가진 모든 것들은 함께 연결되어 있으며 더불어 살아야 한다."는 작가의 인식으로 인해 하나가 된다.

이렇게 함무성의 작품에서는 인간과 자연, 인간과 인간 사이의 모든 관계의 연대성을 강조하면서 새로운 세계를 꿈꾸게 된다. 그래서 그들은 삶의 대목 대목이 연결되어 단단한 생명의 연대를 이루게 된다. 생명체들과 교감을 이루면서 작가는 우리가 잊었던 자연의 품으로 우리를 안내한다. 동시에 우리가 타자로 여겼던 다양한 생명체를 똑같이 소중한 존재로 여기는 눈을 되찾게 해준다. 작가의 생명에 대한 사랑은 그것이 식물이든 동물이든 어느 한 곳에만 한정되는 것이 아니다. 예컨대 반려동물들에 대한 이야기는 그들에게 작가가 얼마나 지극한 마음을 지니고 있는가를 잘 보여준다.

> 수 십 년 동안에 내게 왔다가 떠난 업둥이들 이름을 적어본다. 봉이, 깜비, 신비, 다솔이, 라삐, 로삐, 루삐, 토토, 바다, 리노, 말리, 관우, 루키…그러고도 지금은 구름이, 강이, 까미와 함께 살고 있다. 고양이, 병아리, 개들과 오랜 시간을 함께 살았다. 녀석들도 지각 능력이 있어 가족으로 존중 받아야 할 존재로 깊게 인식이 된 터이다. 그 많은 녀석들이 스쳐가는 동안 온갖 희로애락을 다 겪었다. 병사, 사고사, 안락사로 묻어준 녀석들을 생각하며 생명의 유한함을 자연스레 받아들이게 되었다.
> 　　　　　　　　　　　　　　　　　　　－「반려동물 이야기」에서

위 작품에서 "수 십 년을 동물들과 살았으니 나는 그들만의 언어와 생각을 어림잡아 안다. 그들도 배려 받고 존중 받아야할 소중한 생명체이다."라고 표현되고 있듯이, 「루키」 「만지다」 「숲속마을 가족」 같은 작품에서도 생명에 대한 작가의 지극한 사랑의 마음은 여실히 드러나고 있다. 그렇다면 생명에 대한 작가의 사랑의 마음은 어떻게 표현되는 것인가. 작가가 생명을 대하는 태도에서 무엇보다 주목할 것은 그

것이 만남과 접촉의 미학에서 우러나온다는 것이다.

> 식물도 다르지 않다. 한 화분 속에서 이십년 넘게 거주하고 있는 관음죽과 군자란은 거실의 터줏대감이다. 특별히 분갈이도 하지 않았고 물만 주고 사람과 한 공간에서 떠들썩하든, 고요하든 서로 부딪치며 살기만 할 뿐인데도 건강하고 당당하다. 이웃사람들은 동식물을 잘 기르는 비결을 묻기도 하지만 되짚어 생각해 봐도 특별한 비결이랄 건 없다. 동물과 더불어 거의 모든 식물도 만져주기를 좋아하는 것 같다.
> ―「만지다」에서

간혹 '만지는 것'을 싫어하는 새침데기 같은 미모사도 있고, 엄나무나 탱자나무처럼 아예 접근금지령을 내리는 나무도 있기도 하지만 많은 동물과 식물은 서로 만져주기를 좋아한다. 인간에 대해서와 마찬가지로 동물과 식물에 대한 진정한 사랑은 만남과 접촉에서 우러나오는 것인지 모른다. 오늘날 우리는 이웃이 없는 시대에 살고 있지만, 이것은 바로 만남과 접촉이 없기 때문이다. 모두 스스로 경계를 치고 담장을 치면서 살아가고 있다. '만지다'라는 말로는 부족할지 모르지만 한 생명을 알고 그 생명에 가까이 다가가기 위해 작가가 기울이는 만남을 위한 노력은 바로 사랑의 다른 표현이다.

누군가를 사랑하는 일, 한 생명이 다른 생명을 사랑하는 일에는 상대방에 대한 관심과 이해와 존중이 우선되어야 하듯, 인간과 전혀 다른 생김새와 속성을 가진 뭇 생명에 다가가는 일에는 그 생명의 삶에 대한 이해가 전제되어야 한다는 것을 함무성은 몸소 보여 준다. 내 몸이 시리고 아파도 때로 내 일상을 포기해야 하는 일이 있더라도, 그들에게 해가 되지 않는 방식으로 그 생명을 진정으로 만지고 만나는 일이야말로 사랑으로 채워진 생명 존중의 마음이다.

3. 삶의 위기와 생명의 가치

인간이 당면하고 있는 삶의 위기를 변화시킬 수 있는 다양한 처방이 나오고 있지만, 우리에게 무엇보다 중요한 것은 사랑의 회복이라 할 수 있다. 이를테면 타자를 사랑하는 태도야말로 우리 자신을 살 수 있게 만든다는, 이를테면 "누군가를 사랑한다는 것은 그 사람이 살게끔 하는 것이다愛之 欲其生"(『논어』, 12권 10장)는 마음이 진실로 중요한 것이다. 여기서 '산다'는 것은 물론 사람답게 평화와 행복을 누리는 삶을 의미하지만, 서로가 서로의 생명을 지키는 것과도 무관하지 않다. 진실로 사랑하는 일은 남의 생명을 지켜주는 일이고, 그리고 사랑하는 사람들을 위해 내 생명을 지키는 일이 기본이다. 우리의 가치 있는 삶을 위해 생명을 소중하게 여기는 일은 무엇보다 중요한 것이다. 함무성의 삶과 문학에서는 이같은 정신이 깊게 우러나오고 있다. 「생강나무를 생각하다」에서도 작가의 이런 정신은 잘 드러난다.

> 뜰에서 가장 먼저 봄을 알리는 생강나무 꽃이 튀밥 튀듯 노랗게 피어나더니 뒤이어 아랫집에 있는 샛노란 산수유 꽃이 뭉글뭉글 피어난다. 아랫집 산수유나무의 노랑꽃은 목을 길게 빼고 가드락거리며 우리 집 삼남매를 올려다보고 있다. 으스대는 듯하다. 꽃자루가 짧아 가지에 오종종하게 붙고 간격도 드문드문한 생강나무 꽃은 산수유나무 꽃에 비해 소박하다 못해 초라한 모습이다.
> 숨을 고르며 골짜기에 무리를 지어 자라고 있는 생강나무들을 본다. 정원에서 산수유나무에 밀려난 생강나무처럼 얼핏 보기에 보잘 것 없어 보이는 생명체들이 우리 주변에는 참 많다. 그러나 주위의 도움도 없이 스스로 지탱해 나가는 온갖 풀과 나무들, 벌레들, 크고 작은 짐승들까지 개체성을 유지하며 온 생명의 삶을 이어 간다는 것은 얼마나

경이로운가.

— 「생강나무를 생각하다」에서

    한 계절에 마당 한편을 가득 차게 번지는 종지나물 꽃, 바람에 날려 사명을 다하는 엉겅퀴 씨앗, 뱀이 벗어 놓고 간 허물, 정교한 솜씨로 집을 짓고 먹이를 기다리는 거미까지도 모두 나름의 생명력을 지니고 존재한다. 작은 생명들이 모여서 인간과 삶의 전체 현상으로 이어지고 이런 생명현상을 바라보면 결코 자연과 인간은 분리해서 생각할 수 없다. 그렇지만 인간은 작은 생명체를 배려하지 못하고 함부로 대하고 있다. 이런 생각을 반영하듯 작가는 "한 때는 나도 그랬다. 나무들 사이의 거미줄을 사정없이 털어내고 개미굴속에 물을 붓던 나는 미미한 생명들에게 너무나 무관심했고 이기적이었다."고 자책한다.

    한 존재와 다른 존재 사이에서 공유되고 전달되는 감정의 힘은 생명을 가진 존재가 더욱 커다란 힘으로 존재할 수 있는 역량으로 발전하게 한다. 우연히 만난 익명의 존재에 우리가 보내는 따뜻한 눈빛을 보낼 수 있으려면 그 자신의 감정과 사유 또한 역시 열려 있어야 한다. 그런 점에서 자연과 생명에 대하여 작가가 간직하고 있는 사랑과 희망의 감정은 그 자체로도 귀중한 삶의 구원이 될 수 있다. 그것은 살고자 하는 존재가 마땅히 꿈꿀 수 있는 지극히 당연하고 현실적인 희망이기 때문이다. 자연과의 관계에 대한 자기반성의 태도는 작가를 또 다른 깨달음에 이르게 한다.

    「생강나무를 생각하다」에서 자기반성을 보여주는 작가 인식은 「엉겅퀴」에서는 깊은 깨달음의 단계로 나아간다. 작가는 엉겅퀴를 통해 자연 현상과 인간 삶의 진리를 읽어내고자 한다. 너럭바위 아래 바짝 붙어 자라는 엉겅퀴는 화려했던 꽃들이 시들어가고 꽃송이 속에 머리를 박고 있다. 또한 꿀을 모으던 벌들도 꽃받침 아래에 한두 마리씩 죽어 있는 것이 보인다. 이곳저곳에 흩어져서 피고 있는 엉겅퀴꽃에서 죽은 벌들은 마치 순교자의 모습같이 경건해 보인다.

 이런 모습을 통하여 작가는 자연 현상에서 엄밀히 이루어지는 생명의 존엄함을 읽는다. 모든 생명은 제자리에서 생명체로서의 존엄을 지니고 있다. 이들의 생명을 빼앗는 것은 죄악이 틀림없다. "지상의 생명체들은 햇빛을 받으려 안간힘을 쓰고, 지하의 생명체들은 어둠을 안식처로 삼는다."는 작가의 인식은 예사롭지 않다. 엉겅퀴의 씨앗은 작지만 다 자란 엉겅퀴는 마치 창과 방패로 무장한 장군 같은 모습이다. 하늘을 향해 펼친 잎끝마다 가시를 달고 "누구든 나를 건들면 무사하지 못하리라."고 외치면서 척박한 땅에서도 잘 자라고 퍼져나가는 속도도 빠르다. 이를 보면서 작가는 고독하지만 엄격하고 독립적이라는 엉겅퀴의 꽃말이 잘 어울린다고 생각한다.

> 여러 그루의 엉겅퀴 중에서도 너럭바위 틈에 자리 잡고 거세게 자라는 왕 엉겅퀴가 나는 좋다. 튼실한 꽃대와 누구도 접근하지 못하도록 잎 끝에 날카로운 가시를 달았다. 엉겅퀴의 꽃말이 엄격, 고독한 사람, 독립이라는 뜻을 지녔다하니 더욱 호감이 간다. 매사를 줏대 없이 망설이고 끈기조차 부족해서 무슨 일이든 시작만 그럴듯한 나는 엉겅퀴의 그 어엿한 위세와 끈질기게 확장해 나가는 열정이 부럽다. 오늘 나는 엉겅퀴의 삶에서 만다라 수행의 의미를 찾는다.
> ― 「엉겅퀴」에서

 작가는 엉겅퀴의 삶에서 만다라 수행의 의미를 찾는다. 작품에서 엉겅퀴가 일종의 보조관념이라면 만다라는 원관념으로 차용된다. 만다라는 우주 법계法界의 온갖 덕을 망라한 진수를 그림으로 나타낸 불화

佛畵의 하나이다. 만다라Mandala에서 만다Manda는 '진수' 또는 '본질'이라는 뜻이며, 라la는 '변한다'는 뜻이다. 따라서 만다라의 본래 의미는 본질이 여러 가지 조건에 의해서 변하게 된다는 것이며, 이 같은 의미를 지니는 불화를 뜻한다. 따라서 만다라는 다양하게 전개된 정신의 원리와 형태를 통일하는 의미를 지닌다. 「엉겅퀴」의 화자는 엉겅퀴의 삶에서 만다라 수행을 본다.

> 꽃과 벌의 공생이 절정이었을 때 꿀벌들은 머리를 엉겅퀴 꽃 속에 들이밀고 엉덩이를 하늘로 치켜 든 채 꿀을 모았다. 뒷다리에는 노란 꽃가루를 한 덩이씩 달고 일벌의 사명을 다하고 있었는데 시들어가는 꽃송이아래 벌들이 죽어 매달린 사건의 실마리가 풀렸다. 벌들은 불꽃같은 삶을 완성했고 이제 조용히 해체되는 중이었다.
> ─「엉겅퀴」에서

그곳에는 생성되고 번성한 후 평온하게 한 생을 해체시켜 무無로 돌아가는 우주의 섭리가 있다. 모든 만물은 만다라의 정신인 '공空'을 실천하면서 최선을 다해서 살아가야 한다. 이런 정신에 의하면 인간의 삶도 더욱 비우고 겸손해야 할 것을 요구한다. 모든 탐욕과 이기주의에서 벗어나 남을 위해서 희생하고 이타적 정신을 가진다면, 이 세상은 더욱 평화롭고 아름다운 삶의 공간이 될 것이다.

「엉겅퀴」는 우리의 삶에서 공감과 공생의 가치가 얼마나 중요한 것인지 그를 통하여 새로운 윤리적 삶의 의미를 강조하고 있다. 이것은 오늘날 우리들의 삶이 지향해야 할 보편적인 가치의 문제이기도 하다. 이를 해결할 수 있는 것은 서로에 대한 사랑이며, 그 사랑을 살려내는 것만이 우리가 할 수 있는 유일한 선택이다. 그러한 목소리는 만다라의 정신과 같이 모두가 함께 살아야 한다는 공존의 목소리로 확산되어야 한다고 작가는 힘주어 말한다.

4. 에로티시즘의 생명성

오늘날 삶과 예술에서 에로티시즘의 표현은 거의 보편적이고 대중적인 현상이 되었다. 과히 우리는 에로티시즘이 널리 개방되고 유통되는 시대에 살고 있다고 해도 지나치지 않다. 인간에게 성은 가장 고귀하고도 신성하지만 감각적이고 본능적인 측면이 강하여 그것을 환기하거나 표현하기 위해서 다양한 문학적 이미지나 표상들이 동원된다. 성서에 나오는 아담과 이브의 이야기에서부터 고대 그리스의 여러 신화에서도 에로티시즘이 어김없이 등장하면서 성에 관련된 문학적 표현의 뿌리는 깊다. 특히 현대 사회에서 에로티시즘을 가능케 하는 몸은 생물학적인 접근에서 발전하여 문화적 사회적 매개물이 되었다.

『실뜨기』에서 작가는 다양한 에로티시즘의 표현을 제시하고 있다. 「두 번 피는 꽃」에서는 한여름에 두 번이나 꽃을 피우는 홍조팝의 회춘을 보는가 하면, 「지하세계」에서는 짝을 찾아 서로 정자를 주고받는 자웅동체의 풀벌레들 모습을 바라보기도 한다. 그러나 함무성의 작품에서 흔히 드러나는 에로티시즘의 표현이 단순히 암컷과 수컷의 성애를 보여주고자 하는 흥미로움이나 호기심의 발로에 의한 것은 아니다. 작가의 에로티시즘의 표현은 암수라는 생명의 유기적 관계의 표현이며 이를 통한 진정한 생명력의 의미를 제시코자 한 것이다. 이를 가장 적극적으로 표현한 작품은 수필집의 표제작이기도 한 「실뜨기」이다.

「실뜨기」는 '실뜨기'로 표상되는 에로티시즘의 설정 속에서 자연과 생명 현상의 본질적 모습을 보여주고자 한다. 에로티시즘은 자연 속에서도 어김없이 생명 현상으로 살아 숨 쉰다. 자연 속의 모든 생명은 일차적으로 수컷과 암컷의 접합에 의해 이루어진다는 것은 당연한 현상이다. '실뜨기'는 어렸을 적 화자의 자매들이 하던 놀이였다. 어머니는 이들에게 조용히 놀 수 있는 놀이로 실뜨기를 가르쳐 주었다. 자매는 무릎을 맞대고 앉아 굵고 긴 실을 둥글게 매듭지어 실뜨기 놀이를 한다. 그렇지만 사춘기를 거치며 어머니가 가르쳐준 '실뜨기'는 또 다른 의미를 지니고 있다는 것을 알게 된다.

    곤충들의 실뜨기는 보기에 관능적이다. 등에 업혀 붙은 놈, 긴 꼬리를 말아 둥글게 모양을 만들고 둘이 붙은 채 하늘을 나는 놈. 뒤집어진 채로 데굴데굴 구르면서도 붙어 있는 놈, 나름 형이상학적인 오르가슴을 즐기는 것 같다. 그럼에도 음탕해 보이지는 않는다. 그들의 한 살이 과정에서 후손을 남겨야하는 사명使命이 인간이 추구하는 쾌락과는 사뭇 다르기 때문일까. 접사렌즈로 풀벌레들의 모습을 찍었다. 참깨 밭에서 사랑을 부르는 노린재는 엉덩이를 훼훼 흔들며 터울거리다가 짝이 정해지면 엉덩이끼리 잇댄다. 머리는 서로 반편을 향한 채 미동도 없다. 미세한 움직임으로 사랑의 기쁨을 누리는 동안에는 사람의 인기척도 두려워하지 않는다.

                                                 - 「실뜨기」에서

아이들은 곤충과 사람들의 실뜨기를 보게 되고, 그들을 통하여 암컷과 수컷이 나누는 에로티시즘을 깨닫는다. 외견상 이 작품은 실뜨기를 통하여 성의 체험을 보여주는 듯하지만, 작가는 더욱 깊은 자연의 생명성과 자연의 섭리를 이야기하고 있다. 작품에서 화자는 실뜨기를 통하여 자연 세계에서 이루어지는 수컷과 암컷의 생명의 원리를 파악하게 된다. 아이들이 실뜨기를 통하여 에로티시즘으로 빠져들어 가듯이,

자연현상 속에서 수컷과 암컷이라는 하나의 생명을 가진 유기적 존재를 이해하게 되고 그럼으로써 그들의 상호의존적 조화와 균형의 관계를 알게 된다.

이는 이른바 생태론에서 강조하는 유기적 관계성의 지향을 보여주는 상상력이다. 「실뜨기」에서 그러한 상상력은 생물들의 성관계에 대한 묘사를 통하여 자연스럽게 나타난다. 작가의 말대로 자연의 섭리는 오묘하고 경이롭다. "후손을 위해 넉넉히 양분을 섭취한 암컷은 몇 주지나 돌 틈과 나무 뿌리 사이에 알을 낳은 후 홀쭉해진 배와 기진한 팔 다리를 숲에 내려놓는다. 먼저 보낸 수컷을 따라가려는 듯 기꺼이 생을 마친다." 그들의 숭고한 사랑 방식을 풀잎과 들꽃들은 알 것이라는 진술에서처럼, 수컷과 암컷의 사랑의 방식을 면밀하게 관찰하면서 이루어지는 작가의 자연 현상에 대한 인식은 다분히 생태 철학적 관점에 의한 것이다. 작품에서 자연 속의 암컷과 수컷, 풀잎과 들꽃은 모두 하나로 어우러져 생명 현상을 이룬다.

생태 철학에서는 지구 전체를 하나의 생태 현상으로 보고, 지구 생태계를 이루는 모든 동식물이라는 자연 개체가 다 유기적으로 살아있는 주체라 여긴다. 여기서 이런 유기적인 관점은 물활론적이고 범신론적인 사유체계를 추동한다. 모든 생물학적 현상들을 물질과 운동이라는 입장에서 환원해 설명하려 했던 기계론적 자연관은 근대 자연과학 발달의 사상적 배경이자 세계관의 핵심적 특징이 되었다. 그러나 이런 기계론적 자연관은 자연을 생명 없는 물질적 재료로 간주하였던 데 반해, 유기체론은 자연을 스스로 성장과 발생을 거듭하는 살아있는 주체로 본다. 이런 점에서 「실뜨기」에서 보여주는 자연과 생물에 대한 작가의 상상력은 유기체론적 자연관에 바탕을 둔 것이다.

긴 눈이 내리는 겨울밤, 부부가 숨죽이며 실뜨기하듯이 섬서구메뚜기들의 삶도 절정에 이른다. 인간과 섬서구메뚜기들의 에로티시즘은 절정에 이르고 그들의 성애는 곧 생명현상의 본질이기도 하다. 이제 화자는 자연 속 미물들의 실뜨기를 바라보며 "풀벌레들의 실뜨기 향연을 축복하며 곧 끝나게 될 그들의 마지막 생生을 기다려 주자."고 다짐해본다. 그들도 창조주가 우리에게 준 선물이기 때문이다. 「실뜨기」에서 작가의 에로티시즘은 신성하고 아름다운 생명력으로 형상화된다. 그러기에 생명으로 충만한 원초적 질서를 회복하려는 의식 속에서 자연과 인간의 진정한 생명의 모습을 엿볼 수 있게 된다. 자연의 기본적 질서는 생명의 생성과 순환 관계에 있다고 할 때, 생명을 전제로 한 성행위는 자연 본연의 질서를 효과적으로 보여주는 방식이 된다.

「실뜨기」는 자연과 생물을 일치하고자 하는 노력 속에서 생명의 질서와 조화와 아름다움을 추구한다. 그럼으로써 현대인이 상실한 진정한 인간과 자연의 생명력 있는 관계를 찾고자 한다. 자연 속에서 수컷과 암컷이 서로 사랑을 나누며 생성하고 소멸하는 과정에 대한 탐색은 원초적인 생명과 생명 현상의 본질을 이해하고자 하는 노력과 같다. 「실뜨기」의 에로티시즘이 아름답게 보이는 이유가 여기에 있다.

여기서 더 나아가 작가는 생명의 에로티시즘을 통하여 생명과 죽음의 의미를 추적한다. 이를테면 「지하세계」에서 지렁이의 삶을 통해 작가는 밝음과 어둠의 세계에서 살아가는 존재의 의미를 읽고자 한다. 기실 우리의 삶은 지렁이에 의해 표상되듯 지상과 지하, 낮과 밤, 밝음과 어둠으로 이루어진다.

고단한 한낮을 보내고 맞이하는 우리의 밤은 지하세계에 상응한다. 겉옷도 다 벗어놓고 화장기조차 지워버린 밤은 더없이 편하다. 보는 이 없는 시간에 사랑하는 이에게 연서를 쓰기에도 좋고, 등 뒤에서 내게 상처를 준 이조차도 밤의 평안 속에서는 다 용서할 수 있겠다.
 쉬지 않고 도는 지구 위에서 우리는 매일 지하세계와 지상세계를 번갈아 오르내린다. 밤의 어둠이 없다면 어느 곳에서 온전한 평안을 느낄 수 있을까. 이루어진 것과 이루어질 것들 사이를 오가며 가치 있는 것을 찾기에도 밤과 어둠은 내게 선물이다. 지렁이 나라를 통해서 생각해본 지하세계는 내 의식의 지평을 넓혀 주었다.
― 「지하세계」에서

 「지하세계」는 밤과 낮, 혹은 지상과 지하의 세상에 대한 깊은 의미 탐색으로 읽힐 수 있다. 일견 당연해 보이는 이런 주제는 우리 수필계의 현재를 조금만 예민하게 들여다본다면, 분명히 다른 차원의 의미를 지닌다. 지금 우리 수필계에서 많은 작가는 바깥과 빛의 세계에만 안주하고 있지만, 함무성의 수필은 지상과 지하의 세계 혹은 낮과 밤의 세계를 동시에 탐색하고자 한다. 그래서 그의 수필은 "화려한 도시의 불빛 보다는 다소곳한 시골 동네의 은은한 불빛이 좋다. 어머니의 '태' 속에서 시작한 생명이니 어둠이 원초적인 평안을 주는 건 당연하다."(「그늘」)고 여긴다. 낮의 세계의 고정된 고유성과 정체성에 머물지 않고, 밤의 세계로부터 새로운 삶과 존재의 의미를 탐색하고자 하는 작가의 모습을 통하여 우리는 함무성 수필의 깊이와 넓이를 가늠케 된다.
 함무성의 수필은 사물과 세상에 대해 쉽게 단정 짓거나, 단숨에 무언가를 해결하고자 하지 않는다. 그러면서도 그는 지상이 아닌 지하의 세상으로부터 건져 오는 삶의 시니피앙에 대해 우리를 사유케 한다. 그의 작품은 견딜 수 없는 삶의 고통과 슬픔을 견뎌내느라 주변부를 서성이고 있는 다른 수필들과 달리 안과 밖의 경계를 넘나들면서, 또 다른 낯선 세상의 의미를 탐색하는 데 바쳐진다. 그리하여 우리는 인간과 세상에 대해 새로운 의미를 탐색하고 확장해 나간다.

5. 맺으며

지구상의 인간과 자연이 동반자로서 공동체의 일원이라는 인식을 가졌다면 지금과 같은 삶의 위기가 존재하지 않았을지도 모른다. 우주 공동체의 관점에서 보면 동물이나 나무와 꽃과 같은 생물체에서부터 만물의 영장이라고 하는 인간은 모두 하나의 유기적 관계의 그물로 연결되어 있다. 인간 아닌 모든 피조물도 인간과 대립해야 하는 존재가 아니라 동등한 이웃이다. 이런 의미에서 문학이란 본질적으로 자연과 인간에 대한 깊은 연민과 사랑의 정서에서 출발하는 것이라 할 수 있으며, 동서양의 많은 문학에서 하늘, 땅, 별과 같은 자연을 통하여 우주와 세상에 대한 근원적 섭리를 노래해 온 것도 이 때문이다.

함무성의 많은 수필은 자연과 세상의 만물을 이웃으로 생각하고 그들에 대한 연민과 사랑의 시선을 보내고 있다. 작가의 이런 인식은 바로 자연과 우주의 만물은 공존해야 한다는 생태학적 상상력에 기초한 인식의 산물이라 할 수 있다. 함무성의 수필 읽기를 마치면서, 우리는 사르트르가 「문학이란 무엇인가」에서 이야기한 거와 같이 "우리는 이 시점에서 과연 무엇을 위한 문학을 할 것인가"라는 원론적 질문을 다시 던지게 된다. 현시점에서 우리가 던져야 할 문학의 현재성에 대한 분명한 대답은 바로 문학은 영원한 생명을 위한 노력을 기울여야 한다는 사실이다. 이런 노력에 의해서 위기에 처한 우리의 삶과 문학은 새로운 희망을 가질 수 있게 될 것이고, 함무성의 수필은 바로 그러한 노력에 바쳐지고 있다는 점에서 중요한 의의를 지니고 있다.

그의 수필에서 끊임없이 강조되고 있는 것은 이 세상에서 보이는 혹은 보이지 않는 곳에도 생명은 있다는 사실이다. 더 나아가 이 지상의 모든 생명은 서로 이어져 있으며 함께 살아가야 한다는 사실은 더욱 강조된다. 함무성은 모든 생명체에게 가까이 다가가서 그들과 함께 공생적 삶의 가치를 모색하고자 하는 정신을 지니고 있는 작가이다. 그런 의미에서 수필집 『실뜨기』는 자연과 함께 이룬 소중한 생명의 서사적 기록임이 틀림없다. 앞으로 전개될 그의 문학 세계도 영원한 생명성을 지닌 것이 되기를 소망하면서 글을 마친다.

강천 수필의 생태적 읽기

1. 머리말

지금 우리가 몸담고 있는 지구는 수많은 재난의 위기에 직면해 있다. 세상 곳곳에서는 하루가 멀다 하고 지진을 비롯한 자연재해와 질병과 전쟁의 위기가 이어지면서 사람들을 불안으로 몰아가고 있다. 지난 몇 년 동안 코로나바이러스라는 정체불명의 질병이 나타나 전 세계를 공포로 몰아넣었다. 크게 보아 이런 재난들이 인간적·사회적 탐욕에 의한 것이라고 한다면, 이를 극복하는 방법도 궁극적으로는 인간에 의해 찾아져야 할 것이다.

삶의 환경이 갈수록 심각한 재난의 현장이 되어 간다고 할 때, 우리가 무엇보다 심각하게 생각해 보아야 할 문제는 인간과 자연의 관계에 대한 새로운 인식이다. 이는 그동안 인간들이 탐욕과 편의에 따라 마음대로 취급해왔던 자연을 다시 한번 되돌아보는 계기에서 출발한다.

갈수록 처참하게 파괴되어가는 자연과 생태위기 속에서 과연 인류가 계속 온전히 생존할 수 있을 것인가. 온전한 생존을 원한다면 과연 어떤 방법으로 이 위기를 극복해야 할 것인가. 현재와 같이 과학기술의 무한한 발전과 물질적 경쟁구조의 삶에만 의존해서 인간의 미래에 희망이 있는가. 이런 중대한 문제 제기와 더불어 우리는 무엇보다도 인간이 자연을 대하는 현재와 같은 방식이 과연 바람직하냐는 윤리적·도덕적 질문을 동시에 던지지 않을 수 없다.

인간이 당면하고 있는 생태위기의 원인은 과학기술이 모든 것을 해결해줄 것이라는 이른바 기술만능주의와 모든 것을 인간중심으로 생각하는 인간중심주의적 사고에 기인한 것이다. 자원의 무분별한 개발과 그로 인한 삼림의 훼손, 환경오염 등의 생태파괴는 이제는 보편화된 현실이다. 문제는 자연을 단순한 사용가치의 대상으로만 생각하는 자연관과 모든 사물을 도구로 취급하고 심지어 인간 정신 자신마저도 '도구화된 이성'(위르겐 하버마스)으로 전락해 간다는 사실이다. 그래서 현대사회에서 과학기술이 지니는 힘이 갈수록 막강해지는 현실과 함께 그 책임의 문제 또한 심각하게 제기되고 있다. 예컨대, 과학의 사회적 책임이 강조되면서 '권력과 지식의 결합'(미셸 푸코)은 과학을 비롯한 전문적 지식이 사회적 책임을 망각하였을 때 야기될 수 있는 심각한 문제점이라 할 수 있는 것이며, 그뿐만 아니라 인류가 당면하고 있는 이러한 생태위기는 자연에 대한 가치관의 위기이므로 거기서 벗어나기 위해서는 자연과 세상에 대한 '책임의 원칙'(한스 요나스)이 요청되기도 한다.

최근 들어 우리 수필 문학에서 자연과 인간의 관계를 사색하는 작품이 두드러지게 많아진 것도 우연의 일치라고 할 수 없는 현상이다. 많은 작품은 자연과 인간의 관계를 새롭게 인식하면서 자연 현상이나 섭리로부터 인간의 모습을 바라보고자 하는 태도를 보인다. 특히 자연의 여러 가지 모습인 꽃·나무·풀·벌레 등과 같은 자연 속의 작은 생명에 대한 사랑과 연민을 드러내면서 인간을 억압하고 지배하고자 하는 불온한 기술 문명과 자본의 힘에 맞서고자 하는 생태적 상상력을 보여주고 있다. 작가들의 이런 태도는 단순히 자연을 작품의 소재로 그려내고 있다는 사실을 넘어서서, 그들이 자연을 어떻게 바라보고 어떻게 인식하느냐 하는 방식의 문제, 다시 말해 작가의 자연관 내지는 세계관의 문제이다.

강천의 수필을 이해하는데 있어서 무엇보다 중요한 것은 자연 현상에 대한 작가의 관심과 탐구라고 할 수 있다. 오늘날 많은 작가가 붕괴되어가는 농촌 현실과 자연에 관심을 기울이고 있지만, 이런 주제에 대하여 강천만큼 집중적인 관심을 기울인 작가는 흔치 않다. 그는 인간과 자연, 자연과 인간의 관계에 대하여 지대한 관심을 보이면서 이것을 자신의 가장 주요한 문학적 주제로 삼고 있다. 특히 작가는 자연과 인간이 공동체로 살아가던 삶의 공간이 상실되고 사라지는 것들에 대한 깊은 애도를 드러내고 있는데, 이러한 현상을 직접 체험하고 이를 자신의 고통으로 받아들이며 문학적으로 형상화하고 있다. 따라서 작가는 앞서 언급한 우리가 보편적으로 당면하고 있는 자연의 파괴, 더 나아가 이런 생태적 문제가 일으키는 삶과 인간의 위기 상황에 대한 깊은 관심과 우려의 시선을 보내고 있는 것이다.

2. 사라지는 것들에 대한 연민

최근 우리 수필계에서 사라져가는 것들에 대해 깊은 애도를 이루는 작품들이 적지 않게 보인다. 사라져 가는 생명과 사물, 상실되고 부재한 것에 대한 그리움과 기억들은 삶의 가장 중요한 화두이며 수필의 중요한 주제가 될 수 있다. 수필은 아름답게 피어나는 꽃을 사랑해야 하지만, 진정으로 꽃과 나무를 사랑하려면 그 생성과 소멸, 그리고 존재와 부재까지 사랑해야 한다. 눈앞의 아름다움만 사랑하지 말고 아름다움이 사라지고 난 뒤를 슬퍼하고 사랑해야 하는 것이 문학의 진정한 역할이다. 인간이 진정으로 추구해야 하는 것은 무엇이며, 우리가 진정한 행복을 느끼는 시점은 언제인가. 어쩌면 고통이 없을 때 행복을 느끼는 것이 아니라 고통과 함께 있을 때 행복을 볼 수도 있을 것이다. 진정한 작가의 시선은 사라지는 것과 소멸하는 곳을 동시에 바라볼 수 있어야 한다. 모름지기 작가란 눈보라가 휘몰아치는 설원 속에서도 사라지는 그 어떤 흔적을 찾기 위해 애쓰는 사람들이기 때문이다.

이런 의미에서 강천의 「자작나무 숲에서」는 많은 의미를 던져주는 작품이다. 사라져 가는 것이 사물만은 아니다. 숲과 나무 같은 생명체들도 상처를 입고 우리 주변에서 존재하다가 사라져 간다. 작품에서 작가는 상처 입은 자작나무의 모습을 바라보면서 존재와 부재의 의미를 읽는다.

> 눈 덮인 자작나무숲에 고요가 내려앉았다. 그 흔하디흔한 산새들은 다 어디로 갔을까. 그 해찰궂은 겨울바람은 다 어디로 흩어졌을까. 해거름 자작나무 숲은 고즈넉이 숨을 죽이고 있다. 온통 희멀건 세상이다. 우중충한 하늘도, 발을 디디고 선 땅도, 빽빽이 늘어선 나무줄기도 모두 희끄무레하다. 원근이 사라진 유령의 나라인 듯, 농담 옅은 수묵화 속인 듯 아득하다. 소리도, 흔들림도 없는 자작나무 숲에는 어스름한 적막만이 스멀스멀 떠돌아다니고 있다. 태초의 세상처럼 하늘과 땅이 한 덩어리로 엉긴 혼돈 속에 나는 홀로 서 있다. 이 원초적 영역에 새겨질 내 흔적이 혹여 오점으로나 남지 않을까 숨결조차 조심스러워진다.
>
> ─ 「자작나무 숲에서」에서

숲속 자작나무가 지니고 있는 상처를 바라보는 작가의 시선은 각별하다. 산다는 것은 어디서나 다르지 않다. 세속과는 동떨어진 산중에 무슨 사연과 곡절이 있기에 자작나무는 저리 험한 흉터를 가지게 되었을까. 평화롭기 그지없어 보이는 숲도 생태계의 일부분일진대 생명 유지를 위하여 서로 경쟁하며 살아가는 것은 당연한 일일 것이다. 생존과 경쟁의 원리에 따라 모든 존재는 어떠한 환경에서든 자기 삶을 위해서 살아남기 위한 노력을 하기 마련이다. 인간들이 서로 경쟁하고 다투며 살아가야 하는 거와 마찬가지로 나무들도 햇빛을 받으며 생명을 보장받기 위해서는 오로지 먼저 위로 치솟는 길밖에 없다. 따라서 처음에는 생명줄이나 다름없었던 아래 가지들이 오히려 거추장스러운 존재로 되어버렸고, 저 상처들은 살아남기 위해 제 생살을 도려내야 했던 흔적들이다.

나무들도 인간만큼 다양한 상처를 지닌 채 자신의 모습을 간직하고 있다. "눈을 부릅뜨고 세상을 원망스럽게 노려보는가 하면, 입술을 꾹 다문 고집스러운 모습도 있다. 옆으로 깊숙이 파인 생채기는 바람 소리조차 듣기 싫은 듯 귀를 닫았다. 또 아래로 이어진 자국은 코웃음이라도 치는 양 삐딱하게 내리그어졌다. 눈을 감은 채 외면하는가 하면, 비뚤어지게 베어 문 냉소는 차갑기 그지없다." 이들의 제각각 다양한 모습은 보는 이에 따라 다른 심상을 연출한다.

숲과 나무가 생명체인 한, 그 생존방식은 사람과 크게 다르지 않을 것이다. 모든 살아 있는 것들의 낙원은 곧 치열한 생존의 현장이라 하지만, 생명을 잃고 사라진 상황 속에서 그들의 자리는 황량하고 쓸쓸하다. 숲과 나무가 상처를 입고 사라진 자리에서는 사람들의 삶도 황폐해지기 마련이다. 「자작나무 숲에서」에서 작가는 숲속 나무의 상처를 통하여 인간의 고뇌를 심층적으로 이야기하고 있다. 말하자면 이 작품은 자작나무의 상처를 바라보면서 인간 본연의 문제와 그 상처를 살피고자 하는 것이다.

나무는 비바람과 눈보라 속에서 꿋꿋이 자신을 지탱하면서 서 있다. 그러면서 "눈이 멎고 새잎이 돋는 날, 질곡을 건너온 옹이는 오히려 곧음을 지탱"하게 될 것이라고 화자는 생각한다. 혹독한 추위는 나무와 인간의 몸과 마음을 움츠러들게 하지만, 역설적으로 그들의 의식을 일깨우기도 한다. 때로 겨울바람은 삶에 적당한 생기를 불어넣는다. 그리하여 자신이 지닌 상흔 하나하나에 스민 아픔을 묵상으로 되새김질하며 자신을 바로 세우고자 하는 삶의 의지를 다시 일깨운다. 한겨울 나목이 되어서도 한 꺼풀 한 꺼풀씩 자학의 허물을 벗겨내고 뜨겁게 자작나무를 껴안겠다고 화자는 다짐한다. 이는 황폐한 삶의 상황 속에서 비탄에 젖기보다는 삶에 대한 적극적 의지를 표명하는 것이라 할 수 있다.

실로 우리들의 현대적 삶의 상황은 상처 난 자작나무나 떠도는 부평초의 삶과 다를 바 없다. 숨 가쁘게 돌아가는 삶의 상황 속에서 진정한 인생의 의미를 관조하는 시간을 가지거나, 따뜻한 손편지를 누군가에게 전달하며 남들과 어울려 사는 삶은 모두 사라지고 말았다.

> 숨 가쁘게 돌아가는 사회에 적응하느라 하늘 한번 올려다볼 틈마저 없는 사람들. 문명의 이기에 빠져 마주 앉은 사람의 얼굴조차 쳐다보지 않는 요즘 세태는 또 어떤가. 느긋한 걸음으로 낙엽이 흩날리는 거리를 걸으며 삶을 관조하고, 손편지에 애틋하게 담아내던 따뜻한 마음들은 이미 지나간 시대의 유물로 전락해 버렸다. 긴박한 시대를 살다보니 사람들의 마음도 삭막해져 가는가 보다. 내 일이 아니면 관심을 두지도 않는 공허한 현실이다. 남들과 어우러져 산다는 것조차 쉽지 않은 세상이 되어 버렸다.
>
> — 「부평초」에서

따지고 보면 우리네 삶의 양태가 부평초의 살아가는 방식과 다를 바 없다. 물 위를 떠도는 부평초를 바라보며 작가는 온갖 "집착과 아집에 얽매여 꼬물거리며 살아가는 내 모습이 조금은 덧없다는 생각이 든다. 한눈만 돌려보면 칠월의 산과 들판이 활력으로 푸르게 넘쳐나고 있음도 잊은 채"(「돌양지꽃」) 살아가는 존재의 모습을 성찰한다.

작가는 숲속의 나무와 거리의 풀꽃들과 깊은 실존적 대화를 나누고 있다. 숲속의 나무나 들꽃과 대화한다는 것은 그들과 존재론적 교감을 나눌 때 가능한 일이다. 그들을 단순한 생물로 취급하지 않고 서로 교감하며 대화를 나누고 스스로도 '식물-되기'(펠릭스 가타리)에 성공할 때, 인간은 타자와의 단절과 장벽의 현실을 초월할 수 있게 된다. 그러나 타인과 세계와의 관계 맺기, 즉 생물과 '식물-되기'를 쉽게 이루지 못하는 각박한 삶의 상황에 서 있는 것이 우리의 모습이다. 나무와 풀의 상처와 아픔을 통하여 인간의 상처와 세상의 상처를 새롭게 인식게 하고, 이를 통하여 우리에게 존재와 부재의 의미를 새롭게 제시해주고 있다는 점에서 강천의 문학적 상상력은 돋보이고 있다.

3. 인간중심주의를 넘어서

앞서 이야기한 대로 자연을 비롯한 생태계가 균형을 잃기 시작하게 된 것은 인간이 오직 자신의 생존 목적은 물론 그 이상의 이기적 목적으로 다른 생명들을 착취하거나 약탈하였기 때문이다. 생물들이 자신의 생존을 위해서 행한 최소한의 약탈은 건강한 생태계의 균형과 조화를 이루는 데 기여해 왔다. 실제로 원시인들이 오랫동안 수렵 생활을 해 왔지만, 그것이 생태계에는 아무런 문제가 되지 않았다. 오히려 생태계 균형에 문제를 일으키게 된 것은 인간들이 수렵 생활을 그만두고 자신들의 땅과 다른 생명을 이기적 목적으로 사용하면서부터였다.

생태주의 정신에 입각한 많은 작가는 이 세상의 아무리 비천한 창조물이라 할지라도 나름대로 모두 존재의 가치가 있다고 생각한다. 이러한 관점은 다른 생물의 독자적 생명 가치를 그것대로 인정하고 존중하면서 자신의 생존 가치도 인정되어야 한다는 사고에서 우러나오는 것이다. 그러나 인간은 자연에 대해서와 마찬가지로 동료인 인간에 대해서도 언제나 이기적이고 비인간적이다. 인간이 집에서 기르는 동물이나 길섶에서 피어나는 식물과 다른 것이 무엇인가. 단지 인간은 이성이나 정신을 가진 존재일 뿐 본질적으로 생명체라는 의미에서는 다를 바가 없다. 강천의 수필이 생태적 관점을 지니고 있다고 우리가 이야기할 수 있는 것은 이런 사상을 지니고 있기 때문이다. 작가는 다음과 같이 말한다.

> 풀꽃들의 한살이나 우리네 사람살이나 별스레 다를 것이 없다는 생각을 많이 하게 됩니다. 커다란 나무의 헤아릴 수 없는 생명력, 가느다란 풀포기의 지혜로운 삶은 오히려 경이로움입니다. 하나하나가 다 역동적이고 파란만장한 사연을 가지고 있기 때문입니다. 고난스러운 현실을 살아가는 현대인들에게 인기 있는 숲 치유도 따지고 보면 자연에서 위로받고자 하는 절박한 마음이 아닐까 합니다. 나는 자연과 인간이 공유하는 공통의 감성과 교감영역을 찾아, 공존하고 서로 위로받는 글을 쓰고자 합니다. 인간과 자연은 별개가 아니라, 공동운명체라는 믿음이기 때문입니다
> - 「작가의 말」, 『고마리처럼』에서

"커다란 나무의 헤아릴 수 없는 생명력, 가느다란 풀포기의 지혜로운 삶은 오히려 경이로움입니다. 하나하나가 다 역동적이고 파란만장

한 사연을 가지고 있기 때문이다."는 작가의 발언은 의미심장하다. 이 세상에 사연없고 이유없는 생명은 없다. 다만 인간의 관점과 인간의 이해타산 잣대로 가치가 매겨질 뿐이다. 왜곡된 평가의 결과로 인해 강제로 생명이 마감되기도 한다면 이 얼마나 잘못된 일인가. "자연과 인간이 공유하는 공통의 감성과 교감영역을 찾아, 공존하고 서로 위로받는" 글쓰기를 하는 일은 인간과 생명에 대한 존중과 공감을 통하여 가능한 일이다. 작가는 자연의 만물은 그 자체로서 존중되고 사랑받아야 할 뿐, 그것을 오로지 효용적 수단과 목적으로 보아서는 안 된다는 사실을 강조한다.

이 세상의 모든 생명은 자연에 동화된 삶을 따르기 때문에 그 자체로서 존중되어야 한다. 자연 속의 모든 생명이 효용적 가치에 의해 훼손되거나 파괴된다는 사실은 인간의 공리주의적 물적 가치라는 경제적 관념을 자연에도 그대로 적용하는 것이다. 이러한 태도는 모든 인간관계를 경제적 이윤 창출의 수단으로 이용하는 인간의 모습과 동일한 것이며, 그렇기 때문에 인간은 자연 자원을 함부로 파괴하는 것이다.

이런 사고는 강천이 바라보는 꽃과 풀과 나무를 통해서도 잘 나타난다. 예컨대 「고마리처럼」에서 작가의 관점은 잘 드러난다. 고마리는 엄청난 생명력을 가지고 어디서나 잘 자라는 식물이다. 도랑이나 냇가에서 혹은 지저분한 하수구에서도 잘 자라서 '돼지풀'이라고 불리는 천덕꾸러기 식물이다. 그렇지만 작가의 눈에 고마리는 아무리 하찮은 식물일지라도 자신의 존재감을 드러내면서 생존해 간다.

> 연꽃이 사랑받는 것은 진흙탕 속에서 자라지만, 티 없이 맑은 꽃을 피우기 때문이다. 그런 생각으로 보자면 작고 보잘것없어 보이는 이

고마리도 별반 다르지 않다. 눈총 받고 물길에 휩쓸리는 거친 삶을 꿋꿋이 살아내었기에 지금처럼 환하게 웃을 수 있는 것 아니겠는가. 내가 품고 사는 온갖 고민과 회의도 안으로 거두어 삭이다 보면, 언젠가는 털어버릴 수 있는 날도 올 것이다. 이 여린 풀 한 포기가 구정물 속에서 성장의 자양분을 건져내듯, 역경과 질곡이 어쩌면 내 삶을 유지하게 하는 영양소가 될지도 모르는 일 아닌가.
ㅡ「고마리처럼」에서

「고마리처럼」에서 '고마리'는 단순히 살아있는 생물로써의 의미를 뛰어넘어 존재성 자체에 대한 사색과 연결된다. 이것은 자연의 생명체와 인간이 유기적으로 연관되어 있다는 생태학 각성을 이루면서 우리들의 일상 너머에 웅크리고 있는 존재의 실상을 응시코자 하는 교통의 상태로 나타난다. 자연 생명체와 인간의 유기적 관계의 건강성이라는 각성은 바로 작가의 생태적 인식에 기초하는 것이다.

자연의 모든 생물에게 영성을 부여하고 이를 통하여 자신의 존재를 담론화하는 글쓰기는 결국 인간과 만물의 관계에 대한 깊은 친화성에 바탕을 둔 윤리적 미학에서 우러나오는 것이다. 작가들의 이런 인식은 흡사 자연 속 생물을 통하여 생명공동체의 원형과 가치를 완전하게 체현하고자 하는 이른바 에코토피아의 세계를 연상시킨다. '에코토피아적 세계인식'(어니스트 칼렌바크)은 기존해온 인간과 자연의 관계에 대한 사유에 본질적인 의문을 제기하면서 출발하는데, 이런 주장에 의하면 자연의 모든 생물을 하나의 몸으로 취급한다. 무생물에 생명 의식을 불어넣게 되면 그것은 몸이 되고, 몸은 인간과 자연을 이어주는 하나의 유기체로서의 통로가 된다는 것이다. 생태학적 입장에서의 몸 담론은 실존에 대한 위기를 가장 잘 나타내는 실체가 몸이라고 생각한다. 근대의 이성주의와 과학기술은 인류에게 엄청난 물질적 혜택과 편의를 제공했으나 항상 몸을 타자화함으로 인간과 인간, 인간과 자연의 관계는 유기적으로 이루어질 수 없었다. 그리하여 인간은 몸과 자연의 황폐화라는 결과를 낳게 되고 말았다. 지금 인류가 당면하고 있는 최대의 어려움인 자연 생태의 문제는 궁극적으로 몸과 마음의 연결과 조화의 불균형이라는 생명 문제로 귀결된다고 할 것이다.

당연한 이야기이지만, 생태적 세계 인식을 지닌 문학은 기본적으로 작가의 자연에 대한 사랑과 공감을 바탕으로 자연과 일체 의식을 가진다는 점에서 중요성을 갖는다. 자연은 인간과 세상을 형성하는 모체이며, 영혼의 안식처이며, 세계이고 우주이다. 인간은 자연과 분리된 별개의 존재가 아니라 항상 자연과 연관되면서 그 일부로서 존재한다. 인간의 삶의 방식과 철학은 자연의 섭리와 면밀하게 연관되어 있기 때문에 당연히 자연으로부터 깊은 삶의 지혜를 얻게 된다. 강천의 많은 수필은 이같은 인식에 기초하고 있다는 의의를 지닌다.

4, 다시 '연두의 시간'을 기다리며

자연은 강천에게 하나의 살아 있는 생명체이며, 그 속에서 작가는 도시 문명에서는 상상할 수 없는 무의식적인 생명력과 활기를 얻을 수 있게 된다. 또한 이것은 곧 작가의 문학적 상상력을 키워나가는 자양분이 되었다. 작가는 자연 속에서 들려오는 자연의 소리를 이해했으며, 여기서 온갖 식물과 꽃 그리고 동물과 호흡을 같이하며 친교를 나눈다. 겨울의 황량하고 어두운 자연에서 울려오는 소리는 때로 비극과 고통의 소리였고, 봄과 여름의 밝은 자연 속에서 나타나는 연두와 초록의 모습은 환희와 기쁨의 소리였다. 작품에서 자연 속 동물과 식물의 미세한 움직임 하나하나와 그들에 대한 생태적 묘사는 인간에게 삶의 의미를 새롭게 깨닫게 해주는 것이다.

그래서 작가는 "한살이가 나무보다도 턱없이 짧은 인간도 무수한 상념이 오가는데, 천 년을 살아가는 저 나무는 얼마나 많은 세월을 참구해 왔겠는가. 해마다 버리고 비워내어야 늘 본래의 모습으로 돌아온다는 세상의 진리를 누구보다 잘 깨닫고 있을 것이다."(「겨울나무」)라고 생각하게 된다. 나무를 바라보면서 그리고 산과 들에서 새풀잎색으로 피어나는 연두의 의미를 작가는 이렇게 표현한다.

> 연둣빛 시간은 설레지만 지극히 짧다. 마치 삶의 행복한 순간처럼 순식간이다. 신록은 부대끼고 찢어지고 벌레 먹히며 초록으로, 단풍으로 물들어간다. 변화를 거부할 수는 없지만, 바람에 몸을 내맡긴 돛단배처럼 순응할 수는 있다. 물길을 거슬러 오르는 연어처럼 저항할 수도 있다. 어떻게 다잡아 가든 앞으로 살아갈 각자의 몫이고 선택이다. 어쩌면 우리네 한살이의 기본 바탕은 간난신고인지도 모른다. 연두는 고난과 절망 사이에다 웃음이 만들어 놓은 실금 같은 틈새, 그 미로를 찾아 나서는 첫 한걸음이다.
>
> ― 「연두의 시간」에서

잎과 나무들이 연두에서 초록까지로 변해가는 모습을 가시적으로 보기란 쉬운 일이지만, 그 시간의 의미를 읽고 그를 통하여 인생과 우주의 순환을 읽기란 더욱 어려운 일이다. 그리하여 작가는 "연두는 고난과 절망 사이에다 웃음이 만들어 놓은 실금 같은 틈새, 그 미로를 찾아 나서는 첫 한걸음"이라는 인식에 이르게 되고, 자연은 인간의 삶과 그 운명을 같이하는 분명한 힘으로 작용한다. 이렇게 강천의 시각에서 자연과 인간은 공동체적 삶의 운명을 지니게 된다. 자연의 힘과 그 질서에 순응해서, 다시 말해 자연의 순리에 맞추어 살아가는 인간은 평안한 삶을 영위해 나갈 수 있지만, 자연의 질서에 역행하는 인간은 결국 파멸하게 된다. 반복되는 이야기이지만, 강천에게서 인간과 자연의 관계는 그야말로 공생적 공존적인 것으로 인식된다.

미국의 인디언 추장의 표현에 의하면, 인디언 원주민들은 연못 위를 달려가는 바람 소리와 한낮의 비에 씻긴 소나무 냄새마저도 사랑하였다. 강천 작품에서도 인간이 땅의 한 부분이고 땅은 인간의 한 부분이어서 인간과 자연은 생명과 영혼을 같이 나누고 있는 것으로 여겨진다. 작가는 거의 의도적 일만치 자연 속의 여러 생물과 공생적 관계를 맺고 화합하며 살 것을 강조한다. 그는 자연 속에서 식물과 새 그리고 곤충들과 화합의 자리를 만들고자 노력하며, 이들이 자신과 평등한 관계 속에서 함께 살아야 할 존재라는 것을 인식한다.

> 환경이 변하고 인심도 변해서 사람이든 동물이든 자연에서 살아가기 어려운 시대다. 그러거나 말거나 시내 가운데에서 사람과 더불어 잘 살아가고 있는 까치를 보면 신기하기도 하다. 맨땅이라고는 눈을 씻고 봐도 찾을 수 없고, 과수나무도 별로 없는 도심에서 까치는 어떻게 살아남았을까. 아마 저들이 가진 특유의 지혜로움으로 현실에 잘 적응한 탓이리라. 처지가 어렵고 힘들 때 원망만 늘어놓은 사람이 있는 반면, 어떻게든 잘 타개해 나가는 사람도 있지 않은가. 일찌감치 집을 보수해놓고 먹이가 풍부해질 때 새끼를 기를 수 있도록 미리미리 대비하는 슬기가 어찌 까치만이 가져야 할 혜안이겠는가.
> ─「까치」에서

고통과 슬픔의 역사를 품고도 자연은 인간을 위해 맑은 공기와 그늘로 자비심을 베풀고 있지만, 인간은 정해진 외길로만 걸어가고 있다. 이를테면 숲길은 들어가는 것 자체만으로 자연과 공존의 마음을 가능하게 된다. 작가는 자연과 그 속에서 살아가는 모든 생물과 일치된 삶을 살아가야 함을 힘주어 말한다. 도시 문명이 자연과 조화로운 일치를 이루지 못하게 될 때, 그것은 오히려 병폐에 불과한 것이라 할 수 있다. 시골 사람들은 도시 문명으로부터 과학적 학문적 지식을 배우지만, 자연으로부터는 더 큰 삶의 지혜와 정신을 배울 수 있게 된다.

강천은 인간이 자연 질서 속에서 자신의 위상을 깨닫고, 그 속에서 다른 생물들과 같이 공생적 관계를 맺을 것을 요구하고 있다. 인간은 궁극적으로 자연에서 생성된 존재이기 때문에 항상 자연의 소중한 가치와 의미를 깨달으며 그 질서 속에서 살아야 한다는 것이다. 자연과 인간의 공생적 관계라는 생태적 인식에 기초한 작가의 이런 관점은 오늘날 개발과 건설이라는 명목으로 끝없이 자연을 훼손하고 파괴하는 인간에게 자연의 의미란 무엇인가, 더 나아가 인간은 자연과 어떠한 관계를 맺으며 살아가야 할 것인가를 일깨워 준다. 「연두의 시간」에서처럼 우리는 더욱 겸손하고 경건한 마음으로 연두의 시간을 맞이하고 초록의 시간을 기다려야 한다.

5. 맺는말

현대문명은 재앙과 위기의 문명이라고 불린다. 삶은 온통 과학기술에 지배되어 도구화되고 있고 인간의 정신은 물질주의에 의해 물신화되고 있다. 이제 우리는 삶의 지혜를 자연에 물어봄으로써 "나는 어떤 존재인가." "어떻게 살아가는 것이 인간다운 삶인가."에 대한 답을 얻어야 한다. 이 물음은 과학기술과 자본이 만들어 놓은 도시와 문명에서는 올바른 답을 얻지 못하게 되었다. 그동안 버리고 놓치며 살았던 소중한 삶의 미학은 바로 자연 속에서 찾아질 수 있으며, 그곳에 바로 인간과 세상의 본질적 진실이 담겨있기 때문이다.

인간과 자연의 올바른 관계의 복원이란 자연의 흐름과 섭리로부터 인간의 정신적 삶의 각성을 얻는 것을 말한다. 이것이 바로 오늘과 같은 혼돈의 세상으로부터 몸과 마음의 생태적 삶을 회복하는 자각인 것이다. 그동안 도시 문명 속에서 통상적이고 관례적으로 이루어지던 수필의 문법으로는 세계의 풍요롭고 아름다운 실재를 표현하기는커녕, 고정되고 죽은 가치를 답습할 뿐이다. 이런 문학적 태도는 세상에 얼룩져 있는 혼탁한 사물성을 털어내고 새로운 삶의 모습을 표현해내어야 하는 문학정신에 위배되는 일이기도 하다.

이제 작가들은 자연을 심미적 대상으로 여기고 자연에서 마음의 정화와 기쁨을 느끼며 삶의 본질적 의미를 찾을 수 있어야 한다. 현대 인간은 지속 가능한 인간의 기술적·경제적 효능에 삶의 가치를 두고 있지만, 이제 자연 속에서 인간과 세상의 가치를 찾아야 할 것이다. 어느 생태학자는 인간이 자연으로부터 느끼는 감정은 기본적으로 '생명애biophilia'에서 비롯되는 것이라고 한 바 있다(E. O. 윌슨). 인간이 자연으로부터 생명애를 느끼는 이유는 숲과 초원, 푸른 잎과 나무를 통하여 이 세상에 대한 진정한 사랑과 공감을 인식하기 때문이라는 것이다.

자연 존중의 생태적 사유는 자연과 인간, 자연과 문명이라는 이분법적 도식에서 벗어나 자연과의 근원적인 화해를 통해서만이 진정한 인간성 회복이 가능하다는 인식에 기초하고 있다. 이런 인식과 체험은 당대의 자연과 인간에 대한 것임은 물론이거니와 오늘날 우리들이 겪고 있는 가장 소중하고도 핵심적인 삶의 체험이기도 한 것이다. 이런 의미에서 강천 수필은 자연과 인간의 올바른 관계에 기초한 생태적 삶의 가치가 얼마나 소중한 것인가를 잘 보여주고 있다.

사물과 세상을 읽는 방식
- 박영득 수필의 인식론적 해석

1.

박영득 작가가 『매미섬』『집게의 꿈』에 이어 세 번째 수필집 『몽돌의 차르르 따르르』를 펴낸다. 작가는 자신의 수필 세계가 한반도 최남단에 자리한 신안군의 한 작은 섬마을의 아름다웠던 고향과 잠들어 있던 자신의 감성을 글로 깨워보고 싶다는 소망을 여러 차례 피력한 바 있다(『매미섬』의 「책머리에」, 『집게의 꿈』의 「책을 펴내며」). 이러한 소망은 망각하고 살았던 지난날 삶의 조각들을 일깨워 희미했던 어린 시절의 꿈과 이상을 새롭게 꽃피우고자 하는 작가의 바람이었다. 그리하여 그의 작품에서는 주위에 피어나는 들꽃이나 작은 풀벌레에서도 생명의 소중함과 창조주의 뜻깊은 의지를 느끼게 되고, 눈앞에 보이는 말 못하는 사소한 사물들과도 무언의 언어로 소통하게 된다.

박영득은 세상과의 대면을 통하여 파열되는 개인의 내면으로부터 자아의 열림에 이르기까지 다채롭고 폭넓은 양상을 보여주고 있다. 그의 작품은 거칠고 힘든 삶과 세상을 벗어나 진정한 삶에 대한 그리움으로 나아가고자 하는 존재론적 욕망을 보여준다. 자신이 살아온 고향에 대한 지속적인 그리움을 통해 새로운 삶에의 의지를 보여주는가 하면, 동시에 인간과 자연을 한 몸에 담고자 하는 투명한 마음의 각성을 일깨워 준다. 그의 많은 작품은 존재의 채워짐에 대한 희망과 함께 그것을 열고자 하는 조심스러운 욕망을 표출한다. 그러면서 분열되어 가는 세상에 대한 좌절과 불만을 이어 붙여 미래의 삶의 가능성에 대해 숙고한다(박영득 수필의 이러한 특성에 관해서는 그의 신곡문학상 수상 작품론, 필자의 졸고 "존재의 풍경 혹은 노스탤지어의 서사─박영득의 수필 세계" 『수필과 비평』 256호, 2023. 2, 참조).

  말하자면 박영득의 수필은 주체가 세계에 살면서 세계를 향해 나아가고자 하는 존재론적 인식의 전형을 보여준다. 그래서 작가는 주체가 만나는 사물 혹은 세계와 조우하는 순간을 민감하게 포착하면서 그 과정에서 주체의 존재 양상을 새로운 방식으로 드러낸다. 인간의 존재 양상이란 주체가 만나는 사물과 세계의 연결 가능성에 의해 교통하는 구체적인 지점에서 이루어지게 된다. 메를로 퐁티의 표현을 빌리면, 주체는 세계로 끊임없이 나아가고자 하고 세계는 주체에게로 들어오고자 하는 통로가 되면서 그 접점에서 문학의 정체성은 자리 잡게 된다. 박영득의 수필에서는 존재가 만나는 사물의 풍경과 세계의 풍경이 서로 교호하면서 한편의 서사를 이루게 된다. 그런 의미에서 그의 수필을 살펴보는 일은 우리 수필을 전면적으로 지배하고 있는 지금의 서사 현실을 반성적으로 성찰해 볼 수 있는 계기를 동시에 제공한다.

  당연한 이야기지만, 이 세상의 모든 사물은 무한한 잠재성을 지니고 있다. 사물을 한 권의 책으로 비유하자면, 책은 읽고 이해하는 사람에 따라 다양한 해석의 가능성을 지니면서 한 페이지를 넘길 때마다 새로운 이야기로 전개되면서 주옥같은 의미를 우리에게 던져주게 된다. 삶에서 사물이 지닌 힘은 읽는 깊이와 넓이에 따라 그만큼 크다. 어찌 보면 사소하고 무의미한 사물로 보일수록 그것이 지닌 힘은 더욱 크다. 작가가 사물을 읽는 시선에 의해 그것은 끝없는 깊이의 잠재성을 지니고 있기 때문에 그 힘은 작가가 발견해서 보여주지 못하면 좀처럼 드러나지 않는 법이다. 하나의 사물이 의미 있는 사물이 될 수 있는 것은 그 속에 봉인되어 있는 잠재성을 발견할 수 있는 작가의 살아있는 시선이 번뜩일 때 가능하다. 다시 말해 그것은 일상적 관념이 아닌 사물 그 자체를 깊은 인식의 눈으로 바라보는 것을 의미한다.

박영득은 이 같은 사실을 잘 인식하고 있다. 이를테면 "글은 쓰면 쓸수록 더욱 어렵다는 사실을 깨닫습니다. 사물의 본질에 대한 분석과 사유의 깊이가 얕을 뿐만 아니라 창조주의 깊은 뜻을 깨달을 수 있는 영적 능력도 깊지 않기 때문입니다."(「작가의 말」, 『몽돌의 차르르 따르르』)라는 작가의 발언은 사물과 세상에 담긴 '깊은 뜻'을 얻고자 하는 작가의 다짐을 말해주는 것이다. 요컨대 박영득의 수필 세계에서 나타나는 이런 인식론적 태도는 세 번째 수필집 『몽돌의 차르르 따르르』에서 나타나는 사물과 세상을 보는 하나의 방식으로 자리하면서 그 깊이와 넓이는 작가의 문학적 전언을 충만하게 정서화하는 내발적인 힘으로 기능하고 있다.

2.

독일 시인 실러의 서술에 의하면, 감성적인 작가는 자연을 이념으로 고양해서 현실로부터 더 높은 이상으로 나아가고자 한다. 이때 작가가 느끼는 감정들에 따라 작품의 성격은 서로 다르게 나타난다. 예컨대, 현실과 사물이 작가의 의지와 반하는 방향으로 구성될 때, 작품은 부자연스럽거나 불균형적인 성격을 지닌다. 반면에 작품이 현실과 사물에 의해 조화롭고 균형을 이루며 표현되면 작품은 인생과 세상에 대한 더 높은 차원의 의미를 획득하게 된다. 또한 일상적 삶에서 더 높은 차원으로 나아가 작품은 자연과 인간, 세상과 인간과의 조화와 균형을 이루면서 풍요롭고 아름답게 재탄생한다.

박영득의 수필에서 우리가 만나게 되는 사물과 세상은 언제나 풍요롭고 아름답고 긍정적이다. 이를테면 「몌별袂別」이라는 작품에서 우리가 만나게 되는 흔한 사물인 자동차에 대한 작가의 인식은 이런 점을 잘 보여준다. 작가는 자신이 타고 다니는 자동차를 S양이라고 의인화해서 표현하면서, 그와의 "만남이란 우연일까 아니면 운명일까. 이 세상에 수많은 사람이 있지만 맘에 쏙 드는 사람과 만남은 우연이 아니라 운명일지도 모른다."고 의미를 부여한다. 심지어 그녀와의 만남이 "창조주께서 태초부터 예정해 두었던 만남을 우연이라는 조건을 통해 이루어지게 하는 것"이라고 여긴다. 작가에 의해 S양과의 사랑의 의미는 더욱 확장된다.

> 누군가가 '사랑이란 서로 마주 보는 것이 아니라 같은 방향을 바라보는 것'이라고 했던가. 그녀와 나는 언제나 바라보는 곳이 같았다. 사소한 일상에 대한 생각에서부터 사회적인 이슈나 정치적 이념에 이르기까지 부딪침이 없었다. 사람이 살아가면서 가장 소중한 것이 사랑이라는 것도, 사랑이 있어야 사람에게는 희망이 있다는 말에도 공감하고 있었다. 같이 있으면 어머니 품처럼 언제나 편안하고 행복한 사람, 먼 길을 갈 때면 지루하다며 노래도 불러주고 애교스러운 목소리로 세상 돌아가는 이야기도 자분자분 들려주던 사람, 무더운 날에는 시원한 바

람으로 한겨울 추울 때는 따뜻하게 마음 까지 녹여주는 수고도 마다하지 않는 사람이었다.

— 「몌별袂別」에서

'몌별袂別'이란 소매를 잡고 헤어진다는 뜻으로, 정든 사람과 섭섭히 헤어짐을 이르는 말이다. 이런 멋진 의미 속에서 독자를 때로는 긴장으로 때로는 안타까움으로 이끌어 가던 S양은 "사랑하고 아끼던 검은색 차 세피아Sephia였다." 이 얼마나 멋진 반전인가. 이렇게 사물에 대한 작가의 사랑과 관심은 극진하다. 그녀를 향한 마음은 '조침문'이 아니라 '조차문'으로 한 편 써야 될 듯하다. 박영득의 수필에서 작가가 바라보는 눈은 사물 그 자체를 보는 면밀하고 애틋한 '시선'에 의해 시작한다. 작가의 시선은 사물에 의미를 부여하고 이 과정 속에 삶의 내용을 사유화함으로써 '사물의 해석화'를 이루게 된다. 사물의 현상과 의미에 대한 관찰, 그것은 발견의 힘이자 성찰의 과정으로 배치됨으로써 삶에 대한 보편적 주제를 밀고 나가는 작가의 사유와 정서를 보여주는 것이다.

사물에 담긴 잠재성의 발현을 가능하게 하는 작가의 시선, 그것은 우리 주변에 만연해 있는 일상적 동일화에서 벗어나고 새로운 세계로 사물을 몰고 가는 개념으로 사물과 인생을 바라보는 시선이다. 일상적 개념으로 보는 시선에서 벗어나 사건이나 사물의 중심으로 시선을 옮기면 그곳에는 상식적 개념의 범주에서 빠져나간 또 다른 깊은 층위의 의미를 만날 수 있다. 그것은 사물이 내보내는 의미론적 징후이고 해석해야 할 기호들과의 만남이다. 박영득의 수필에서 작가는 언제나 사물과 마주하는 징후들을 새롭게 해석하고 가시화하는 특성을 지니면서 서술된다. 또한 사람과 사물이 존재하는 깊은 의미를 사유하는 방식에 따라 다른 세상이 추동된다. 그것은 작가가 사물을 사유하는 방식에 의해서 새로운 관조와 이해를 통하여 세상과 인생의 의미를 넓혀가는 과정을 취한다.

박영득의 작품에서 허다하게 등장하는 일상적 사물들, 몽돌, 구렁이, 범치, 갈매기, 갯벌, 삐뚤이 고동, 깡다리 예찬, 갑오징어, 해낙지, 멍텅구리배 같은 사물들은 모두 우리에게 익숙한 것들이지만, 작가는 사물을 바라보는 새로운 시선을 통해 익숙하지 않은 이야기들을 만들어낸다. 낯선 이야기를 통해 놀라운 생각의 확장이 일어남으로써 작가에게는 언제나 능동적으로 '사유'하는 힘이 생겨난다. 이런 사유의 힘은 사물과 자연 현상을 삶의 보편적 주제로 환원하는 작가의 강한 정서적 충전력에 휩싸여 진행됨으로써 우리에게 미적 쾌감을 주게 된다. 예컨대 수필집의 표제작이기도 한 「몽돌의 차르르 따르르」에서 몽돌에 대한 인식에서 이런 힘은 더욱 잘 표현되어 나타난다.

> 몽돌은 개울이나 바닷가에서 볼 수 있는 흔한 돌멩이다. 거친 돌멩이들이 끝없이 밀려오는 강물이나 파도에 씻기고 부딪쳐 마모된 동글동글해진 돌을 말한다. 사람들의 얼굴이 제각각이듯이 몽돌도 돌의 재질과 마모의 형태에 따라 특이한 모양이나 독특한 문양을 담고 있다. 꽃 모양이나 산수화가 그려지기도 하고, 천체도天體圖에 그려진 별의 궤적처럼 무지개 색깔의 둥근 테를 몇 겹으로 감고 있는 문양도 있다. 때론 수많은 점이 밤하늘의 별처럼 표면 가득히 촘촘히 박혀있는 것들도 있고 공처럼 완전히 동글동글 하거나 길쭉한 수박처럼 두리뭉실한 놈도 있다. 이런 몽돌의 매력에 빠져 강가나 바닷가에 가게 되면 나는 시간 가는 줄도 모른다.
>
> ─ 「몽돌의 차르르 따르르」에서

몽돌이라고 해서 어찌 아픔이 없겠는가. 몽돌은 다른 돌들과 부딪치며 깨지고 마모되어 뼈를 깎는 아픔을 견디는 소리를 지른다. 이런 아픔 속에서 몽돌이 탄생하게 되는 것이라는 작가의 통찰과 인식은 깊고 예리하다. 사물들은 삶의 한가운데서 우리를 바라보며, 우리와 동일한 시선을 간직하고 있다. 그러나 사물의 잠겨있던 봉인이 열리는 순간, 우리 곁의 일상적 사물들은 사소함을 넘어서 폭넓은 가치를 드러내는 매개체가 되어준다. 우리에게 사소하고 익숙한 그 사물이 삶에 대한 인식을 새롭게 해주는 힘이 되면서, 우리를 새로운 세상과 삶을 통찰하게 해주는 끈이 된다.

　작가는 일상적 사물의 중심에서 사물과 사물, 사물과 세상 '사이'의 깊은 의미를 읽는다. 그럼으로써 일상적 모습이 만들어낸 단조로운 진리 이외에도 더욱 풍요로운 방식으로 세상을 바라본다. "사람들의 얼굴이 제각각이듯이 몽돌도 돌의 재질과 마모의 형태에 따라 특이한 모양이나 독특한 문양"을 통하여 사물을 단순히 외형적으로만 파악하고 보편화시키고 단일화시키는 이해 방식을 벗어난다. 이렇게 박영득은 사물의 새로운 모습을 보며, 사물과 나 사이에서 또한 그 너머의 존재와 세상 사이에 대한 사유를 한다. 이러한 '사이'는 무한한 생성이 가능한 지점이다. 바닷가에서 흔히 발견되는 몽돌이 내는 다양한 속삭임을 통해 들을 수 있는 사물에서 발견할 수 있는 다양성은 무궁무진하다. 그것은 "꽃 모양이나 산수화가 그려지기도 하고, 천체도天體圖에 그려진 별의 궤적처럼" 서로의 다른 모습을 드러내면서 존재하는 유동적인 생성이다. 또한 "몽돌의 구르는 저 소리는 어쩌면 돌끼리 부딪치는 마찰음이 아니라 그들이 토해내는 울음소리"와 같은 것이다. 작가는 주변에서 중심으로, 시작에서 끝으로, 자아에서 타자로 이동하면서 통찰의 시선으로 사물과 세상의 새로운 모습을 바라본다.

이렇게 박영득의 사물과 세상을 읽는 태도는 단순히 외관을 판단하고 구별하기 위한 차이가 아니라, 서로의 존재와 가치를 인정하는 긍정의 미학으로 존재한다. 그리하여 그에게 사물은 차이들을 위한 단순한 인식이나 일상적 진부함이 아닌 사물과 사물, 사물과 세상 사이에서 높은 차원의 인식을 이루기 위한 도구가 된다. 『몽돌의 차르르 따르르』에 실린 많은 작품에서는 일상적 진부함과 동일함의 인식으로 죽어있는 고정된 사물이 아닌, 끝 모를 창조적 잠재성을 지니고 있는 사물에서 새로운 발견과 이해가 이루어지고 있다.

3.

앞서 우리는 박영득이 크고 작은 사물을 통하여 인생과 세상을 바라보는 폭넓은 인식을 지니고 있음을 지적해 왔거니와, 사물을 깊이 있게 바라보는 눈은 삶에 대한 작가의 깊은 이해와 성찰에 의해 이루어지는 것이다. 특히 박영득의 작품을 읽으면서 우리가 주목하게 되는 것은 작가의 생명에 대한 남다른 인식이다. 이것은 오늘날 흔히 운위되는 이른바 생태적 인식과도 무관치 않은 것이다. 생명에 대한 존중의 마음은 작가가 어린 시절부터 가까이해 온 바다의 체험으로부터 우러나오는 것이라 할 수 있지만, 여기서 체험과 문학의 관계는 작가 인식의 원천이 됨을 확인할 수 있다. 작가의 생명에 대한 관심은 『몽돌의 차르르 따르르』의 「작가의 말」에서 잘 드러난다. 작가는 생명과 생명체들에 대한 인식을 다음과 같이 설명한다.

> 생명. 듣기만 해도 가슴이 뜁니다. 아무리 사소하고 보잘것없는 그리마 같은 절지동물이라 할지라도 그 속에 생명이 있기에 귀한 것이

아니겠습니까. 그것은 인간의 영역이 아니라 절대자 창조주의 영역이라서 그렇다고 생각됩니다. 그래서 이번에 선보인 수필집 『몽돌의 차르르 따르르』에서는 사소한 들꽃이나 개울에 사는 생명체들 그리고 고향의 바닷가 작은 갯것들을 소재로 그들과 함께 어울려 살아가는 사람들의 삶을 글로 써보고 싶었습니다. 창조주의 은밀한 창조 의지를 생각하면서.

— 「작가의 말」에서

 실제로 작품의 전편에서는 작가의 생명의식이 지배적으로 나타나고 있다. 오늘날 생태위기의 원인은 다층적이고 복합적이어서 하나의 현상으로 그 원인을 분석하는 것은 한계가 있을 것이다. 『몽돌의 차르르 따르르』에서 박영득이 사유하는 생태위기는 자연과 인간의 공존의식의 상실에 의한 것이다(박영득 수필에 나타나는 생태적 인식에 대해서는 『집게의 꿈』에 실린 유인실의 작품해설 "자연과 인간의 공존을 위한 새로운 균형 회복—박영득 수필세계" 참조). 하이데거 같은 철학자는 기술문명이 존재의 본래적 가치를 훼손하거나 조작한다고 보고 오늘날을 '고향 상실'의 시대로 규정한 바 있다. 인간중심주의의 자연관에 뿌리 박은 인간의 이성주의가 생명의 위기 상황을 초래하게 되었다는 것은 분명하다. 이를테면 박영득 수필의 생태적 인식은 갯벌을 바라보는 작가의 시선에서 잘 나타나고 있다.

 갯벌에 관한 추억이 어디 이뿐이랴. 먼 남쪽 나라에서 북쪽 나라로 오가던 철새들도 날개가 지치면 고향 갯벌에 내려앉아 쉬어가곤 했다. 하늘을 까맣게 뒤덮던 도요 물떼새, 기럭기럭 울어대는 기러기 떼들, 걸음걸이조차 우아한 황새며 흑두루미들, 먹이를 찾아 부리로 노를 젓는 노랑부리저어새, 하얀 목도리로 멋을 잔뜩 부린 흰 뺨 청둥오리 등 갖가지 철새들이 찾아드는 고향 갯벌은 사시사철 새들이 찾아드는 철새의 낙원이었다. 철새들이 지친 날개만 쉬고자 이곳에 머물렀을까. 우주의 에너지가 서려 있는 갯벌의 기를 받고 배를 채우며 다음 비행에 대한 꿈을 꾸며 쉬어가는 것이었을 게다.

― 「갯벌」에서

보리가 누렇게 익어갈 무렵, 고향 앞바다에는 여러 가지의 고기떼들이 몰려들었다. 이들이 이곳으로 모여드는 이유는 오직 한 가지, 산란하기 좋은 갯벌이 있어서 일 것이다. 인간이 어머니의 자궁 안에서 잉태되듯이 물고기들도 안전한 갯벌에 알을 낳고 싶어 먼바다에서 이곳까지 찾아온 것이다. 갯벌은 바다 생명의 숭엄한 태자리이며 바다와 육지의 경계선에 자리하며 두 세계를 이어주는 가교와도 같은 곳이다. 그러나 과학기술이 발전하고 자본주의 사회가 그 폭력성을 드러내면서 생명체들이 "함께 어울려 살아가는 사람들의 삶"을 파괴해 버렸다. 도시 문명 같이 경직된 세계를 추구하면서, '갯벌'같이 우주의 에너지가 서려 있는 생명의 터전은 존재할 수 없다.

자연과 인간의 관계성과 순환성의 원리로 운행되는 자연현상의 가치를 재발견하기 위하여 인간과 자연의 공존은 반드시 필요한 것이다. 이러한 자연과 인간의 관계 회복은 작가의 유년 시절의 고향 기억과 공동체의 의식을 환기함으로 획득되는 것이다. 이는 주체와 객체를 구분하여 위계를 나누는 근대의 자연관에 대한 도전이자 자연으로부터 소외된 삶의 대안이기도 하다. 생명에의 경외감을 드러낸 박영득의 작품은 자연과 하나 되는 확장된 자아의 면모를 드러낸다. 각 개체의 내재적 가치를 인정하는 이러한 의식은 무위자연의 실현 의지로 변주되면서 자연에 담긴 고유한 세계를 바라보고자 하는 작가의 노력으로 체현된다. '삐뚤이 고동'을 통해 읽는 자연과 세상의 모습은 작가의 인식을 극명하게 보여준다.

> 삐뚤이는 세상 부귀영화를 초연한 마음으로 살아가는 민초 같은 존재다. 어느 바다 생명체보다도 굼뜨고 행동반경도 짧아 어쩌면 한곳에 뿌리를 내리고 살아가는 나무나 다를 바가 없다. 기껏 멀리 가봐야 태어난 주위를 빙빙 돌며 한평생을 지낼 뿐이다. 이렇게 따분한 삶을 살아가지만 그렇다고 아무 생각도 없이 살아갈까. 달 밝은 밤에 조용히 밀려오는 파도 소리에 우주의 창조 신화에 귀 기울이기도 하고, 갈매기 끼룩끼룩 울어댈 때면 파란 창공을 바라보며 갈매기 날갯짓을 따라 하늘을 나는 꿈을 꾸기도 할 것이다.
> ─「삐뚤이 고동」에서

작가가 보기에 삐뚤이는 세상 부귀영화를 초연한 마음으로 살아가는 민초 같은 존재다. 바다의 어떤 생명체보다도 행동도 느리고 짧아 육지에서 한곳에 뿌리를 내리고 살아가는 나무와 다르지 않다. 그렇지만 그는 달 밝은 밤에 조용히 밀려오는 파도 소리에 우주의 창조 신화에 귀 기울이기도 하고, 파란 창공을 바라보며 갈매기 날갯짓을 따라 하늘을 나는 꿈을 꾸기도 한다. 그러나 산업화가 진행된 후 개발과 발전의 이름으로 얼룩진 생태환경 문제는 직·간접적인 인간의 문제로 나타나게 되었다. 박영득의 작품에는 이러한 생태위기의 상황과 자연으로부터 소외된 삶에 대한 자각이 특히 주목되고 있다. 그리하여 『몽돌의 차르르 따르르』에서 작가는 꽃과 나무를 바라보는 시선을 통하여 식물적 상상력을 보여준다.

식물적 상상력은 식물의 일반적인 속성을 넘어서 작가의 체험과 세계관에 따라 다양한 상상력으로 작동한다. 박영득의 작품에서도 식물적 상상력은 일반적인 식물의 속성을 바탕으로 하기보다는 작가의 체험과 삶에 근거한 주체화된 식물 이미지들을 주로 사용하고 있다. 이 것은 그의 작품이 개인의 구체적 체험을 바탕으로 보다 선명한 식물성의 이미지들을 창조해 내고 있으며, 이를 바탕으로 삶의 모습을 재현하고자 하는 의도를 동시에 드러내는 것이다. 이는 곧 작가와 세계 사이에서 균형과 조화라는 새로운 삶의 질서를 찾고자 하는 태도라고 할 수 있다. 박영득은 그리마, 애기똥풀꽃, 달개비꽃, 무화과, 냉이 꽃, 소나무, 이팝 꽃 같은 허다한 식물들을 통해서 식물 이미지를 수용하면서도 삶의 현실을 다층적으로 보여주는 역동적 상상력을 통해 인간과 세상의 모습을 보여준다.

> 소나무들이 사라진 후론 고향에 갈 때면 반겨줄 어머니가 없는 텅 빈 집처럼 고향 마을이 허전하기만 하다. 태어나면서 연을 맺어 황혼에 접어든 이 나이 때까지 항상 소나무 생각에 젖어 사는 나는 그 어떤 나무보다 소나무를 더 사랑하는 것 같다. 그리하여 내 소원이 하나 있다면 세상을 이별하는 날 송판으로 짠 관에 들어 솔바람이 솔솔 부는 고향 언덕에 묻히고 싶다. 사시사철 솔 향기 맡으며 솔바람이 전해주는 세상 이야기를 들으면서 소나무 숲 아래 편안히 잠들어 쉬고 싶다.
> ―「소나무」에서

> 그놈의 쌀밥이 무엇이었길래 그리도 쌀밥을 향한 열망이 뜨거웠을까. 쌀밥이 부자와 가난한 자, 높은 자와 낮은 자, 배운 자와 못 배운 자를 구별하는 척도라도 된다고 믿었던 것이었을까. 아니면 생명줄이라고 여긴 것은 아니었을까. 지금은 쌀밥보다야 조밥이나 꽁보리밥이 더 인기 있는 건강 밥상인 것을……. 이팝꽃이 필 때면 간척지에서 하얀 쌀밥을 꿈꾸며 희망에 부풀어 힘든 일도 마다하지 않았던 그 어린 시절이 어제 일처럼 생생하게 떠오른다.
> ―「이팝 꽃이 필 때면」에서

작품 「소나무」에서 작가는 소나무에 대한 깊은 연민과 사랑을 드러내면서 자신의 사후에서마저도 소나무와 함께하고자 하는 감정을 드러낸다. 또한 「이팝 꽃이 필 때면」에서는 이팝꽃이 필 때 간척지에서 하얀 쌀밥을 꿈꾸던 어린 시절의 꿈과 이상을 새롭게 일구어낸다. 박영득은 기존의 감상적이고 수동적인 의미의 식물 이미지가 아닌 식물을 통한 삶과 세상의 모습을 은유적으로 드러내는 동시에 이를 넘어서려는 방법론적 모색을 한다. 이러한 방법의 모색은 자신의 내적 성찰을 통해 존재와 인생의 의미를 다양하고 복합적인 중층의 의미로 표현하고자 하는 의도이다. 말하자면 박영득은 내면의 성찰을 통한 개인의 주체적 자각을 더욱 높은 가치로 극복하는 방식으로 식물적 상상력을 동원하고 있다.

박영득 수필에 나타나는 다양한 존재들은 조화로운 생명 공동체를 향한 공생의 모습을 추구한다. 사라져 가는 꿀벌을 통해 "이 세상에 사는 모든 생명체가 공생해야 인간도 생존할 수 있다"는 인식(「벌들의 침묵」), "연리목이 되기까지는 두 나무가 만나 부대낌으로 껍질이 벗겨지는 아픔도, 상처가 아물어 가는 쓰라림의 과정"이라는 생각(「연리근連理根」), "자연의 법칙이 작용하는 무인도에서는 어느 생명 하나 불평 없이 우주의 질서에 따라 삶을 살아가는 평온한 세상(「무인도」)이라는 사색은 자연 속 여러 구성원이 모두 모여서 일정한 체계를 이루고 있는 공동체라는 사실을 말해주는 것이다. 따라서 박영득의 문학은 자연과 환경 세계에 적극적으로 결합되어 승화함으로써 인간과 자연의 생태적 유대성을 도모할 수 있다는 사유를 하고 있다. 이런 공동체의 윤리는 인간과 여타 생명체들과의 상생을 위한 인식이라는 점에서 더욱 가치 있는 것이다.

4.

　박영득의 삶과 세상 읽기는 생명에 대한 외경심으로 가득하다. 이런 작가의 태도는 "자연과 가까이하는 삶에서 생명의 고귀함을 찾고 환경의 중요성에 대해서 더욱 목소리를 높이겠습니다. 때론 사회의 부조리와 부패에 대해서도 용기 있게 일성을 높여야 하겠지요. 이것이 바로 글을 쓰는 사람들의 사명이 아닐까 싶어서입니다."(「작가의 말」)라는 다짐을 가능케 한다. 이런 작가의 사명감은 곧 부정을 넘어 긍정의 사유를 통해 세상과의 '불화'를 당당히 껴안음으로써 '화해'에 이르고자 하는 작가의 내적 성찰이 있기 때문에 가능한 것이다. 그의 문학의 기저에 내재한 이런 인식은 기존의 질서에서 벗어나 새로운 삶과 문학의 질서를 향해 조화와 균형을 이루고자 하는 동력이 되기도 한다.

　이런 의미에서 우리는 박영득의 생명을 중시하는 생태적 상상력이 그의 문학에서 매우 의미 있게 나타나고 있음을 주목할 수 있다. 작가가 강조하고자 하는 것은 현대적 삶의 상황에서 존재하는 불화와 화해 혹은 결핍과 소통의 질서는 결국 세계에서 생명의 질서를 새롭게 이루어야 가능하다는 사실이다. 이는 기존의 삶과 문학적 질서를 전복함으로써 얻어진다기보다는 작가의 생태적 인식과 성찰을 바탕으로 이루어지고 있다는 점에서 의미를 갖는다.

　최근 들어 자연과 생태적 삶의 의미에 대한 성찰은 장르를 불문하고 우리 문학의 가장 중요한 테마의 하나로 등장하게 되었지만, 중요한 것은 박영득의 수필에서는 자연이 물질적 질서로서의 세계로 형상화되는 것은 물론 자신의 실존을 경험하는 서정과 상상력의 실현으로 발전하고 있다는 사실이다. 달리 말하면 박영득의 수필에서 나타나는 자연 이미지는 단순히 문학적 대상으로서가 아닌 작가의 정신과 사유를 적극적으로 반영하는 의미로 추동되고 있다는 점에서 더 큰 의미를 갖는다. 그의 작품에 나타나는 생태적 상상력은 중층적이고 복합적인 작가의 내면을 효과적으로 드러내는 동시에 그럼으로써 문학적 울림을 한층 더 깊게 만든다는 점에서 커다란 의미를 갖게 되는 것이다.

 박영득의 수필은 작가가 살아온 삶의 체험과 그 속에서 아직 인식되지 못한 의미를 새로운 방식으로 보여주고자 하는 노고의 산물이다. 그렇지만 작가의 말대로 앞으로 설명되어야 할 내용은 많고 용기 있게 발언 되어야 할 과제가 그의 문학 앞에 무겁게 놓여있다. 그의 수필의 미학적 모험이 새롭게 진화해 나갈 때 박영득의 수필은 더욱 심오하고 다채로워질 것이다. 그동안 박영득이 이룬 문학적 성과가 가볍지 않은 것임에도 불구하고 우리가 이런 단서를 붙이는 것은 앞으로 그의 문학이 이룩해야 할 성취에 대한 기대가 그만큼 크기 때문이다.

어느 나르시시스트의 별탑 쌓기
- 김추리의 수필 읽기

> 별을 보는 것은 언제나 나를 꿈꾸게 한다.
> (···)
> 우리는 별에 닿기 위해 죽는다.
>   - 빈센트 반 고흐

1.

작가가 글을 쓴다는 것은 무엇인가. 문학에 관한 지극히 원론적인 이 질문은 예술 영역으로써의 문학이 출현한 이래 (불)가시적으로 잠재된 채 예술가와 작가들에 의해 다양한 답변의 가능성으로 존재해 왔다. 그동안 제시된 수많은 답변에도 불구하고, 글을 쓴다는 행위에 대한 한 가지 분명한 명제는 작가가 쓴 글이란 인생과 세상에 대한 자신의 감정을 토로하기 위한 것이고, 또한 이것은 독자에게 글쓴이의 생각과 감정을 보여주기 위한 것이다. 타자이며 세계의 구성원인 독자를 의식하면서 의식의 파편들을 토로하고 이를 종합하면서 쓴 것이 작가의 텍스트이다. 따라서 한 편의 문학 텍스트는 어떤 식으로든 작가 의식의 종합적 결과물이므로 그 속에는 인생과 세상에 대해 분투하는 작가의 모습이 담겨 있다. 이런 의미에서 모든 글쓰기란 작가가 물 속에 비친 자기 모습을 드러내 보여주고자 하는 나르시시즘의 행위라고 할 수 있다.

말 그대로 나르시시즘Narcissism은 이상화된 자신에 대한 사랑을 의미하며, 그 원형은 그리스 로마 신화의 나르키소스에서 유래되었다. 예술과 문학에서의 자기애적 사랑을 찾기란 그리 힘든 일이 아니다. 예컨대 빈센트 반 고흐가 고갱과의 불화로 인해 자기 귀를 자르고, 절망적인 삶에 대한 고뇌 속에서 어두운 밤하늘의 별을 바라보면서 「별이 빛나는 밤」을 그린 것도 모두 극단적 나르시시스트의 고투 행위라고 할 것이다. 프로이트의 표현대로 나르시시즘은 자기 보존 본능으로서 인간의 본능적인 삶의 에너지와 관련되어 있다. 강렬한 생명력이나 성적 관능은 모두 본능적 에너지를 전제하지 않고서는 불가능한 것들이다. 나르시시즘은 작가의 주체 의식의 형성 혹은 자기 반영의 형식과도 깊이 연동되어 작가의 미적 태도를 확보하고 결정하는 근원적 힘으로 작용하게 된다. 우리는 김추리의 수필집 『별탑』에 실린 여러 작품에서도 이러한 예를 쉽게 읽을 수 있다.

> 나는 별을 향한 꿈을 버리지 않는다. 끊임없이 반복되는 생성과 소멸로 이어지는 우주의 마당귀에서 보일락 말락 할지언정 나의 존재는 별에게로 이어져 있음이다. 어둠이 짙어야 더욱 밝은 빛이 나는 별은 어둔 밤의 자장가처럼 부드럽고 포근하다. 나는 어디에선가 나를 바라

보고 있을 나의 별을 찾아 별밤이면 하늘을 날아오른다. 은하수를 건너는 백조의 날개를 달고서.

— 「은하수를 건너는 백조」에서

"수필은 나의 별빛"이며 "무한한 사유의 공간"(「작가의 말」)이라는 언명에서도 잘 드러나듯이, 김추리 수필집을 읽으면서 무엇보다 우리의 눈길을 끄는 것은 그의 작품에서 허다하게 등장하는 별의 은유와 상징이다. 작가는 자신이 바라보는 저 하늘의 별과 자신의 영혼과 사유를 등치시키는 일종의 '별의 상상력'을 우리에게 보여준다. 이런 문학적 상상력은 일견 관념적 의식의 표현으로 보이기 쉬우나 별을 통하여 세상과 존재의 의미와 관계를 향유하고자 하는 변증적 사유이다. 이런 사유 속에 내장된 생명력은 '나'의 안과 밖을 동시에 성찰하고자 하는 의식에 의해 가능하게 된다. 신의 존재가 부재한 이 혼돈의 세상에서 작가들은 갈수록 바깥세상과 불화하며 오직 자기 내면에 침잠하며 그 의식을 보여주고자 하는 욕망에 사로잡히게 된다. 그렇지만 내면세계에 기댈수록 작가들은 자기 고립과 소외라는 현대적 삶의 체험과 글쓰기 행위를 미완의 상태로 놓이게 하고, 작가는 이 세상과 존재에 대한 완결된 의미를 찾기 위해 더욱 자신을 미궁 속으로 빠뜨리게 한다.

작가의 글은 욕망과 결핍에서 벗어나고자 하는 꿈 꾸는 자의 것이고, 이것은 글로 표현되는 순간 휘발되는 듯하지만, 그 속에 작가의 감정과 사상은 그대로 남아 있다. 말을 바꾸면, 활자화된 텍스트는 작가의 사랑과 슬픔 같은 감정과 사상을 증명하는 일종의 자기 확인의 검인檢印 같은 것이다. 『별탑』에 수록된 많은 작품은 "대지에 찰랑이는 우람한 웃음꽃의 함성"(「작가의 말」) 같이 사랑하는 대상과 장소에 다가가고자 하고, 그로 인해 가슴 설레는 파문을 일으키고, 그것을 이루지 못해 슬퍼하는 모습을 보여주고 있다. 김추리의 언어는 사라진 대상을 찾기 위해 어두운 밤하늘을 바라보면서 상처와 슬픔을 섬세하게 각인한다. 그러면서 작가는 별을 통하여 "끊임없이 반복되는 생성과 소멸로 이어지는 우주"의 의미를 찾고자 하며 부재와 불가능의 영토에 닿고자 한다.

이런 노력은 일견 우리 수필에서 흔히 볼 수 있는 주제로 읽힐 수 있으나, 그동안 다른 수필들이 성취하지 못한 삶과 존재에 대해 깊고 내밀한 인식을 드러내 보이는 것이라고 할 수 있다. 따라서 화자의 삶과 존재의 그리움과 슬픔을 극화하고 있는 허다한 '별'의 이미지와 서술은 단순한 감상에 침윤된 수사가 아니라는 것이 『별탑』에 실린 여러 작품을 읽어갈수록 선명하게 드러난다. 김추리 작품의 저변에 자리 잡고 있는 삶과 존재에 대한 사유는 바로 나와 세계, 나와 타자 사이의 은밀하면서도 긴장된 관계로 우리들의 시선을 사로잡는다.

2.

앞서 우리는 많은 예술가와 작가의 글쓰기 행위가 그의 '별 찾기' 행위에 의해 현현된다고 한 바 있거니와, 작가는 자신의 욕망과 결핍에서 벗어나기 위해 별을 꿈꾸는 자이다. 그동안 많은 작가와 시인들은 별에 대해 외경심을 갖고 현실 세계를 벗어나 초월적 세계로 다가서기 위해 별을 소재로 작품을 썼다. 그러나 작가와 시인의 별 찾기 행위가 단순히 별과 우주에 대한 동경과 호기심의 발로인 것은 아니다. 윤동주 시인이 "별 하나에 추억과/별 하나에 사랑과/별 하나에 쓸쓸함과/별 하나에 동경과/별 하나에 시"(「별 헤는 밤」)를 담고자 했지만, 별은 아스라이 멀리 있다. 시인과 작가는 별을 보며 이상적이고 순수했던 시간을 회상한다.

그렇다면 김추리의 별 사랑은 어떻게 나타나고 있으며, 이것이 세상 사랑과 자기 사랑으로 어떻게 표현되고 있는가. 작가는 별이 보이는 곳이면 어디든지 나타나서 별을 바라보면서 인생과 사랑에 대한 기억을 소환하여 자신을 바라보고자 한다. 이를테면 작가가 꽃밭과 별밭의 동일체가 되고자 하는 다음과 같은 발언도 이에 다름 아니다. 작가는 꽃밭에 서 있을 때면 눈에 보이는 꽃들이 별빛처럼 반짝이며 품 가득 별을 안게 된다. 고개 숙여 자신을 내려다보면서 "나도 따라 꽃별이 된다. 별꽃이 된다."

> 난 그저 언제부터인지도 모르게 밤하늘의 별을 탐색했다. 영롱하거나 흐릿함을 가리지 않으며 푸른 별, 붉은 별, 하얀 별을 가늠하지도 않는다. 초저녁이나 새벽도 상관없이 기회가 있을 때마다 늘 하늘의 별빛을 향해 고개를 들고 별 바라보기가 일쑤다. 저녁이면 몇 번씩 옥상을 오르내리며 별을 본다. 그믐께 새벽이면 동녘 하늘을 밝히는 새벽별을 보겠노라 겨울에도 덧문을 닫지 않는다. 남편의 지청구에도 반박할 여지가 없다. 때로는 문득, 별이 수십 광년의 시간을 뚫고 나의 창문을 넘어 들어오기도 한다.
>
> ─「코스모스 별탑」에서

별은 많은 사람에게 영감을 불어넣는다. 그리고 각자의 관점에서 별을 해석하고 사유하여 가슴에 담는다. 별 속에는 고흐의 예술혼과 칸트의 철학이라는 다른 뜻들이 담겨 있듯이, 별의 의미는 관점에 따라 새롭게 창조되고 변화한다. 별의 의미는 스스로 진화하기도 하고, 나의 별과 타인의 별은 새로운 관계 맺음이 이루어진다. "별이 수십 광년의 시간을 뚫고 나의 창문을 넘어 들어오"면서 별과 화자의 관계의 의미는 더욱 깊어져 가며 별과 나는 하나가 된다. 그러면서 별을 통한 작가의 나르시시즘은 깊어 간다. 나르시시즘은, 프로이트가 이야기했듯이, 다른 무엇보다 아름다움을 느끼는 사람이 자기에 대하여 가지는 '확고한 긍지dura superbia'에 의해 나타난다. 긍지란 바로 우월의 위치에 있음을 의미한다. 아름다움을 느낌에 있어서 내가 남보다 우위에 있음을 자각하는 것, 그것이 긍지이다. 이런 의미에서 나르시시즘은 단순히 사물과의 대자적 관계가 아니라 즉자적 관계의 결과인지 모른다. 자기의 아름다움을 남과의 관계 속에서가 아니라 주체적 관점에서 느끼고 의식하는 것이 진정한 나르시시즘인 것이다.

김추리의 수필집 『별탑』에는 별의 이미지가 삶에 대한 철학적 인식으로 관통하고 있다. 많은 작품에서 별은 조화와 화합의 형식이며 소통과 공감하는 삶의 방식으로 그려진다. 작가에게 "매캐하게 마당을 휘감던 모깃불 연기 사이로 반짝반짝 튀어나오던 셀 수 없이 많은 별들. 별 하나, 별 둘, 별 셋, 드넓은 하늘은 우리의 숫자놀이판이었다."(「별」) "쑥부쟁이나 버들마편초, 해바라기와 같은 천지에 널린 초화류들도 꽃송이 안에 별을 그득그득 품고 있다."(「코스모스 별탑」) "오랜 기다림 사이로 별똥별이 하늘을 스치면 가만히 두 손을 모은다. 말없이 아름다운 미래를 꿈꾸며 올리는 기원이다."「흥하라 흥하라」 이렇게 작가는 몽골의 초원에서, 백두산 장백폭포에서, 풀 한 포기 없는 미국의 데스밸리에서, 물에 흠씬 젖은 듯한 뉴질랜드 하늘에서 별을 좋아해서, 별을 동경해서, 별을 사랑해서, 별과의 만남은 끝이 없다. 그러면서 어느새 우리 할머니가 그랬던 것처럼 손주들과 하늘을 우러르며 별 이야기로 친구가 되어간다. 여기서 다시 강조되어야 할 것은 작가의 별 체험이 단지 별과의 정서적 교감을 위한 방식에 그치지 않고 있다는 사실이다. 김추리의 별 체험을 통한 별 사랑은 우주와의 소통을 위한 혹은 자아의 세계를 확인하기 위한 정신의 교류이다. 진정한 자기 세계는 일상 현실과 분리된 자기만의 공간을 확보하려는 자아의 의지로 만들어진 세계이기 때문이다.

삶과 우주의 원리란 반복되는 생성과 소멸에 의해서 영위된다. 그렇듯이 김추리의 별에 대한 사유는 철학적 인식을 바탕으로 나아가며 삶과 존재는 별을 통한 '영원의 상징'으로 이어질 수 있다고 여긴다. 수백 광년의 간극을 두고 오로지 빛으로 마주하는 수많은 별, 그래서 작가는 언제부터인지 모르게 별을 그리워하게 되었고, 사랑하는 사람인 것처럼 별을 바라보며 별과 함께하는 시간이 행복하다고 느낀다. 별과의 대화는 무한한 시선으로 주고받는 침묵이지만, 하염없이 하늘 저편으로 펼쳐지는 먼 우주를 그려보며 마치 고향을 생각하는 듯한 정이 솟는다. 별은 우리에게 지상과 천상을, 삶과 죽음을 이어주는 다리이다. 별은 아무 때나 누구에게나 보이는 것이 아니다. 별은 어둠 속에서 자신을 볼 줄 아는 사람의 눈에만 보인다고 했다.

이렇게 김추리 수필의 중요한 특성은 사물 혹은 현상의 이면에 자리한 깊은 의미와 그 상호작용을 형상화하는 데에 있다. 작가는 우리들이 예사로이 여기거나 무심히 지나치는 사물의 현상을 면밀히 포착하여 정밀하게 그려 낸다. 김추리는 세상의 근원으로서의 사물과 장소를 다시금 기억하고 그 의미를 생성하는 일이 얼마나 소중하고 아름다운 것인지를 잘 보여주고 있다. 모든 사물과 장소의 바탕에는 그 근원으로서의 흔적과 생의 슬픔이 고여 있다. 어떤 사물이나 장소는 감당할 수 없는 대가로 우리의 가슴에 남을 때가 많다. 어떤 장소는 우리의 의식 속에 깊게 박혀 그리움으로 가득 차거나 아픈 슬픔을 요구하기도 한다.

김추리의 작품에 등장하는 장소는 작가가 가슴 속에 품은 슬픔과 그리움의 마음이 가득 담겨 있는 곳이다. 작가는 그런 장소를 그리면서 세상과 존재의 모습을 통하여 새로운 소통의 다리를 놓는다. 작품에 등장하는 여러 장소, 예컨대 성현의 위패가 서 있는 서원(「무성서원에서 상춘곡을 떠올리며」), 천혜 절경 내 고향 운암과 옥정호(「산길 따라 물길 따라」), 영주 성혈사 나한전 출입문 꽃살문(「꽃살문 연지」) 등은 작가가 온 힘을 다해 부르는 설움과 그리움의 대상이다.

    설움은 삼켜도 하염없이 흐르는 눈물을 멈출 수 없었다는 대목이 그 아픔을 말해 준다. 그러나 그 세월은 가고 그림 같던 고향, 꿈결 같은 추억은 그리움을 담아 잃은 듯 새로이 태어났다고 말한다. 옛날의 운암강을 그러안아 옥정호가 탄생하고 외안날 물안개가 피어올라 선경을 이룬 곳에 상서로운 오색구름이 날아드니 운암의 새 날을 말하는 듯하다. 고향을 잃은 서러움일랑 희망의 푸른 물에 묻어 두고 실향의 아픔도 망향의 애틋 함도 고이접어가면서 한 세월은 가고 그들의 이야기는 온 산천에 새겨져 유구한 세월을 이어가리라고 얘기한다.
                                                                                                                                                ― 「산길 따라 물길 따라」에서

장소에의 그리움을 통해 작가는 더 나은 세상과 존재의 꿈을 잃지 않는다. 그러면서 "봄에 비바람이 치는 것도 다 이유"가 있으며 모든 "자연의 흐름에 헛된 것이 없다는 생각이 든다."(「봄이 오는 길목에서」)고 여긴다. 김추리의 작품을 읽으면 직관으로 찾아낸 이야기들이 서정으로 젖어 온다. 애초에 모든 문학 작품은 논리의 소산이 아닌 상상력에 의한 창조적 세계라고 하지만 김추리의 수필에서 보이는 상상의 이미지는 매우 독특하다. 작가는 자신이 마주하는 사물과 장소를 직관 그대로 놓아두는 것이 아니라, 거기에 미학적 묘미와 주제 의식을 조화시킴으로써 삶과 존재에 대한 더욱 깊은 작가 의식을 드러낸다.

3.

작가가 발 딛고 살아가는 세상은 우리보다 앞서 사라져간 누군가의 흔적이 남아 있는 곳이다. 김추리에게 글을 쓰는 일은 크게 보아 이 세상의 지난 흔적을 쓸어보고 만져보는 일이다. 삶과 세상의 흔적은 곧 망각과 기억의 역사다. 역사는 풍화되고 사라지는 것이 아니라 화석처럼 단단히 남아 영원히 죽지 않고 오히려 새롭게 태어난다. 그리하여 그들은 "어둠의 배려로 수백 년 지난 삶을 망각하고 날마다 수만 년을 이어갈 신화창조를 꿈꾸었다."(「규화목」) 작가는 땅속에 묻혀 규화硅化된 나무인 규화목을 바라보면서 이것이 나무의 죽음인가, 돌의 탄생인가를 묻는다. 생을 마감하면서 나무는 주검으로 남았지만 새로운 숨을 쉬었다. 나무는 죽고도 다시 살아 새 생명을 부여받았다. 작가는 다시 묻는다. 나무는 무엇을 바라는가. 무엇을 기다리는가.

> 우주 멀리, 저 멀리, 안드로메다의 별들이 보내주는 신비의 빛으로 나무의 진액을 뱉어내면서 꼿꼿하게 맥을 세우고 본연의 결과 동그란 나이테를 움켜쥐었다. 긴긴 날이 속속 지나가고, 죽고도 죽지 않은 나무돌이 되어 수만 년 살아갈 새 생명을 부여받았다.
> 규화목. 나무가 죽어, 새로운 몸으로 태어나서, 화석이 된, 새 이름이다. 모양도 성질도 치환의 고통과 경이로움으로 단련하여 견고한 돌이 된 나무. 화석이 된 나무.
> ―「규화목」에서

'자취' 혹은 '흔적'이라는 이름으로 일컬을 수 있을 수많은 기억은 일상과 까마득한 태고를 하나로 이으며, 그 수 만 년의 흔적을 어떻게 이을 수 있을까를 작가는 사색한다. 오늘날 우리는 여러 면에서 '상실의 시대'를 살고 있다. 규화목은 세월의 흐름에 따라 흔적 '없음'을 통해 살아 '있음'을 드러내면서 세계의 환생을 꿈꾼다. 나무도 아니고 돌도 아닌 채 범접할 수 없는 혼령을 지닌 규화목은 숭고하다고 작가는 여긴다. "예측하기 어려운 수많은 시간을 품어 안고 견디며 지내온 시간을 끌어안은 나무 아닌 나무, 앞으로 수만 년을 살아가야 할 돌 아닌 돌, 죽었으면서 살아 있는 나무의 혼신이 스민 돌"의 굳어 버린 흔적을 발굴하여 그 존재론적 의미를 작가는 추적하고자 한다. 그리하여 작가는 규화목 앞에 엎드려 그의 오래된 몸을 만져보면서 셀 수 없는 수많은 시간이 손바닥을 타고 뜨겁게 전달되어 오는 것을 느낀다. 규화목의 시간과 화자의 시간, 규화목의 슬픔과 화자의 슬픔은 겹치면서 하나가 된다. 세월의 무게에 묻혀 돌이 된 규화목은 오랜 슬픔과 고통 그 자체이지만, 그 굳어진 생의 흔적 한가운데서 아름다운 존재의 시간과 새로운 세상이 현현될 것을 작가는 꿈꾸고 있다.

작가는 「우담바라」에서도 이런 의미를 부여한다. '우담바라'는 삼천년에 한번 피는 꽃이어서 길상화라고도 하며 천복을 타고나야 볼 수 있다고 한다. 그래서 불가佛家에서는 무량억겁에 만나는 인연인 듯 부처의 공덕을 귀히 여겨 듣고 새겨야 볼 수 있다고 이야기된다. 그런 우담바라가 작품에서 화자의 자동차에 고이 피어 있는 횡재를 만난다. 그러나 작가가 여기서 강조하고 있는 것은 우담바라가 자동차에 피어났다는 행운이라는 현상이 아니라 이런 기회를 준 우담바라가 품고 있는 생의 내면적 의미이다. 비록 노란 괭이밥이라 할지라도 바람벽에 빌붙어서라도 기어이 아름다운 꽃을 피울 수 있다. 그렇기 때문에 여름이 다 가고 찬 바람이 불 때까지 언덕배기 계단을 오르내리며 괭이밥 삶의 의미를 우리는 가슴속 깊이 새겨두어야 하는 것이다. 마찬가지로 우담바라가 지닌 외면적 현상보다는 그것이 지닌 생의 의미와 진실을 새기는 것은 무엇보다 중요한 일임을 작가는 강조하고 있다.

많은 사람은 우리 시대의 진실은 눈앞의 현상을 통해서만 드러날 수 있다고 여긴다. 심연에 자리한 진실이 증발한 세계에서 작가는 우리 시대의 궁핍한 삶과 세상의 모습을 본다. 「규화목」과 「우담바라」에서처럼 작가는 눈앞의 메마른 풍경으로는 설명할 수도 규명할 수도 없는 삶의 진실을 '기억'을 통해 드러내고자 한다. 황량한 세상에 누적된 삶의 슬픔과 고통의 내력은 켜켜이 쌓여 가고 있다. 작가는 흔적과 기억으로 남은 '규화목'과 '우담바라'에서 우리가 찾아야 할 진실이 무엇인가를 묻고 있다. 이런 시대와 세상의 진실한 풍경을 언어로 드러낸다는 것은 더욱 힘든 일이다. 우리 시대에는 진실은 멀리 있고 언어만 살아서 떠돈다. 인간의 말은 어떤 올바른 의미도 갖지 못한 채 헛돌 때 세상은 무의미하고 공허하게 공전한다. 그래서 작가는 '언어의 중요성'을 누구보다도 강렬하게 인식하고 있다. 말은 "날카로운 칼과 같아 상처를 내기도 하고 때로는 목숨을 앗기도 한다."

> 말은 생명체다. 만의 얼굴을 갖고서 살아 꿈틀거리고 날개를 달았으며 말(馬)처럼 뛰어 지축을 흔들기도 한다. 그뿐이 아니다. 말에는 씨앗이 있어 싹을 틔우고 무성하게 자라기도 한다. 잘 가꾸면 어여쁜 꽃을 피우고 실한 열매를 맺지만 반면에 돌보지 않는 말은 가시덤불이거나 해악의 뿌리가 될 수도 있다. 그렇다고 입을 막고 살 수 없으니 말이 입 밖에 나가기 전에 조심, 조심할 일이다. 하지만 그게 쉽다면 어찌 입을 가리켜 재앙의 문이라 했겠는가.
>
> ―「코밑의 가로」에서

그렇다. 세상은 불화하는 말들과의 전쟁이다. 말로 인해 모든 갈등과 전쟁이 일어난다. 따지고 보면 우리가 문학을 하는 이유도 말과 언어를 통하여 이 불온한 세상과 싸움을 하겠다는 것이다. "만의 얼굴을 갖고서 살아 꿈틀거리고 날개를 달"고 있는 생명체로서의 말의 중요성을 강조하는 작가 의식을 통해서도 잘 드러나듯이, 작가가 갖추어야 할 중요한 덕목인 삶에 대한 예지가 작품 전편에 넘친다. 김추리는 삶의 체험에서 포착한 함축적인 언어와 상징을 곳곳에 배치하여 작품의 주제 의식을 보여주는 능력을 갖추고 있다. 이것은 바로 진실된 글쓰기가 무엇인가라는 물음에 대한 진지한 고뇌의 산물이라 할 수 있을 것이다.

4.

김추리는 대상에 대한 우리의 고정되고 경직된 관념을 넘어서고 미적 자의식에 기반한 언어를 지향한다. 이는 작가의 감각이 그만큼 사물과 사건의 이면을 뚫어 보는 통찰이 날카롭다는 것을 의미한다. 김추리의 수필은 일상성에 대한 재해석을 통해 개성을 드러내는 동시에 보편의 정서를 이끌어내어 독자들의 공감을 얻고 있다. 말하자면 그의 언어는 눈앞의 사물이나 사건들을 통해 단순한 사실적 감각과 관찰을 이루는 것을 넘어서 독특한 상상력으로 재점화시켜 새로운 텍스트로 만들어 내고 있다. 이는 작가의 문학적 성취를 위한 내적 고투 덕분에 이루어진 결실이라 하겠다. 이런 글쓰기는, 헤겔의 표현에 기대면, 객관적 실재를 구체적으로 묘사하는 것이 아니라 마음속에서 일어나는 반향과 그것에 의해 일어나는 자각적 감정에 의해 이루어지는 것이다.

김추리는 단순히 자기도취나 주관성에 함몰되는 나르시시스트가 아니다. 작가는 자아의 자기 응시와 사유가 전면화되고 자신의 내면성을 후치시킴으로써 새로운 언어의 의미 전복에 성공한다. 그래서 그의 작품에서의 나르시시즘적 양상은 외부 현실에 대한 객관적 인식과 자신의 감정을 역동적으로 교차하거나 전복시키는 데 있다. 김추리의 수필은 삶의 신산辛酸을 건너게 하는 상상력으로 세상에 대한 우리의 경직된 관념과 안주를 경계하고 일탈하게 한다. 이런 문학적 노력은 우리 수필계의 메마른 현실에 저항하는 정신의 발로라 할 수 있으며, 이런 작가정신은 김추리가 앞으로 더욱 훌륭한 작가로 성장할 수 있을 것이라는 기대를 갖게 한다.

  김추리의 나르시시트적인 자기 사랑과 세상 사랑은 더욱 깊어 갈 것이다. 그에게는 아직도 여전히 할 말이 많이 남아 있을 것이기 때문에.

고향의 상실 혹은 노스탤지어의 서사
- 이에스더의 수필 세계

> 더 이상 고향이 없는 자에게는 글쓰기야말로 거주지가 된다.
> ― T. W. 아도르노

1. 고향 상실, 그 선험적 비극성

 재미在美 작가인 이에스더가 수필집 『춘심을 만나다』를 출간한다. 작가는 20여 년 전, 미국 워싱턴주 시애틀에 정착한 이래 2014년 『수필과비평』을 통하여 등단하고, '제7회 시애틀문학상 수필 대상'을 수상하는 등 국내외에서 활발하게 활동하고 있다. 어디를 막론하고 고향을 떠나서 모국어를 부여안고 글쓰기를 하는 사람들의 고통과 비애를 우리는 짐작으로 헤아릴 뿐이다.
 고향은 우리 모두의 삶의 터전이다. 고향길은 밤에 가도 돌에 차이지 않는다고 하지만, 고향을 떠난 사람은 더욱 고향을 그리워하며 가고 싶어 한다. 생전에 못 가면 죽은 후에라도 고향 땅에 묻히고자 한다. 그렇게 우리는 고향을 그리워하며 "그곳이 차마 꿈엔들 잊힐리야"라고 노래한다. 그러나 이제 '고향'은 우리가 쉽게 찾아가거나 돌아갈 수 있는 곳이 아니다. 나날이 각박한 삶을 살아가야 하고 급변하는 도시 문명이 우리의 고향을 상실하고 망각하게 만들었다.

독일 철학자 하이데거는 현대인은 모두 고향 상실이라는 존재 망각의 상태에서 살아가고 있다고 말한다. 하이데거에 의하면, 고향은 인간의 본질이 거주하는 현존재의 근원적인 장소로서의 의미를 지닌 곳이며, 현대인에게 고향 상실은 기술 문명의 발전이 초래한 결과이다. 현대의 기술 문명이 인간에게서 인간다움의 에너지를 무자비하게 박탈하는 세계인 반면, 고향은 모든 존재자가 자기 고유의 존재를 발현하면서 그 속에서 조화와 사랑이 생성되는 세계이다. 현대의 위기는 이러한 고향 상실에서 비롯되었기 때문에 인간 존재의 고향 상실은 우리 시대의 삶의 운명이 되었다. 지금 우리에게는 고향이 없다. 있었다 하더라도 잊어버렸거나 잃어버렸다.

이에스더 수필집 『춘심을 만나다』에서 작가로서의 고뇌의 핵심도 고향 상실의 "이방의 땅에서 글 한편 쓰고 나면 뿌리 하나 내리는 것 같았다."(「책머리에」)는 말로 잘 요약된다. 이국땅에서 왜 문학을 하는가, 혹은 작가의 길은 무엇인가 라는 물음은 자신의 안과 밖에서 수시로 호출되는 물음이다. 이 물음에 대한 대답을 찾기 위해, 비록 그것이 결코 찾아질 수 없다 하더라도 끊임없이 자신의 고향을 그리워하는 것이 작가의 운명이다. 작가는 닫힌 세계의 경계를 넘어 새로운 세상을 꿈꾸는 사람이다. 저 너머의 또 다른 세상에서는 나의 균열과 틈의 간격이 좁혀지고 나와 세계의 모든 경계가 없어지리라는 상상을 해본다. 그곳은 바로 숲길과 같은 곳이다.

숲길을 걸으며 목판에 그어진 경계를 생각한다. 내가 온 힘을 다해 새겨야 할 경계는 이런 오솔길과 같은 게 아닐까. 사람들의 발자국을 담아내는 정겨움이 있고, 들꽃에게 자리를 내주는 여유와 배려가 있는 길. 반듯하게 포장된 아스팔트길을 걸을 땐 느낄 수 없었던 경계의 아름다움을 숲에서 만난다. 목판의 경계를 새기던 마음이 어느덧 숲이 그려놓은 삶의 경계를 보고 있다.

- 「목판을 새기며」에서

목판을 새길 때 만드는 경계와 달리 작가가 숲길을 걸으며 느끼는 여유와 무경계의 아름다움은 흡사 하이데거가 자신의 고향인 메스키르히의 들길을 회상하면서 "이러한 고향에서 인간은 들길 옆에 튼튼하게 자란 떡갈나무처럼 광활한 하늘에 자신을 열고 어두운 대지에 뿌리를 박고 산다."는 발언을 연상시킨다. 고향을 그리는 마음은 고향을 잃어버리거나 떠났을 때 더욱 본격화된다. 이에스더에게서 망향의 정서가 지배적으로 나타나는 것은 그가 고향을 떠나 낯선 세상에서 부대끼며 살아왔기 때문에 더욱 절실한 것인지 모른다. 그의 작품에서 고향이나 가족은 언제나 그리움의 대상으로 구체화되고 있으며, 이런 그리움은 '숲'과 같은 원초적인 세계 속에서 더욱 강력한 회귀 의지로서의 성격을 띠고 있다.

작가에게 고향과 인생은 '회색'으로 구체화 된다. 이름만큼이나 찬란했어야 할 고향 광주의 오월 하늘에는 짙은 회색 구름만 낮게 드리워져 있었다. "회색이란 그저 검정과 하양 물감을 섞으면 만들어지는 색인 줄 알았다. 희고 검은 작은 입자들이 자연스레 공존하는 조화로운 상태가 회색이라는 것을 오랜 시간이 지나고 나서야 알게 되었다."

확실한 경계를 그으며 사는 것이 분별력 있는 삶이라고 생각했던 때, 매사에 경계를 긋느라 바빴다. 그러던 경계들이 점점 희미해지기 시작했다. 경계를 긋기보다는 나와 다른 세계를 이해하고 포용하기 위해 노력해야 했다. 삶에는 흑과 백의 세계보다 두 세계를 아우르는 회색빛 세상이 훨씬 넓지 않던가. 극명하게 다른 두 세계가 서로를 품어 따뜻하고 편안해지는 상태. 원색이 갖지 못하는 중후하고 세련된 회색의 멋스러움은 예서부터 시작되는 것 같다.

― 「회색을 품다」에서

이제 작가에게 회색은 극명하게 다른 두 세계가 서로를 품어 따뜻하고 편안해지는 중후하고 세련된 색이다. 작가의 말대로 회색은 "흑과 백의 세계보다 두 세계를 아우르는" 중간의 색이다. 그 색은 바로 고향의 색이며 인생의 색이다. 그에게 "회색은 그렇게 내 삶에 들어와 나를 길들였다. 흐르는 세월에 어둠을 씻어 보낸 밝은 회색이 이제는 이승과 천상을 잇는 사다리가 되었다. 회색, 내게는 그리움이며 안식의 빛깔이다"(「회색을 품다」). 그 빛깔은 고향과 자아에 대한 그리움이며 향수이다. 그것은 삶의 무의미성과 세계의 텅 빔이라는 존재의 비밀을 가장 잘 보여주는 빛깔이며, 그 무의미성과 허무를 회피하기보다는 적극적으로 종합하고 조화해준다. 그러한 종합과 조화를 통하여 작가는 실향의 세상이 아닌 또 다른 삶에 대한 희원을 강력하게 표출한다.

인간은 운명적으로 실향성을 지니고 있다. 또한 작가의 글쓰기를 위한 고뇌도 이러한 실향성에 대한 그리움의 추구에 다름아니다. 고향 상실에 따른 공허함과 슬픔에서 벗어나기 위해서 사람들은 시를 쓰는 것인지 모른다. 하이데거에게 시란 존재 근원에 대한 통찰이라는 의미에서 귀향의 노래가 되었듯이, 작가들의 글쓰기는 고향에 대한 그리움과 향수이며 피난처가 되었다. 또한 그 상실의 아픔을 문학적으로 그려내는 것은 작가들의 피할 수 없는 운명이다.

인간의 비극적인 실향성은 서구 문학의 기원으로 이해되는 호머의 서사시 『오디세우스』에서 잘 확인할 수 있다. 트로이 전쟁의 영웅 오디세우스는 전쟁을 마치고도 신들의 장난에 의해 온갖 고난과 역경을 겪으면서 고향으로 돌아가지 못한다. 자신의 의도와 달리 실향을 한 채 기나긴 유랑을 해야 하는 오디세우스의 운명과 같이, 진정한 작가는 그들이 가고자 하는 문학의 길에 당도하기 위해서 '유랑'을 거듭해야 한다. 불멸의 삶을 주겠다는 님프 칼립소의 유혹을 뿌리치며 고향에 대한 그리움을 불태우는 오디세우스와 같은 비극적인 인간의 조건, 그 길 위에 작가들은 서 있다. 이에스더의 삶과 문학의 길도 이와 다르지 않다.

2. 노스탤지어의 삶과 글쓰기

노스탤지어는 본래 그리스어 'nostos귀향'와 'lgos병 혹은 고통'라는 의미를 지닌 복합어로써 17세기 말 스위스 용병의 의학적 질환을 표현하기 위해 만들어진 용어이다. 노스탤지어란 말 그대로 고향에 대한 간절하고 지속적이며 '누그러지지 않는 갈망'에 따르는 '고통'을 뜻한다. 그렇지만 오늘날 노스탤지어는 더 이상 의학에만 한정되지 않고 과거의 시간에 대한 아쉬움이나 갈망과 동경의 감정을 나타낸다.

『춘심을 만나다』에 실린 많은 작품은 노스탤지어의 정서로 가득하다. 예컨대 다음과 같은 대목을 읽어보자.

> 뜨끈뜨끈한 아랫목을 그리워하며 겨울을 건너온 것이 벌써 스무 해가 넘었다. 이제는 그 추위를 잊을 법도 한데, 내 안에는 여전히 그해 겨울의 추위가 남아 있다. 가을비가 내릴 때 꺼내 입은 내의를 이듬해

여름이 되도록 살거죽처럼 붙이고 다니기에 말이다.
　이미 정착에 성공한 이들에게는 기회의 땅이었던 미국이 내게는 기회의 작은 창문조차 열어주지 않는 것 같았다. 다시 뿌리를 내리기엔 한없이 척박한 땅이라고 여겼다. 모든 것을 새로 시작해야 했던 시애틀에서의 첫 겨울, '다시' 또는 '처음'이란 설렘이나 기대보다는 아픔과 두려움이 더 많았다.

-「시애틀의 겨울」에서

　위 작품에서 이야기되듯이 모든 것을 새로 시작해야 했던 시애틀에서의 첫 겨울은 설렘이나 기대보다는 아픔과 두려움이 더 많았다. 노스탤지어는 갈망하는 대상이 장소와 시간으로서의 과거라는 점에서 실제로는 돌아갈 수 없다. 과거의 시간은 언제나 불가역적이기 때문에 결코 다시 회귀할 수 없는 시간이다. 노스탤지어는 근본적으로 갈망하고 그리워하는 과거의 어느 시점으로 돌아갈 수 없다는 사실에서 비롯되는 좌절과 고통의 정서이다. 귀환의 불가능성을 전제로 한 욕망이 힘든 일이라는 것을 알면서도, 사람들은 고향은 여전히 자신을 기다리고 있을 것이라는 환상에 사로잡히면서 위안을 얻는다.
　이런 의미에서 노스탤지어는 고통을 수반하는 과거의 이상화 또는 과거 지향으로 이해할 수 있지만, 다른 한편 노스탤지어는 과거만큼이나 현재와 미래에 연관된 문제이기도 하다. 따라서 노스탤지어의 주요한 기능 중의 하나는 과거와 현재 사이의 연속성을 용이하게 한다는 사실이다. 예컨대 힘든 겨울을 이겨온 '수국 앞에서' 작가가 "아무리 힘들어도 견뎌내야 해. 살아야지."라고 이야기하는 것은 이런 정황을 잘 말해준다.

　수국을 향해 외쳤다. 그것은 외롭고 구석진 곳에서 아픈 가슴을 수 없이 달래야 했을 그 사내와 고달픈 삶을 이어가는 그늘 속의 이민자들을 향한 외침이었다. 낯선 땅에 뿌리를 내리기 위해 하루하루를 견뎌내야 하는 나를 향한 외침이기도 했다.

    봄은 작고 낮은 곳에서부터 시작된다. 차가운 땅 기운을 뚫고 새싹들이 올라오면 추위가 슬그머니 긴 자락을 거두어들인다. 마음이 쓰였던 수국의 가지에도 새 눈이 맺히더니 새부리 같은 조그만 잎들이 얼굴을 내밀기 시작한다.

―「수국 앞에서」에서

  화자는 수국의 모습을 통해 '그늘 속의 이민자'들의 모습과 그들의 외침을 듣는다. 차가운 겨울을 이기고 새싹을 일구어낸 수국과 화자라는 두 존재는 자연스러운 연대와 자발적인 하나 됨을 이루게 된다. 두 존재는 운명의 수용과 운명에의 저항이라는 의미를 동시에 보여준다. 그러면서 두 존재는 새싹을 피워 새로운 세상을 바라보고자 한다.

  『춘심을 만나다』에서 노스탤지어의 정서가 가장 강렬하게 드러나는 것은 어머니에 대한 그리움을 통해서이다. 고향에는 어머니가 계시리라는 믿음은 고향을 잃은 사람이 보편적으로 가지고 있는 정서이다. 그렇다는 것은 고향에 대한 애틋한 그리움의 향수에는 반드시 어머니라는 말이 불러일으키는 감회가 내포되어 있음을 의미한다. 독일어에서 말하는 '고향Heimat'은 '집Heim'에서 나온 말이며, 그 속에는 언제나 어머니가 계시는 옛집, 어머니가 만들어 주는 따뜻한 밥과 정겨운 자연 풍경이 함의되어 있다. 그리하여 고향의 집은 어머니의 품과 같은 영원한 안식처로 기억된다. 미국으로 떠나오던 날, 자식들 앞에서 눈물을 보인 적 없던 어머니는 둑 무너지듯 무너지고, 가족들의 근황을 상세하게 적어 보낸 편지를 손주들이 생각날 때마다 꺼내어 읽고 또 읽었다던 어머니다. "어둠이 깊을수록 별이 더욱 빛나던 그곳은 당신의 꿈과 아픔을 한 올씩 엮어 밤새 자식들의 내일을 수놓던 어머니의 섬이었다."(「그래도」)

노스탤지어는 어떤 대상 또는 사건에 대한 냉철한 이성적 인식이라기보다는 다분히 정서적 반응이다. 부적절하고 힘든 현재에 대한 느낌에 반응한다는 측면에서 노스탤지어는 불안한 또는 부재한 존재의 욕망의 산물이다. 따라서 노스탤지어 서사는 흔히 불안과 고통의 현재적 욕망을 전제로 하며 그에 대한 충족을 필요로 한다. 이에스더의 글쓰기 욕망은 이를 잘 보여준다.

> 글밭을 일군 지 삼 년이 지났다. 묵정밭을 일구는 일이 쉽지 않다. 잡초는 아무리 뽑아도 또 자라나고, 사나운 가시떨기마저 곳곳에 깊은 뿌리를 내리고 있다. 작은 호미로 파낼 수 없는 큰 돌은 삽이 마련될 때까지 미루기로 했다. 잔돌만 골라내는 데도 힘에 부친다. 그냥 돌아설까 싶을 때가 있다. 그러다 조금이라도 정리된 구석이 눈에 띄면 다시 힘이 난다. 어쩌다 뿌리가 뽑힌 곳에 보드라운 흙이 보이면 물을 주고 씨앗을 심는다. 먼저 밭을 일구기 시작한 이들이 건네준 귀한 씨앗을.
> 글밭은 아직 허술하기 짝이 없다. 텃밭을 가꾸듯 물을 주고 주위의 사물에게 자꾸 말을 걸어본다. 어느 순간 가슴에 심어두었던 생각이 싹을 틔울 때가 있다. 잡초들을 조금씩 헤쳐가다 보면 뜻하지 않은 곳에서 실한 떡잎이 보일 때도 있다.
> 　　　　　　　　　　　　　　　－ 「텃밭 2년 글밭 3년」에서

고향을 그리워하는 노스탤지어의 시간만큼 글쓰기의 시간은 힘들다. 이는 흡사 텃밭에서 씨앗을 뿌리고 물을 주고 잡초를 뽑아내어야 하는 인고의 시간과 같다. 작가에게 이 시간은 과거가 아닌 현재에서 '나'가 명백히 살아간다는 의식으로 환치된다. 그러면서 글쓰기는 "깊

은 산길을 걷다가 옹달샘을 발견한 것 같은 순간이다. 퐁퐁 솟아나는 맑은 샘물로 갈증 난 목을 축일 수 있는 시간, 글밭을 일구다가 만나는 행복한 순간"을 만나기도 한다.

이렇게 이에스더의 노스탤지어 서사는 과거에 대한 기억으로만 그치는 것이 아니라 잃어버린 과거로부터 현재적 의미를 호출하여 그 본질적인 가치들을 재구성하고자 하는 중요한 의미를 지닌다. 그는 과거를 기억함으로써 현재를 다시 살피고 현재의 모습을 통하여 미래의 시간을 새롭게 구현할 비전을 얻고자 하기 때문이다. 따라서 이에스더에게서 확인되듯이, 노스탤지어의 서사는 잊혀져 가는 기억에 대한 상실과 비애의 감정이 아니라 새로운 삶과 존재를 위한 또 다른 욕망이라 규정되어도 무방할 것이다. 이는 이에스더 문학을 만드는 매우 중요한 자양분을 제공하며, 글쓰기를 통한 작가의 존재 확인의 열망을 더욱더 깊게 한다.

3. '춘심'을 찾아서

세상에 이름 없는 것은 없다. 모든 존재는 자신과 타자를 구별하기 위하여 이름을 가지게 된다. 들판의 들꽃조차도 자신의 이름을 가지고 있을진대 하물며 이름 없는 사람은 존재하지 않는다. 모든 존재는 이름이 주어짐으로써 비로소 그 정체성을 지니게 된다.

『춘심을 만나다』를 쓴 작가의 원래 이름은 '김춘심'이다. 화자에게 이 "거추장스럽고 촌스런" 이름은 반드시 넘어야 할 높은 산이었다. 그래서 어려운 시를 외우고 두꺼운 철학 서적을 끼고 다니며 낮은 자존감을 감추느라 무던히도 애를 썼다. 그러다 미국에 와서 남편의 성을 따라 이 씨가 되고, 미국시민권을 얻어 '봄 마음, 춘심'에서 '빛나는 별. 에스더'로 바뀌게 된다. "드디어 성조기 앞에서 선서하던 날, 다른 이름으로 새 삶을 살고 싶은 희망을 하얀 종이에 뚜렷이 새겼다."

그러나 작가는 자신의 정체성을 되돌아보게 된다. "'춘심'을 지워버린다면 살아온 삶의 실체마저 함께 사라져버릴지도 모른다는 생각이 들었다. 내 인생의 절반이 그림자 없는 환영으로 떠다닐 것 같았다. 결국 나는 '에스더 춘심 리'가 되었다." 작가는 자신의 실존의 모습을 되돌아 보는 체험을 하면서 과거의 자아로부터 현재의 자아를 넘어설 수 있는 진정한 힘을 얻는다.

'춘심', 아니 '이에스더'는 글쓰기를 통하여 자신을 다시 세우고자 한다. 글쓰기는 자기 정체성을 소환하는 길이 될 것이라고 확신한다. "몇 해 전, 수필집 한 권을 건네받았다. 단숨에 읽은 자그마한 책이 나를 설레게 했다. 나도 글을 써보고 싶었다. 까치발을 하고 들여다본 저 너머 세상에는 끝없는 설원이 펼쳐져 있었다. 눈밭에 발자국을 내고 싶었다." 그것은 자기 존재를 넘어서고, 현존과 부재의 대립을 넘어서는 전복적인 삶과 글쓰기의 시작을 알리는 신호이다. 그녀의 글쓰기는 부재하는 존재의 기원을 찾아가는 글쓰기의 시작이다. 불변하는 과거의 기억 속에서 진짜 자아를 만나게 됨으로써 글쓰기를 통해 진정한 자아를 확인하고 삶의 의미를 새롭게 기획하는 것과 다르지 않다. 이제 "나는 이미 봄이고, 용수철이고, 샘물"이 되고자 한다.

> 가까이 다가가 말을 걸면 따스한 언어로 답해주는 글의 세상이 새롭고 아름다웠다. 내 이름자 안에 필재가 있다던 작명가의 말이 생각났다. 어디선가 명월과 매창이 나를 보며 씩 웃는 것 같았다.
> 자판을 두드리는 늦은 밤 시간이 좋았다. 아무리 피곤해도 책상 앞에 앉으면 기운이 났다. 안에서 춘심이 일었다. 솟아나는 샘물처럼, 튀어 오르는 용수철처럼. 그래서 글을 쓸 수 있었다. 내가 몰랐을 뿐 이

름이 나를 이끌고 있었다. 나는 이미 봄이고, 용수철이고, 샘물이었다. 내 이름을 부끄러워하며 떨쳐버리려 한 순간에도 춘심은 벌떡이는 심장이 되어 삶의 한 가운데서 살아 움직이고 있었던 것이다.

— 「춘심春心을 만나다」에서

"춘심은 벌떡이는 심장이 되어 삶의 한 가운데서 살아 움직이고 있었던 것이다."라는 진술에서 잘 드러나듯이, 자아에게 그동안의 삶이 이국땅에서 얼마나 억압적이고 어색하고 낯선 것이었던가를 극명히 보여준다. 작가가 글쓰기라는 새로운 욕망으로 또 다른 세상을 보고자 하는 것은 세계와 존재에 대한 인식을 새롭게 추구하는 것이다. 말하자면 작가는 언어를 넘어선 언어, 현실을 넘어선 현실을 붙잡으려 하고 있는 것이다. 이제 작가는 글쓰기를 통하여 인간 실존의 윤리를 기억하고자 하는 소명에 응답함으로써 현재를 사는 주체의 모습으로 새롭게 귀환하고자 한다.

이런 점에서 「그림자 읽기」는 작가의 페르소나라고 할 수 있는 '그림자'를 통하여 존재와 삶의 모습을 추적하는 의미 있는 작품이다. 화자가 작중에서 어린 시절 친구들과 함께했던 그림자 밟기 놀이는 "석양 녘에는 내 키보다 훨씬 큰 그림자가 따라다녔고, 겨울이 되면 여름보다 긴 그림자가 붙어 다녔다."라고 묘사된다. 또한, 겨울밤에 친구들과 모여 앉아 손 그림자놀이를 하면서 눈에 보이는 것과 실제가 다를 수 있다는 세상의 이치를 어렴풋이 깨우치게 된다. 작가는 그림자의 의미를 이렇게 이해한다.

어쩌면 나는 지금껏 감추고 싶은 삶의 파편들을 그림자 속에 가둬놓고 살아왔는지도 모른다. 날카로운 모서리에 찔려 아파하면서도 어둠에 가려져 있다는 것으로 아픔을 달래며 안도하곤 했다. 참 어리석은

날들이었다. 밝은 빛 아래서 더욱 또렷이 나타나던 그림자를 생각한
다. 이제라도 불을 밝혀 내 안에 갇혀 있던 그림자를 불러내야겠다.
　겨울비에 씻긴 그림자가 성큼 다가와 곁에 선다. 그림자의 숨결이
느껴진다. 어두운 데서 이제껏 기다려준 그림자가 고맙다. 그리고 미
안하다. 그림자와 손을 잡고 지평선을 바라보며 걷고 싶다.
─「그림자 읽기」에서

　작가가 어린 시절부터 관심을 가진 '그림자 읽기'는 자신의 페르소나를 인식하고 정체성을 확인하면서 동시에 세상을 이해하는 중요한 일이 된다. 말하자면 이 작품에서 작가의 그림자 읽기는 자신에 대한 지극한 관심과 사랑의 다른 표현이라 할 수 있다. 「그림자 읽기」를 통하여 우리가 무엇보다 주목하게 되는 것은 이 작품이 담고 있는 작가의 실존 인식이다. 작품에서는 주체의 실존적 모습과 그에 대한 작가의 탐색이 중요한 주제로 작동하고 있다. 달리 표현하면, 이 작품에서의 '그림자 읽기'는 서술 화자의 자기 사랑을 바탕으로 실존적 자아에 대한 탐색과 그 진정성에 대한 통찰의 의도가 긴밀히 연관되어 있다.
　작중에서 화자가 어린 시절에 했던 놀이에 대한 기억을 더듬는 것이 단순히 지난 시간에 대한 '추억'이나 '도취'를 위한 것은 아니다. 화자의 그림자놀이를 통하여 작가가 제시코자 하는 것은 과거와 현재에 대한 사랑과 관심을 통해 자기현시를 이루고자 하는 것이며, 더 나아가 실존의 내면을 탐구하는 일이다. 작가의 다른 작품들, 「가을을 보내며」, 「결산 보고서」, 「퍼즐 맞추기」 같은 작품에서 잘 그려지고 있듯이, 오늘도 삶은 계속되고 거대한 인생의 수레바퀴 같은 삶 속에서 우리는 주어진 운명과 인연 속에서 고뇌하며 힘겹게 살아간다. 그러나 그것이 자아이든 타자이든 누군가를 사랑할 수 있다는 것은 지금 이 한순간이나마 가장 큰 기쁨이며 행복임이 분명하다. 사랑이 없다면 이 세상과

인간에 대한 희망이 존재할 수 없기 때문이다.

그렇지만 우리가 사랑을 말하는 것은 쉬운 일이지만 사랑을 실천하는 것은 쉬운 일이 아니다. 사랑을 실천하기 위한 작가의 긍정적 삶의 태도는 작품의 곳곳에서 나타난다. 흰머리와 함께 변해가는 남편의 속눈썹을 보면서 느끼는 깊은 사랑의 마음(「속눈썹」), 마트의 야채 코너에서 일하는 수선화 같은 흑인 청년에게서 가지게 되는 연민의 마음(「그 청년, 수선화」), 목요일 오후에 홈리스들과의 만남에서 참 생명의 빛이 채워지기를 기도하는 마음(「마지막 식사」)을 통해 인간에게 사랑과 연민의 마음이 왜 필요한 것인가를 작가는 역설하고 있다.

이 삭막하고 암울한 세상을 아름답고 밝은 세상으로 만들 수 있게 하는 것, 지치고 힘든 사람을 북돋우어 인간답게 살아갈 수 있게 하는 것, 그것은 바로 사랑의 힘으로 가능할 수 있다. 그리하여 "삶이란 서로 다른 조각들이 제 옆자리를 내주며 함께 어우러져 거대한 하나의 작품을 이루어가는 과정"(「퍼즐 맞추기」)이라는 사실을 『춘심을 만나다』는 잘 보여준다.

4. 맺으며

이에스더 작품에서의 주체는 세계 속에 거주하면서 세계를 향해 나아가는 존재이다. 그의 수필을 읽다 보면 작품의 주체는 타자(세상)를 향하여 끊임없는 관심과 공감을 보이고자 한다. 대상과 표현방식은 조금씩 다르지만, 시선은 항상 자신 안에서 웅성대는 '나'로부터 동시에 타자를 이해하기 위한 곳으로 나아간다. 말하자면 이에스더 작품에서는 '나'의 목소리가 '그들'의 목소리가 되고, '그들'의 목소리가 '나'의 목소리가 되어 다시 태어나고 있다. 그리하여 우리가 쉽게 닿을 수 없는 타자의 세계와 나의 존재의 경계는 무화된다. 메를로 퐁티식의 표현을 빌자면, 이에스더는 자신이 세계를 향해 열리고 세계를 그 속으로 들어오게 한다.

어떠한 형식으로든 문학이란 한 주체의 삶을 위무하며 살아갈 당위를 제공해야 한다. 그런 의미에서 문학은 간격과 경계 사이에서 솟는다. 나와 당신 사이, 빛과 어둠 사이, 실향과 귀향 사이에서 문학은 생산될 수 있다. 문학 작품은 세상의 소리와 균열이 생산해내는 신비스런 파장을 아름답게 상상하고 재현한다. 따라서 진정한 문학이란 우리가 갈 수 없는 세계를 향해 보이지 않는 꿈과 희망을 제공할 때 그 역할을 다 하게 되는 것이다.

노스탤지어, 귀환의 불가능성, 실향성을 앓고 있는 존재인 인간은 때로 비참하다. 우리는 모두 과거에 얽매여서 잃어버린 저 시간과 공간에서 좀처럼 헤어나오지 못하면서 표류와 유랑을 거듭한다. 그러나 구원은 '지금, 이곳'의 현상을 더 눈부시게 하는 사람, 그런 빛나는 존재들을 위해 노력하는 사람에게서 이루어지게 된다. 마찬가지로 진정한 작가는 자신이 가야 할 '길'이 어디인가를 알기 위해 유랑을 거듭하면서도 정지하지 않아야 한다.

『춘심을 만나다』를 내면서 이에스더는 지금 그러한 길의 한가운데에 서 있다. 앞으로 그가 가야 할 길은 유랑하는 오디세우스보다 더욱 험난하고 고단한 것일지 모른다. 그러나 갈 길을 포기하거나 중단하지 않는다면, 마침내 그의 고향은 다시 그를 따뜻하게 맞아 줄 것이다. 머나먼 지평을 향해 나아가는 그의 문학의 길에 영광이 있기를 기원한다.

제2부

잃어버린 시간을 찾아가는 주체의 순례
토포필리아와 양일섶의 수필 읽기
묵시록적 풍경과 비애의 파토스
에피스테메episteme의 글쓰기 혹은 존재의 무게
인간과 역사 이해의 열린 지평
새로운 세계 질서에의 꿈

잃어버린 시간을 찾아가는 주체의 순례
― 신규의 수필 세계

1.

　마르셀 프루스트의 『잃어버린 시간을 찾아서』 이래로 많은 문학 작품에서는 다양한 형태의 시간 의식이 나타난다. 프루스트의 작품은 '잃어버린 시간'을 찾아가는 시간의 의미를 통해서 자신을 발견하고 존재의 의미를 찾아가는 순례의 이야기이다. 이런 과정에서 주체는 시간과 인간관계를 올바르게 이해하고 삶에 대한 메시지를 전달한다. 시간에 대한 심리적이고 주관적인 관점이 등장하면서 객관적이고 고정적인 것으로서 여겨지던 시간에 대한 인식은 커다란 변화를 가져오게 된 것이다. 시간의 상대성과 주관성이 부각되기 시작하면서 '시간'은 작가들에게 존재와 삶의 해명을 위한 중요한 주제로 자리 잡게 되었다.

　문학 작품을 통해 드러나는 시간 의식은 작가가 인식하는 세계관과 밀접한 관련성을 지니고 있다. 따라서 시간 의식은 문학 작품의 주제뿐 아니라 작가의 존재 의식은 물론 인생관과 세계관을 잘 드러내는 기초가 된다. 특히 현재의 시점에서 존재와 세계의 양상을 살피고자 하는 수필 문학의 경우, 작가의 시간 의식은 더욱 중요한 작품의 구성 요소를 이루게 된다. 수필은 인간 경험의 기록으로서 주체의 존재 동일성을 찾아가는 과정으로써 시간의 의미를 포함한다. 경험 속에 시간적 지표가 내포되어 있다는 말은 시간과 주체의 상보적인 관계를 단적으로 증명하는 것이다.

수필에서의 시간 의식은 흔히 '지금-여기'의 관점에서 출발한다. '지금-여기'의 시간 의식은 단순히 현재적 시간 의식에 고정된 것이 아니라 현재에서 과거와 미래의 모든 시간이 합류한다는 인식을 의미한다. 과거와 미래는 소멸되거나 가정의 시간이 아니라 현재에 합류하여 현존이 됨으로써 더욱 확고한 실재성을 획득하게 된다. 과거와 미래가 합류하는 지금은 반대되는 것들의 양립을 가능하게 하는 삶의 순간을 의미하는 것이다. 그리하여 과거에 대한 반성과 미래에 대한 기대가 합류하는 현전의 시간, 바로 지금의 시간을 여실히 보여주게 된다.

수필가 신규가 두 번째 수필집 『시간은 정말 물처럼 흐르고 있는가』에서 보여주는 시간 의식도 이런 인식에서 크게 벗어나지 않고 있다. 작가는 수필 창작의 의미를 다음과 같이 밝힌다. "수필을 쓴다는 것은 내 삶을 돌아보며 마음으로 쓰는 '나의 이야기'라 해도 무방할 것이다. 나의 이야기를 쓰다 보면 좋은 일, 궂은일을 쓰기 마련이다. 때론 삶의 여정에서 길벗들과 함께 나누는 정담이고, 하소연일 수 있다(「책머리에」). 신규의 수필을 읽다 보면, 빈번히 사용되고 있는 어휘군은 '시간' '인간' '삶' '자연' '풍경' 등과 관계된 내용이다. 이런 언표에 의하면 작가는 시간과 인생, 시간과 주체, 시간과 풍경을 집요하게 응시하고 있는 것으로 보인다. 여기에서 시간은 객관적이거나 과학적 개념으로서의 그 것이 아니라 현상적 개념으로서의 시간 개념을 의미한다. 현상학적 개념으로서의 시간은 자의식의 현상으로 보는 시간 개념을 뜻한다. 이는 곧 시간을 통하여 자아를 의식한다는 것이며, 이런 자아의식은 자기의 존재를 주체적으로 인식한다는 것이다. 시간이 없는 세상과 주체의 의미란 존재할 수 없기 때문이다.

이런 인식에 의하면, 삶의 현실에 대한 이성적 인식과 내성적 성찰 사이의 균형 감각과 포용성이 신규 수필의 특성을 이룬다고 할 수 있다. 말하자면 작가는 한 시대를 지나오면서 현실의 억압과 고통을 향해 분노하기보다 그 고뇌의 힘으로 삶을 내면적으로 승화시키면서 문학적 성취를 이루어가고 있다고 할 수 있다. 따라서 신규의 수필은 일상적 삶의 문제를 다루지만, 이를 사실적으로 그려내기보다는 시간과 세상이 주체에 던지는 의미를 내면적 차원에서 성찰해 내고 있다.

2.

시간과 그 움직임이란 객관적이며 외부에서 발생하는 것이지만 동시에 주관적이며 내부에서 발생하는 것이다. 시간은 현재를 통해 미래로 가는 것이며 미래에서 과거로 가는 것이기도 하다. 우리에게 주어진 것은 일상의 시간이며 의미 있는 매 순간이다. 이 순간에서 영속적 시간은 만들어지게 된다. 이때 가스통 바슐라르가 말하는 '시적詩的 시간'은 만들어질 수 있다. 작가의 창조력에 의해 이루어지는 이런 시적 시간에서 주체의 존재적 상상력은 무한에 이를 수 있다. 이런 시간에서 뿜어져 나오는 영혼의 불꽃이야말로 작가로서 진정한 창조력의 순간이라 할 수 있다.

신규의 수필에서는 작가가 만나는 사람들과의 인연(「인연」, 「초임 교사 시절」), 사물과의 조우(「소나무와 굴참나무」, 「바위와 나비」)를 통해서도 잘 드러나듯이, 삶과 인간에 대하여 다양한 형태의 시선을 보낸다. 작가는 인간은 물론 인간 아닌 종種으로서의 동물, 식물, 사물 등과 같은 타자를 통하여 시간의 의미를 추적하고자 한다. 그러면서 주체와 타자의 시간을 발견하고 이에 감응함으로써 그들의 시간이 지니는 의미를 확인하고자 한다. 특히 타자의 시간에 대한 사유는 인간 주체의 자기중심적인 시간관념에서 벗어나 주체와 타자, 인간과 비인간, 중심과 주변의 존재들을 위한 시간을 복원한다. 타자의 시간을 형상화함으로써 시간이 주체와 타자의 뒤섞임 속에서 새롭게 펼쳐질 수 있음을 보여주게 되는 것이다.

주체는 언어 속에서 만들어진다. 이때의 언어는 작가라는 주체의 담론체계 내에서 질서화된 언어이다. 이런 언어들을 통해 주체의 독립화와 자기동일성이 이루어지게 된다. 작가 신규가 찾는 언어는 주체의 무의식적 언어이거나 타자적 언어이다. 그가 수필에서 자주 사용하는 현재의 시점에서 과거와 미래를 연결하고자 하는 시간 인식도 바로 이런 감춰진 언어를 발굴해 내고자 하는 노력에서 비롯된 것이다. 현실에 매몰된 주체로는 진정한 존재의 모습도 세상의 모습을 찾을 수 있는 언어도 없다. 문학이란 언제나 스스로를 얽매는 현실적 어려움을 부수고 나가려는 몸부림을 통해서 비로소 그 진정성을 획득해 낼 수 있다. 예컨대 인생을 살아가면서 귀하게 여겼던 것이 때로는 하찮게 여겨지고, 무심코 지나쳤던 일이 예사롭지 않게 느껴질 때가 있다. 계획한 일이 잘 풀릴 때도 있고, 최선을 다했는데도 엉뚱한 결과가 나올 때도 있다. 살다 보면 인생행로는 우리의 삶의 의지와 상관없이 이미 정해진 운명에 따라 이루어지고 있는 것이 아닌가 하는 의구심을 가질 때가 있다. 이럴 때 작가는 자신의 인생을 되돌아본다.

> 지나온 내 인생 역정을 뒤돌아본다. 삶을 개척하고 시련을 극복하며 인연을 만들어 가는 것도 모두 내 자유의지로 만들어 가는 것이라고 굳게 믿고 운명에 도전해 왔다. 그러나 그것은 밀림에서 길을 잃은 탐험가가 나침반도 없이 활로를 개척하려는 것처럼 힘들고 무모한 일이었다. 하고많은 인생사 중에 지금까지 내 뜻대로 이루어진 것은 얼마나 될까.
>
> ― 「도전보다 사랑」에서

위 작품에서 화자의 괴로움은 좀처럼 자신이 원하는 인생을 살 수 없다는 사실이다. 자신을 가능케 하는 주체는 어떠한 존재인지 '나'는 알지 못한다. '나'에게는 어떠한 일이 일어났던 것일까? "돌이켜 보면 오늘의 나를 만들어 온 과정은 내 의지보다 더 강한, 나타나지 않고 느낄 수 없는 '어떤 힘'에 의해 형성되었다는 감이 든다." 자신의 의지와 노력만으로는 어쩔 수 없었던 무소불위의 힘, 그것은 자신에게 주어진 세상과 자연의 흐름 안에서 감당해야 할 삶의 숙제였다. 그것을 알기 위해서는 태엽을 되감듯 자신의 과거 속으로 거슬러 올라가 '나'의 과거 존재로부터 나의 모습을 확인해야 한다. 결국 이것은 장자(莊子)가 말하는 삶의 지혜이자 자연이 하는 일이며, 이 자연이 하는 일이란 내게 내려진 운명이고 자연에 순응한다는 것은 더 큰 포용이며 사랑일 것이라는 것을 깨닫게 된다.

주체 아닌 타자와의 관계 자체를 시간으로 보며 타자의 시간을 강조하는 레비나스는 시간과 타자의 관계를 중요시 여긴다. 현재, 죽음과 미래, 시간과 타인의 문제를 다루는 것은 곧 '홀로서기'를 위한 노력이기도 하다. 홀로서기를 위한 현재는 진정한 '자기로부터의 출발'이며,

이때 현재는 시작도 끝도 없는 무한한 존재의 균열을 이루게 된다고 레비나스는 강조한다. 과거의 시간으로부터 현재 나의 모습을 되돌아보고자 하는 주체는 더욱 진실한 존재의 모습을 알고자 한다. 또한 작가의 무의식은 과거의 시간으로 들어가 감추어져 있던 삶의 본질적 의미를 밝혀내고자 한다. 그리하여 작가는 이생에서 저생을 생각하면서 언젠가 맞이해야 할 '이생의 끝자락'을 생각한다.

> 언젠가 맞이해야 할 이생의 끝자락을 생각한다. 내가 버리고 갈 것은 무엇이고, 진정 남기고 가야 할 것은 무엇인가. 어느 명사名士의 말씀처럼 '이 세상 나그네처럼 왔다가 잘 놀다 간다.'라며 대범하게 훌쩍 떠나고 말 것인가.
> 그러나 살아오면서 희로애락을 함께 나누어온 아내, 인생의 보람과 즐거움을 안겨준 자식들, 또 손주들에게 어떤 형태로든 작별의 인사 한마디 정도는 해야 하지 않겠는가. 내 삶의 이정표를 다시 가늠해 보는 한여름 밤의 꿈이었다.
>
> — 「한여름 밤 꿈」에서

현재에의 기대가 사라지면서도 현재의 좌절과 슬픔에 빠져있기보다 '내 삶의 이정표'를 다시 가늠함으로써 과거의 삶과 자아를 통하여 새로운 시간의 질서를 재창출하려는 작가의 노력은 다분히 낭만적 삶의 태도에 기인한다고 할 수 있다. 이런 태도에서 우리는 작가의 작품에서 삶을 낭만화하여 바라보는 자의 원초적 슬픔이 느껴진다. 다시 말하면, 작가는 현재 상황을 벗어나기 위해 과거의 상황을 긍정적으로 인식하고, 기억에 의해 재구성된 시간을 통해 존재의 불안과 두려움, 미래에 대한 암담함을 잊어버리고자 한다. 현재의 시간을 통해 과거와 미래 시간의 인과관계를 형성하고 있는 작가의 인식은 자신의 삶에서 존재와 소멸의 의미를 탐사하고자 하는 태도라고 할 수 있다.

3.

신규의 텍스트에서 주체는 타자들과 동적인 관계를 형성하면서 세상과 인생을 바라보는 창구의 역할을 한다. 주체의 인식은 삶의 복잡한 의미의 그물에 빠져 고통스러워 하기도 하지만, 이것은 힘든 현실을 벗어나 새로운 세계를 열기 위한 열망이다. 삶에 대한 고뇌를 통해 과거, 현재, 미래를 탐색하는 과정을 이루면서 통일적이고 안정된 주체는 형성된다. 작품에서 주체는 동일한 탐구의 층위에 존재하면서 은폐되어 있던 언어를 새로운 모습으로 발굴해 내기 위해 노력한다. 그러면서 시간과 삶에 대한 주체의 인식은 더욱 깊이를 더한다.

작품에서 작가는 흔히 봄이 다가오고 있다는 설렘과 기쁨을 느끼면서, 또 한 해가 지나가고 있다는 시간의 아쉬움에 생각을 멈춘다. '유수와 같은 세월'이라고 사람들은 말하지만, 말 그대로 세월은 흘러가는 시간이다. 형태나 실체를 바꾸는 것은 물론 감정의 흔적을 만들면서 지나간다. 시간은 흘러가면서 우리의 얼굴에 주름살을 만들고 늙게 만든다. 기억은 점점 망각의 늪으로 우리를 이끌어간다. "세상 만물 역시 낳아 자라다가 스러지고 또 낳아 자라다 없어짐을 반복한다." 삶과 시간의 흐름에 대한 작가의 사색은 계속된다.

또 미래는 주저하면서 다가오고, 현재는 화살처럼 날아가고, 과거는 영원히 정지하고 있을 것이라는 어느 시인의 상상대로라면, 미래에서 출발한 시간의 화살이 점점 다가와 현재를 싣고 과거라는 내 기억의 과녁에 정지 화면으로 투사될 것이다.

창가에 앉아 지난 일을 돌이켜보며, 물리적인 실체나 시인의 상상에서 벗어나 나의 시간을 생각해 본다. 과거를 미래에 얹어 본다. 지나간 일을 기억한다는 것은 내 인식의 한계 안에서 과거를 새롭게 각색하는 것이며, 그것은 결코 정지된 영상이 아니다. 현재와 함께 미래를 만들어가는 역동적인 현재일 수도 있다. 이미 흘러간 시간과 다가올 시간은 화살처럼 진행하는 물리적 실체가 아니라 밀려왔다 쓸려나가기를 수없이 반복하며 먼바다로 빠져나가는 파도와 같은 것이 아닐까.

파도는 과거를 싣고 와 현재에서 머뭇거리다가 결국 미래를 향해 떠난다. 나는 이 순간에도 과거와 미래를 넘나들며 현재를 만들어 가고 있다.

─ 「시간은 정말 물처럼 흐르고 있는가」에서

작품의 표제작인 「시간은 정말 물처럼 흐르고 있는가」에서 잘 표현되고 있듯이, 삶과 세계는 간단히 포섭될 수 없는 요소들로 구성되며 유동한다. 그들을 붙잡으려는 주체적 인식의 손아귀 속에 불투명한 존재들이 거기에 있다. 주체는 삶이라는 포위망을 세계에 던져 놓고는 그 사이를 빠져나가는 존재를 인정하지 않는다. 그것이 삶의 속성이며 인식 주체의 존립 양상이다. 결여된 주체는 항상 타자를 욕망한다. 타자란 자아에 쉽게 포섭될 수 없는 이질적 존재로서 주체의 동질성을 무너뜨리는 요소이다. 삶에서 불안정하고 분열된 주체는 새로운 세상을 찾아 열린 주체로 나아가고자 하는 욕망을 지닐 수밖에 없다.

삶에 대한 작가의 진지한 고민과 성찰은 더욱 깊어진다. 「삶의 가치와 보람을 찾아」에서 '인생의 변곡점, 언제부터 노년인가?' '삶의 의미, 어떻게 살 것인가?' '어떻게 마무리할 것인가'라는 근원적 질문을 던진다. 많은 철학자와 작가들이 고뇌했듯이, 진정한 의미에서 삶의 의미가 무엇인가라는 관점에서 사람들은 노년과 죽음을 연관시켜 생각한다. 그러나 노년과 죽음이 시간상으로 가까울 수는 있어도 노년의 삶과 죽음은 별개의 문제다고 여길 수도 있다. 노년을 맞아 죽음을 생각하기보다 삶의 의미를 찾는 것이 더욱 중요하며, 그 가운데 인생의 죽음을 생각해야 올바른 순서일 것이라고 작가는 생각한다.

> 우리는 가끔 삶의 문제에 대하여 논하다가 종착지로 죽음을 생각하게 된다. 삶과 죽음의 문제는 종교, 그가 속해 있는 지역 사회 또는 개인의 가치관이나 자아실현의 양상에 따라 크게 다르겠지만 '죽음'이란 우리 인간에게 평등하게 찾아온다. 삶이 개인의 능동적 영역이라면 죽음은 인간의 한계를 벗어난 초월적 영역에 속한다. 그래서 인간에게 죽음이란 미지의 세계에 대한 두려움의 대상이며, 풀리지 않는 영원한 숙제인지도 모른다.
> ─ 「삶의 가치와 보람을 찾아」에서

이렇게 삶의 문제에 대한 작가의 사색은 죽음의 문제로까지 발전한다. 모든 인간에게 평등하게 찾아오는 '죽음'이란 인간의 한계를 벗어난 초월적 영역의 문제이지만 이것은 곧 삶을 어떻게 마무리할 것인가?라는 질문과 다르지 않다. 죽음이라는 것은 육체로부터 해방되어 영혼에 해방을 가져오는 것이라는 소크라테스의 이야기를 빌어 작가는 이렇게 결론짓는다. "누렇게 물든 내 인생의 들녘을 바라보면서 거두어야 할 알곡도 있고, 버려야 할 쭉정이도 있다. 누군가 노년은 언제 죽을지 모른다는 '죽음의 예측 불가능성'을 말했지만 그래도 우선 당장 내 삶의 텃밭에 파종할 삶의 채종도 챙겨두고, 마음의 창고에 들여놓을 여분도 필요하다." 철학자 사르트르는 "죽음은 생에 어떤 의미를 주는 것이 결코 아니고 반대로 생에서 모든 의미를 떼어내는 것"이라고 한 적 있지만, 오늘을 살아가는 우리는 마치 오아시스 없는 사막을 걸어야 하는 삶을 살아간다. 그래서 삶과 죽음의 실재에 대한 어떠한 직관도 없이 그 의미에 대한 가난한 이해에 허덕이고 있다. 그렇지만 작가는 자신의 삶을 위한 마지막 순간을 위한 '마음의 창고'를 가득 채우고 싶다고 다짐한다.

이 세상과 삶이라는 타자의 세계를 언어로 옮길 수 있는 자만이 진정한 삶의 출구를 열게 된다. 그 타자적 세계로 안내하는 존재의 풍경화, 작가 신규는 자신의 존재와 기억을 하나의 풍경화로 제시한다. 그러나 그것은 삶의 한 장면만 그려진 풍경화가 아니라 삶의 온갖 기억과 욕망이 뒤엉킨 언어체로서 구성되는 것이다. 존재의 입체적인 풍경화는 일상적인 언어로는 그려지지 않는다. 일상의 삶을 벗어나 더 넓은 풍경을 바라보고 탐사할 때 새로운 언어는 탄생할 수 있다. 이제 작가는 하늘을 날아 산을 보고, 바다를 보고, 생각하며 길을 걷는다.

나도 시인이 되어 수첩을 펴들고, 지난 며칠간을 생각해 본다. 하늘을 날아 산을 보고, 바다를 보고, 생각하며 길을 걸었다. 쉬고 싶을 때 쉬어가고, 자연에 묻히고 싶을 때 자연에 나를 맡겼다. 그렇다고 정처 없이 여기저기 방랑한 것만은 아니다. 마음의 문을 활짝 열고, 어느 때는 어린이 놀이기구에 앉아 동심으로 돌아가기도 했다. 얼마 전까지만 해도 호기를 부리며 올라가 보았던 산의 아름다운 풍광을 이제 먼 곳에서 감상하는 지혜도 얻었다. 단숨에 달릴 수 있었던 길을, 자연을 즐기며, 유유자적 걷는 즐거움도 터득했다.

이제 몇 시간이 지나면 일상으로 다시 돌아간다. 감사하는 마음으로 물 흐르듯이 살아가는 여유, 그것이 나의 바람이다.

― 「여행의 즐거움」에서

여행은 자신의 본질을 찾아가는 현재와 과거의 기억을 찾아가는 시간 여행에 다름 아니다. 필시 거기에는 수많은 타자의 영역이 숨어 있다. 나의 타자인 이 세상과의 관계 맺음이란 언제나 그렇다. 낯선 세상에서 낯선 사람들을 만나고 낯선 언어로 이야기를 나누면서 우리는 새로운 풍경을 조우하고 타자와의 관계를 이룬다. 타자로서의 세상은 처음에는 '알 수 없는 존재'로 시작해서, 반드시 '알아야 하는 존재'로 변했다가, 마침내는 내 삶에서 '없어서는 안 될 존재'가 된다. 결국 타자는 없어서는 안 될 존재이고 그러한 존재를 통해 나의 삶은 새롭게 변화하게 된다.

신규는 획일화되고 굳어버린 주체를 분리하고 다원화시키면서 타자의 세계를 나의 세계로 복원시키고자 한다. 그렇게 해서 자신을 구원하고 자신의 언어를 새롭게 만들어 낸다. 작가는 다양한 삶에 대한 질문을 통해 실존적 각성의 순간을 경험하게 되고 그로 인해 일상의 깊이에서 길어 올린 사유의 문장들은 밀도를 더하게 된다. 일상을 넘어서서 그 내면에 존재하는 은밀한 풍경을 짚어내는 작가의 노력 덕분에 우리는 평소 간과했던 삶의 이면을 새롭게 발견하고 성찰하게 된다.

4.

수필의 언어는 현실의 언어와 다르다. 현실의 언어를 빌어오지만 이를 해체함으로써 독자적인 삶과 세계의 언어로 만들어야 한다. 현실에 대한 재현을 거부하고 인간 내면과 정신을 고뇌하는 언어의 특징을 붙잡는 것, 신규는 이런 글쓰기를 모색한다. 그러기 위해 작가는 시간과 삶의 의미에 대한 깊은 사색을 통해 새로운 언어를 만들어 내기 위해 노력하고 있다.

신규의 작품은 '지금-여기' 현재의 시간을 통해 존재의 의미를 되새기고, 여기서 더 나아가 과거와 미래의 시간을 탐색하면서 주체와 타자에 대한 인식으로 나아가고 있다. 현재와 중첩된 다른 시간, 자기밖에 놓인 타자의 시간을 인식하는 일은 존재의 형식인 시간을 타자와 관계 맺는 형식으로 재배치된다. 그럼으로써 신규 수필에서 드러나는 시간과 공간은 작가의 체험과 문학적 경험을 이해하는 중요한 토대일 수 있음을 보여준다.

그동안 많은 수필가의 언어는 주체 없는 중심에서 흔들리고 있었다. 삶과 세상의 진정한 의미를 탐구하지 못하는 작가는 존재와 세상의 진실에 대해 이야기할 수 없다. 수필가는 존재와 존재 너머의 삶과 정신이 어떻게 가능한가를 보여주어야 하는 작가로서의 운명을 지니고 있다. 인간과 세상의 모습을 보여주기 위한 탐구는 곧 인생에 대한 끊임없는 사색과 명상적 태도를 통하여 가능할 것이고, 그럼으로써 수필은 높은 품격의 텍스트로 기능할 수 있다. 신규는 지난 시간과 현재의 시간과 삶의 미래에 대해 희망을 생각하고 이야기한다. 고통스러운 삶에서 희망의 의미를 생각하는 것, 그를 위한 시간과 존재를 위해 진지하게 고뇌하는 것이 바로 신규 글쓰기의 서사 문법이다.

토포필리아와 양일섶의 수필 읽기

1. 들어가며

인간은 시간과 공간의 어울림 속에서 자신의 삶을 영위해간다. 한 사람이 세상에 태어나는 것은 그의 시간과 공간의 출발을 알리는 것이며 현재와 미래를 시작하는 것이다. 다시 말해 이것은 현재로서의 시간과 이 세상이라는 공간의 출발선에 서는 것을 의미한다. 마찬가지로 작가의 텍스트는 글쓴이의 시간과 공간의식이 담겨 있는 의미의 세계이다. 글쓰기란 작가의 몸과 마음에 물들여진 시공간적 의미를 표현해 내는 것이라는 점에서 결국 문학적 해석행위란 작가가 시간과 공간에 부여해둔 의미에 대한 탐색 작업이라 할 수 있다.

양일섶은 수필집 『꽃놀이패』(2017)와 『산복도로 계단』(2019)을 발표하면서 독자적인 작품 세계를 구축해가고 있는 중견작가의 한사람이다. 양일섭 수필의 일차적 특성은 무엇보다 사물에 대한 예민한 관찰과 인식을 이루는 일종의 사물수필로서의 의미를 지니고 있다. "작은 것을 사랑하고, 쓰러진 것을 세워주고, 버려진 것을 보듬어 줄 수 있는 마음으로 수필을 써야겠다고 다짐"(『산복도로 계단』의 「작가의 말」)하는 대로, 그의 수필은 작은 것에 대한 관심과 애정을 바탕으로 쓰여지고 있다. 『산복도로 계단』의 많은 작품에서 잘 드러나듯이 그의 수필에서는 국밥·주방·봄동·냉장고·뽕잎·콩나물·접시 같은 다양한 사물이 살아 숨 쉬며 등장한다. 그런데 여기서 우리가 무엇보다 주목할 만한 것은 사물을 보는 작가의 시선이다. 작품에서 작가의 눈은 어느 경우에나 "物物과 想像의 결속"을 이루고자 한다. 이를테면 그는 계란 한 개를 보더라도 인간은 먹고 계란은 먹히지만, 그 운명은 동일하다는 개념 맺기를 시도한다(사물을 바라보는 양일섶의 시선에 대해서는 박양근의 자상한 해설 "자연사물의 문학적 해석, 物物과 想像의 결속"을 참조). 작가는 하나의 사물을 보더라도 그 속에 담긴 주체와 타자의 운명과 관계의 함의를 생각한다.

 이런 인식은 장소와 공간에 대한 작가의 태도에서도 그대로 나타난다. 양일섶 수필에서 드러나는 장소에 대한 관심과 인식은 또 다른 문학적 특성으로 나타나면서 잠재된 무의식처럼 그의 문학 속에 꾸준히 표출된다. 그렇다는 것은 그의 작품에서 장소와 공간의 의미가 단순히 작가의 글쓰기 배경으로 그치고 있는 것이 아님을 말해주는 것이다. 그는 자신이 다가가 바라보는 장소를 통하여 긍휼히 여길 수밖에 없는 삶과 존재의 의미를 읽는가 하면, 더 이상 내버려 둘 수 없는 이 참담한 세상의 모습에 슬퍼하기도 한다. 양일섶이 바라보며 소환하는 문학적 배경으로서의 장소 아우라는 그것이 세상과 인생에 대한 깊은 관심의 표현이라는 점에서 중요한 의의를 지닌다. 이는 우리 수필의 한계로 흔히 지적되는 일상성과 개인성을 벗어나 더 넓은 관점으로 세상과 인생을 바라보고자 하는 전망을 위한 노력이라는 점에서 특별한 의미를 지니는 것이다. 그의 수필 텍스트 곳곳에 드러나는 암자, 바다, 정류소, 등대, 섬, 계단은 작가가 새로운 삶과 세상의 의미를 찾고자 하는 상징적 기제로 작동한다.

때로 작가는 세상과의 불화와 갈등을 보이지만 이것은 삶의 공간에서의 존재와 부재에 따른 상실감과 공허함에 대한 다른 표현이며, 그 대안을 찾는 장소에의 갈망으로 이어지며 그의 문학은 외연적 확장을 이루게 된다. 토포필리아라고 불릴 수 있는 '장소'에 대한 작가의 다원적인 문학적 표현은 때로 부조리한 세상과 존재론적 인간의 원형적 공간이다. 이곳은 작가의 유년의 기억과 경험이 고스란히 보존된 곳이며 그러한 시간과 장소 속에서 삶의 의미는 새롭게 생성된다. 한 작가의 삶의 경험 공간으로서 '장소'는 문학 텍스트로 구현될 때 그 의미화는 더욱 무거운 질량으로 나타나게 된다. 이런 글쓰기의 태도는 자폐적이고 은둔된 글쓰기의 밀실이 아니라 우리를 더 넓은 삶과 세상의 광장으로 이끌고 간다는 의미에서 뜻깊은 작업이 아닐 수 없다. 이런 이유에서, 모름지기 작가란 글쓰기라는 감옥에 제 스스로를 수감하는 은자隱者가 아니라, 세상이라는 대지에 새로운 씨앗을 파종할 수 있는 충실한 농부가 되어야 하는 것이다.

2. 양일섭 수필과 토포필리아

오늘날 많은 사람은 삶과 문학에서 지속적으로 장소에 대한 관심을 나타낸다. 이것은 실제 삶에서는 새로운 세계에 대한 호기심과 관심을 의미하는 것이고, 문학 작품에서는 작가가 닿은 장소를 탐색함으로써 작품의 주제를 위한 배경으로 삼고자 하기 때문이다. 미국의 인문주의

지리학자인 이 푸 투안Yi-Fu Tuan은 『공간과 장소』에서 '토포필리아topophilia'라는 용어를 창안하여 인간이 장소에 대해 가지는 특별한 정서에 관하여 폭넓은 이해를 제공한다. 투안에 따르면 '토포필리아'란 그리스어로 '장소'를 뜻하는 'topos'와 '병적 애호'를 뜻하는 'philia'의 합성어로, 말 그대로 '장소애場所愛'의 의미를 함축하고 있다. 토포필리아는 그야말로 우리가 살아가는 동안 가보거나 머물렀던 공간에 대한 정서적 교감 속에서 형성되는 인간과 장소 사이의 유기적 관계의 의미망이라 할 수 있다. 말하자면 토포필리아는 삶에서 장소에 대한 공간적 해석과 사랑의 표현인 셈이다.

양일섶 수필은 공간에 대한 특별한 관심과 인식을 이룬다. 투안에게서 그랬듯이 양일섶에게 장소의 개념은 단순히 직접 경험에 의해서 만들어진 친숙한 공간을 넘어서는 개념으로 확장한 다. 작가는 실제로 우리의 눈에 보이는 현실의 산과 바다는 물론 그 너머의 무언가를 상상하면서 또 다른 시간과 장소를 만들어낸다. 예컨대「문수암의 피리소리」를 살펴보자. 이 작품에서 화자는 '무이산武裏山 문수암文殊庵'에 들르는 경험을 한다. 문수암은 '남해 보리암'이나 '여수 향일암' 못지않은 역사와 절경을 자랑하는 사찰이다. 그곳에서 화자는 누군가 부는 피리소리를 들으며 어머니와 고향을 그린다.

    15년이 훨씬 지났다. 어머니가 돌아가시기 2년 전, 처음이자 마지막으로 단둘이 1박 2일 여행을 갔었다. 남해안으로 가던 중 문수암을 방문했다. 어머니는 전망대에 앉아 과거의 어려웠던 시절, 특히 내가 어릴 때, 고향에 혼자 남겨져 고생했던 것이 가슴에 한으로 남아 있다고 이야기하셨다. 손수건으로 눈물을 닦고 또 닦으셨다. 나는 다 지나간 일이라고 말은 했지만 눈시울이 뜨거워지는 것은 막을 수 없었다. 어머니에 대한 그리움이 쌓이면 힘들었던 지난 추억과 더불어 문수암이 떠오른다. 아마 나는 언젠가 여기에 또 혼자 와서 있을 것이다.
- 「문수암의 피리소리」에서

　문수함에서 누군가의 피리 소리를 통하여 화자는 "배를 타고 나간 아버지가 몇 년 동안 연락이 없는 건지, 고생만 하다가 돌아가신 어머니가 그리운 건지, 일찍 세상을 떠난 어린 자식이 보고 싶은 건지, 아니면 나처럼 힘들게 살았던 시절을 생각하거나 삶에 대한 회의를 느끼고 있을지도 모르겠다."고 상상한다. 그러면서 그 남자의 피리 소리를 들으며 내 기억 속의 피리를 떠올려 본다. 작품에서 누군가가 부는 피리소리를 들으며 그리는 어머니는 자신이 태어나고 자란 고향에 대한 그리움에 다름 아니다. 낯선 장소에서 낯선 사람의 피리소리를 통해 어머니와 고향에 대해 갖는 그리움은 전형적인 토포필리아 의식의 표현이다. 앞서 이야기한 대로 양일섶 수필 텍스트에 다양하게 나타나는 '바다' '암자' '등대' '섬' 같은 장소들은, 삶의 원형적 공간으로서의 토포필리아를 형성하는 근원적 기제로 작용한다. 그에게 장소는 단순히 작품 배경의 역할을 하는 것을 넘어서 글쓰기 사유의 기반으로서 작가 의식 내부에 자리하게 된다.
　토포필리아에서의 장소는 하나의 공간 자체에 대한 단순한 인식과 관심이 아니라 삶에 대한 새로운 존재 의식과 '방향감'을 설정하는데 필수적이며, 이는 곧 자신이 살아가는 삶과 세계에 대한 인식을 새롭게 이룬다는 의미를 지닌다. 이를 통해 여태 지각할 수 없었던 사실들에 대한 또 다른 인식을 일구어내어 삶에 대한 새로운 방향을 이끌어 줄 수 있다. 투안에 의하면 처음부터 친밀하고 안정된 공간에 안주하는 사람에게는 새로운 길로 나가고자 하는 방향감과 지향성이 결여되어 있다. 그렇지만 삶에 대한 다른 인식을 이루고자 하는 사람은 이것의 확보를 위하여 공간 감각 안에서 새로운 중심을 찾고자 하는 성향을 가지게 되며, 자신이 서 있는 장소 속에서 삶에 대한 다른 인식을 이루면서 다른 장소로 이동하고자 하는 토포필리아적 성향을 드러내게 된다. 이러한 경향은 양일섶의 여러 작품에서 거듭 나타나고 있다.

> 해수욕장에 도착하면 모래사장을 넘나드는 파도의 끝자락을 밟고 걷는다. 그곳은 바다와 내가 교감을 나눌 수 있는 구역이다. 신발과 바지가 좀 젖어도 좋고 한 번 넘어져도 괜찮다. 파도가 발끝에 닿으면 바다의 따뜻하고 넓은 포용력을 느낀다. 새로운 흔적을 남기며 사부작 사부작 걷는다. 아쉬운 마음에 뒤를 돌아보고, 또 돌아본다. 어느새 세속의 흔적은 사라지고 없다. 가슴속의 멍울도 소리 없이 흘러내린다. 바다가 나의 이기심과 오만함을 이해하고 감싸주는 듯하다.
> ─「바닷가 산책」에서

눈앞에 보이는 수영만의 마천루와 광안대교가 교차하고 있고, 그 교차점 주위를 갈매기 한 마리가 빙빙 맴돌고 있다. 갈매기는 자신의 목표를 위해 어느 좌표로 날아갈 것인지를 선택해야 한다. 어디를 선택하든 편하고 즐거운 삶은 없다. 묵묵히 최선을 다해 정진한다면 그 길이 꽃길이라는 화자의 진술은, 눈앞에 보이는 현실의 공간 풍경을 넘어 또 다른 삶의 풍경을 읽어내고자 하는 태도이다. 이런 진술은 최소한 자신이 바라보는 공간의 풍경에 덧칠해 삶에 대한 새로운 인식과 욕망을 이루고자 하며, 그럼으로써 또 다른 세계로 나가고자 하는 의지의 표현이다.

양일섶이 보여주는 토포필리아적인 성향은 자신이 방문하는 장소에서 새로운 삶의 중심을 찾기 위한 노력이다. 그리하여 그는 실제로 자신이 방문하는 다양한 장소와 공간에서 삶의 새로운 의미를 읽어내고자 한다. 모든 인간에게 있어서 집이 우주의 초점이 되는 것과 마찬가지로 우리가 움직이며 서 있는 장소는 매 순간 움직이며 가 닿고자 하는 최상의 가치를 부여한다. 양일섶은 그가 가는 장소에 의미를 부여하고 그곳과 친구가 되어 교감을 나눈다.

아파트 정문 옆 마을버스 정류소에 있는 벚나무를 '정벗'이라고 이름 지어 주고 그와 친교를 나누거나(「정류소 벚나무」), 등대는 모두의 가슴에 품고 있는 목표이자 희망이라고 생각하기도 하며(「오륙도 등대의 꿈」), 또한 어느 섬에서는 지나간 시간을 마음속에 접어놓고 앞으로 닥쳐올 외로운 시간을 극복해 나가야 한다(「연화도에 사는 남자」)고 여긴다. 쉬어야 할 곳, 가야 할 곳, 돌아갈 곳을 찾는 사람들은 모두 마음속에 정자와 등대와 섬을 하나씩 갖고 있다. 이렇게 양일섶은 자신이 다가서는 공간과 장소에서 깊은 삶의 의미를 이끌어 내고자 한다. 궁극적으로 인간의 강한 삶의 의지는 자기중심을 다른 위치에 세움으로써 새로운 모습으로 나타나게 된다. 하지만 이러한 새로운 중심 세우기는 통념에 안주하는 틀 안에서 그려지는 공간 개념으로는 불가능하다는 것을 양일섶의 수필은 잘 보여준다.

3. 장소 체험과 세계 인식

본질적으로 인간은 더 나은 생존을 누리기 위해 끊임없이 이동하는 유목적 생활방식을 지녀왔다. 유목적 존재로서의 인간은 토포필리아적 성향을 지니며 계속해서 이동하는 가운데 새로운 사유를 만들고 자신의 소우주를 만들어나가는 경향을 보여왔기 때문이다. 말하자면 이는 질 들뢰즈가 말하는 '유목민의 사유Nomadism'와 유사한 개념이라고 할 수 있다. 노마디즘이란 특정한 가치와 삶의 방식에 얽매이지 않고 다른 삶의 영토, 다른 삶의 방식, 다른 가치를 찾아 끊임없이 이동하는 것을 말한다. 기존의 것들을 새로운 배치 속에서 탈영토화시키고, 새로운 삶의 방식과 가치로 기존의 것을 전복하는 것이다. 이같은 사유는 문학에서도 그대로 적용되어 진정한 문학은 세상에 대한 관점을 조성할 수 있는 장소와 공간의 개념이 필요하며, 이런 개념하에서 새로운 문학적 사유가 창조되어 왔다.

양일섶의 「산복도로 계단」은 장소에 대한 관심과 사랑을 통하여 삶과 세상에 대한 작가의 관점을 여실히 보여주는 작품이다. 수필집 『산복도로 계단』의 표제작인 작품의 배경 산북도로 계단은 부산 초량에 있다. 초량草梁은 '풀밭의 길목'이란 뜻이고 6·25전쟁 당시에도 산기슭에 목장이 있었던 곳이다. 부산에 피란민들이 몰려오면서 풀밭은 집터로 바뀌었고 산복도로와 계단이 만들어졌다. 작품의 화자의 가족이 부산에 이사 와서 처음 살던 곳이 초량이다. 이곳에서 아이들이 태어나고 힘든 삶을 살면서 정이 들었던 곳이라고 화자는 설명한다.

산복도로 정상으로 향하는 고비는 숨이 턱 막힐 정도로 까마득한 '168계단'이다. 최근에 설치된 모노레일이 있지만, 그 편리를 이용하다 보면 산복도로의 진정한 의미를 반감시킨다. 화자는 일부러 힘들게 올라가면서 계단에 앉아 부산역과 바다를 바라보고 잠시 쉬면서 느긋한 마음으로 계단을 하나하나 밟고 올라간다. 힘든 계단을 오르내리며 화자가 느끼는 계단의 의미는 무엇인가.

> 계단이 없는 산복도로는 없다. 계단을 오르면서 나뭇가지처럼 뻗어 있는 샛길을 따라 각자의 집으로 들어간다. 비록 집은 허름하지만 따뜻하고 아늑한 보금자리다. 앞집의 옥상은 뒷집의 빨래와 생선을 말리는 곳이고, 뒷집은 앞집의 바람막이 역할을 한다. 산복도로 사람들은

밤하늘의 별을 보면서 더 높은 계단을 밟고 올라가기를 꿈꾼다. 그 계단의 끝에는 사랑과 행복의 열매가 달려 있다고 믿고 있다. 그래서 그들은 누구보다 더 열심히 하루를 보낸다.
- 「산복도로 계단」에서

 화자의 시선은 계단에서 그 모양을 닮은 산으로 확장된다. 우리에게 "계단은 사람과 공간을 이어주는 층층대다. 회사나 학교 건물로 들어가기 위해, 법당이나 예배당에서 기도하기 위해, 비행기에 탑승하기 위해 계단을 이용해야만 한다." 산복도로 계단은 작가에게 삶의 계단으로 환치된다. 작가는 계단의 힘든 길을 오르며 시선을 선회하여 인생의 계단을 바라본다. 산복도로 계단은 아무리 힘들고 어려운 일이 있어도 한 계단 한 계단 천천히 밟고 올라가야만 목표가 보이듯이 마찬가지로 인생의 계단도 그렇다. 사람들은 현실에 순응하면서 더 나은 미래를 위해 계단을 오르내리지만, 화자는 내 몸과 마음이 쉴 수 있는 집으로 가기 위해 산복도로 계단을 올라가야 한다.
 과거 이전 공간으로의 회귀는 작가에게 새로운 길로 나아가기 위한 통과의례의 길이다. 산복도로 계단에서 이제 과거의 풍경은 사라져가고 있다. 정상에 오르면 '까꼬막(산비탈)'이라는 전망 좋은 찻집이 자리 잡고 있고, 힘들게 올라온 계단에서 부산역과 바다를 바라본다. 세월이 흘러 산복도로 동네에도 많은 건물과 아파트가 들어서 있다. 기차는 더 빨라졌고, 바다는 점점 더 멀어지고 있다. 그렇지만 작가는 '산복도로 계단'이 사람들의 작은 소망을 하늘로 올려주고 있음을 본다. 한 장소에서 이렇게 의미있고 정감 있는 인간과 존재의 모습을 읽어내는 모습을 통해 우리는 양일섶 수필에서 토포필리아의 절정을 본다.
 문학이 무엇이던가. 문학이란 기실 우리 주변에서 헐벗고 작은 것들, 그리하여 우리에게서 사라지고 멀어져 가는 것들을 따뜻한 연민의 눈길로 바라보고 안아주는 것이 아니던가. 작가에게 산복도로 계단의 풍경은 다름 아닌 삶의 풍경이다. 작가는 계단을 오르내리면서 '삶'의 모습을 발견하였고 그 장소와 공간은 문학적 상상력으로 재구성되었다. 지금 그가 바라보는 산복도로 계단은 힘들고 고달픈 우리네 삶의 모습에 대한 연민과 사랑의 시선으로 읽혀도 무방할 것이다.

 작가 양일섶은 처음부터 장소와 공간을 자신의 문학 속에서 특별하게 차용한 것은 아닌 것으로 보인다. 그렇다고 해서 그가 다양한 여행 체험을 한 작가도 아니다. 그렇지만 그의 상상력은 전 세계를 넘나든다. 세상이라는 공간에 대한 작가의 관심은 지도에 대한 호기심에서 출발한다. 그는 육지와 바다를 구성하거나 연결하는 지도의 모습을 관찰하면서 이 세상의 모습에 대하여 지속적인 질문을 던진다. 지도는 자신의 오랜 친구였다. 초등학교 때 지리부도를 처음 접했고, 세계 지도에는 낯모르는 나라와 드넓은 바다가 있었다. 각 대륙의 위치와 나라의 수도를 연필로 짚어가며 시간 가는 줄 몰랐다. 평소 가고 싶어 했던 미국은 태평양을 횡단하는 배를 타고, 스위스는 전용 비행기를 타고 떠나는 지도상의 여행을 수백 번 한다. 새로운 세상을 구경하는 설렘과 야릇한 기분을 느끼며, 세계 어딘가로 떠나 투명 인간이나 로봇이 되어 임무를 완수하고 돌아오기도 한다.

 지도에 나타나는 경계는 어떠한 것인가. 나라와 나라 사이, 사람들과 사람 사이를 넘나들면서 우리는 어떠한 삶의 공간에서 살아가고 있느냐는 질문을 던진다. 작가는 지도라는 사물을 대상으로 어린 시절부터 점차 공간의 의미를 체득하면서 지도에 감긴 장소와 세상의 구체성을 인식해가기 시작한다. 독자는 지도상의 육지와 바다를 바라보는 작가의 시선을 따라가면서 이 세상이 함의하는 장소의 의미를 재인식하게 된다. 그는 육지와 바다를 구분하거나 혹은 연결하는 지도를 관찰하면서 장소에 대한 질문을 던진다. 이것은 곧 세상에서 자신이 거처할 장소를 확인하고 그와의 관계를 추구하는 것이며, 이는 곧 투안이 말하는 "대상으로서의 장소" 찾기의 욕구와 다르지 않다. 양일섶의 '상상의 여행'은 계속된다.

양일섶이 지도를 관찰하는 눈은 수많은 마을과 도시의 이름들 가운데 자신이 속한 세상에 대한 의문과 갈망의 표현으로 이어진다. 작가는 지구본 위의 여러 나라와 도시를 향해 상상의 여행을 떠나 한반도와 세계를 여행한다. 그는 무엇을 꼭 보아야 한다는 목표는 없지만, 환상적인 여행 그 자체가 삶과 세상에 대한 새로운 의미를 부여한다. 작품에서 말하는 마을 이름과 도시의 이름들이란 결국 낯선 세상과의 관계 맺음을 의미하는 것이다. 장소의 이름을 안다는 것은 미지의 세상과의 관계의 확인이며 그것은 곧 자신의 인생길 찾기에 다름 아니다.

> 사람들은 마음속의 지도를 갖고 인생길을 걸어간다. 자신의 길을 묵묵히 가는 사람도 있지만 그렇지 못한 사람도 있다. 타인이 만들어 놓은 길을 억지로 따라가는 것은 아닌지 한 번쯤 되돌아볼 수 있으면 좋겠다. 어린 시절의 동경심, 학창 시절의 희망, 성인으로서의 포부가 지도상의 한 점으로만 남아있다면 이제는 그 좌표를 옮겨야 한다. 자신의 꿈을 찾아 날개를 퍼덕이며 넓은 세상으로 힘차게 날아올라 보자.
> ― 「상상의 여행」에서

작가의 이런 노력은 정해지지 않은 인생행로에 놓여있는 집 잃은 자로서의 당혹스러움과 낯선 세계에서의 방향을 찾고자 하는 것이다. 그는 지도를 통하여 세상을 읽어내고 삶을 확인하고자 하는 존재로서 새로운 장소를 찾아 방랑하는 토포필리아적인 문학을 하고자 한다. 결국 양일섶의 지도와 지리를 향한 강렬한 관심은 세계에서 자신의 자리 찾기, 즉 자신의 집 찾기를 위한 표류라고 해도 무방하다. 말을 바꾸면, 작가의 이런 표류는 집을 떠나 이해 불가능한 삶과 세상을 보기 위하여 방랑하는 여행이며 세계 속에서 나의 위치는 어디인가를 찾기 위한 노력이라 할 것이다. 양일섶의 문학에서 우원하게 제시되고 있는 바의 인간에게 있어서 진정한 집이란 과연 존재하기나 하는 것일까, 그것은 모든 집 없는 자의 근원적인 질문이다. 요컨대 양일섶은 자기 삶의 진정한 근거와 장소 찾기를 목적으로 하는 토포필리아적 성향을 드러내며 이를 자신의 주요한 문학적 주제로 삼고 있는 것이다.

4. 나오며

지금까지 우리는 양일섶의 문학적 삶을 형성하는 특별한 공간에의 경험과 기억을 토포필리아 개념으로 이해하고, 그의 수필 텍스트에 내재된 이런 요소를 통해 그 양상을 살펴보았다. 양일섶 수필 텍스트에서 토포필리아의 요소는 다양하게 나타나고 있다. 그 요소들은 각각 현실과 마음으로 이어지는 '장소', 자연과 도시로 이어지는 '장소', 과거에서 현재로 이어지는 '장소'로 외연적 확장의 의미를 더 하고 있다.

철학자 가스통 바슐라르에 의하면, 장소 분석이란 인간의 내면적인 삶의 장소들에 대한 조직적인 심리적 표출이다. 그런 의미에서 토포필리아는 인간과 장소 사이의 긴밀한 정신적 유대를 보여주면서 문학 텍스트에 투영되어 특별한 의미를 내포하게 된다. 양일섶에게 토포필리아의 전형으로 나타나는 다양한 장소와 공간의 의미는 그의 문학적 사유의 바탕을 이룬다는 점에서 주목에 값하는 것이라 할 수 있다. 삶과 세상의 원형적 공간으로서의 장소는 양일섶 작품에 토포필리아를 형성하는 근원적 기제로 작용한다. 그는 장소를 통하여 과거와 현재의 삶을 소환하고 그에 대한 기억을 심화시켜 문학적 이미지로 구축하는 데 성공하고 있다.

현대와 같이 각박하고 제한된 삶의 공간 속에서 원형적 장소의 부재에 따른 현대인의 상실감과 공허함은 갈수록 심화되어가고 있고 그 대안을 찾는 갈망도 짙어가고 있다. 따라서 토포필리아라는 맥락에서 공간과 장소에 대한 인식은 새로운 단계로 이루어져야 할 것임이 분명하다. 양일섶 수필에서 공간과 장소에 대한 사랑과 인식을 바탕으로 이루어진 토포필리아적 성과는 이러한 점에서 중요한 의의를 지니는 것이다.

삶에서든 세상에서든 문학에서든, 갈 길은 멀고 찾아야 할 곳도 많다. 그 길이 아무리 험난하더라도 중단없이 갈급하며 나아가야 할 것이 작가의 일이다. 언제나 작가가 가야 할 지향점은 새로운 세계의 종착에 있지 않고, 새로운 세계로 나아가는 길목에 있다. 앞으로 양일섶의 문학도 더욱 머나먼 곳을 향하여 원대하게 나아가기를 기대해 본다.

묵시록적 풍경과 비애의 파토스
- 정태헌의 『낮고 높은 풍경』 읽기

1.

   삶의 상황이 갈수록 어두워져 가고 있다. 지구촌 곳곳에선 자연재해가 해일처럼 일렁이고, 질병과 기아는 인간을 질곡으로 몰아가고 있다. 또한 이념적·종교적 갈등과 대립은 더욱 격화되고 있으며, 그로 인한 전쟁은 수많은 양민을 죽음의 공포에 떨게 한다. 세상 어느 구석을 둘러보아도 평화와 사랑의 온기는 사라지고 '환멸'이라고 밖에 표현될 수 없는 삶의 상황이 전개되고 있다. 이런 상황에 대해 뜻있는 작가와 철학자들은 현대적 삶을 몰락과 허무와 비애가 지배하는 묵시록적 풍경으로 그려내고 있다.

   기실 현대적 삶은 그러한 상황을 만든 조건이나 이유 때문이기도 하지만 그 자체로도 비극적이다. 발터 벤야민의 「역사철학테제」에서 시사되고 있듯이, 이 세상을 위한 '새로운 천사'는 삶의 구조를 바꾸어

보고자 하나 쉼 없이 불어오는 폭풍이 우리를 간단없이 재앙의 상황으로 밀어붙이고 있다. 천사는 속수무책인 채로 날개를 접어야 하고, 미래를 향한 인간의 진보는 파국에 이를 수밖에 없게 되어 간다. 벤야민은 주로 정치적 관점에서 우리의 미래를 논하고 있지만, 어쨌든 인간의 진보는 야만주의를 향해 치닫고 있고 인류를 태운 기차는 공멸의 늪으로 향하고 있다는 불길한 예감을 지울 수 없다.

이런 관점에서 정태헌의 수필을 읽으면 도처에서 흡사 벤야민의 예지를 보는 듯하다. 물론 벤야민이 담보하고 있는 삶과 역사 이해의 상상력의 추동을 받고 있는 것은 아니지만, 정태헌의 글쓰기는 상당 부분 우리 시대 삶의 풍경을 묵시록적 인식으로 그려내고 있으며 그 속에는 내밀한 비애의 파토스가 내장되어 있다. 그의 문학이 우리에게 보여주는 세계는 삶의 현실에 대한 생성과 소멸, 자아와 타자, 실존과 부재에 대한 잠언들로 가득 차 있다. 흔히 수필 문학은 삶에서 이루어진 경험의 단편 가운데에서 어떤 독특하고 중요한 선택적 체험을 부각시키면서 구성된다. 그러나 수필은 일상적 삶의 경험에 대한 단순한 번역이 아니라 경험을 체화함으로써 그 의미를 실현해야 하는 문학적 노력이다. 좋은 작가의 작품일수록 그 경험은 높은 차원의 현재적 의미를 지니게 되며, 작가는 삶의 환멸적 경험에 맞설 수 있는 의미 있는 내용을 구현하는 진정한 주체가 되어야 한다. 여기서 진정한 경험의 주체가 된다는 것은 현시적 지각으로서의 외적 경험으로부터 작가의 사색과 성찰을 통하여 내적 경험으로 전화轉化됨을 의미한다. 비극적인 삶의 상황이 낳는 환멸의 경험 그 자체는 일상적이지만, 내적 경험으로 체화된 경험은 새로운 삶을 위한 정신적 동력이 된다. 이런 사유가 우리 시대에 문학을 하는 비판적 사유로서의 인문적 힘이 갖는 중요성이기도 하다.

우리가 살아가는 삶은 "슬픔이 포탄처럼 터져 속울음 할 때가 잦은 것", 그럼에도 "서로 손을 잡고 빛과 희망으로 어둠을 걷어내고 힘겨움을 이겨내야"(「낮고 높은 풍경」) 하는 것이다. 삶의 상황에 절망하는 모든 사람의 눈에는 눈물이 고여 있다. 현실의 아픔, 삶의 고뇌가 그들의 눈물을 만든다. 그러나 오늘날 우리가 "눈물의 속살과 영혼의 향기"(「작가의 말」)를 찾아보기란 쉬운 일이 아니다. 작가에게 눈물의 의미는 단순히 슬픔의 표현만이 아니다. "누군가의 슬픔에 어깨를 내주며, 아픔을 나누는 눈물의 공감과 감정의 연대가 필요한 시대"에 "남을 위해 흘릴 줄 아는 눈물 한방울이 함께 사는 세상을 바꿀 수 있는 희망의 씨앗이 될 수 있다. 더불어 눈물을 흘릴 줄 아는 사람들에 의해 세상은 따뜻하게 채색돼 갈 것이다"(「따뜻한 초대」). 작가의 이런 글쓰기 의도는 현 단계 우리 수필 문학의 모습을 되돌아보게 한다. 세계와 자아, 존재와 타자의 일체성을 이루어야 하는 우리 수필 문학의 서사는 더 이상 독자들에게 공감을 불러오지 못하고 심미적인 경험을 가져오지 못하고 있다. 일상적·개인적 가치들에 빠져 재현적 진실을 통한 내일에의 확신을 얻지 못한 채 이루어지는 집단 무의식의 범람이 우리 수필 문학의 현 주소라 해도 지나치지 않다.

긍정적 차원에서 정태헌의 작품은 일견 고요하고 섬세한 감성에 의존하는 듯하다. 그러나 작가의 고요는 정지되고 침묵한 것 같지만, 그것은 기존의 삶과 세계를 넘어 새로운 언어로 강화하고 부활시키고자 하는 잠재적 침잠의 상태와 같은 것이다. 일견 작가가 이루는 서사는 고요한 실제를 의미하지만, 그것은 창조를 위한 적요이며 새롭게 채워지기를 기다리는 능동적인 언어를 위한 여백과 다르지 않다. 이런 전제하에서 정태헌의 문학을 조감해 본다면, 그가 '섬세한 감성'에만 기댄 작가라는 순진한 독법은 이 작가의 작품을 오독할 위험마저 낳게 된다. 오히려 문학적 표현 배후에 있는 삶과 존재에 대한 작가의 인식을 염두에 두고 작품을 읽는다면, 그는 닫힌 일상의 원에 갇혀 있는 것이 아니라 부조리와 혼돈의 세상에 대한 저항의 모습을 보이기까지 한다. 그래서 그의 작품에 등장하는 화자는 척박한 지상의 땅에서의 삶을 슬퍼하고 이 암울한 현실을 비애의 시선으로 응시할 수밖에 없다.

실제로 『낮고 높은 풍경』에 실린 많은 작품은 작가의 삶에 대한 쓸쓸함과 고단함을 반어적으로 토로하고 있다. 그 속에는 삶에 대한 방황의 흔적과 낯설고 황량한 세계에 던져진 주체의 모습이 여실히 드러나고 있다. 작품 속의 화자는 "부서지는 물꽃과 파도 소리, 간간히 빗금을 그으며 날아가는 물새들, 아득한 수평선"을 바라보며(「바다를 바라보며」) 뿌리를 잃은 채 표랑하는 존재의 몸짓과 표정을 살피거나, "세월의 무늬들, 암암하고 애뜻한 것들일지언정 그래도 사금파리처럼 반짝이는 생의 조각들"(「미루나무 풍경」) 속에서 타자와 절연된 채 삶의 고뇌를 되새기고 있다. 예컨대 그의 작품에서 유난히 노을이 지는 황혼 무렵의 시간이 많이 등장하는 것과 이 시간에 화자의 깊은 성찰과 각성이 이루어지는 것도 이와 무관하지 않다. 황혼과 노을의 시간은 빛이 소멸하고 어둠이 생성되는 시간이다. 날이 저물고 어둠이 다가오면 밝음 속에 있던 모든 사물과 존재가 현존재를 상실하게 된다. 그러면 낮의 몰락 속에서 의미 없는 모든 것이 새로운 의미를 지니고 복원하기 시작한다. 작가에게 삶은 끝없는 생성과 소멸이 반복되는 순환의 연속이다. 저무는 하늘가를 바라보면 되살아나는 '어떡허냐'라는 어머니 목소리(「말씀의 혼」), 저물녘의 난취(爛醉)인 노을과 함께 나누는 목선과의 교감(「속살 엿보기」), 노을 지는 겨울 바다에서 끝과 시작의 의미에 대한 깨달음(「한겨울 밤의 꿈」)은 모두 노을과 해 질 녘에 이루어진다.

작가 정태헌에게 글쓰기는 "생의 고갱이를 엿보기"(「작가의 말」) 위한 기나긴 여정이다. 다만 작가는 그것을 망각하고 살아가는 대다수 사람과는 달리 그러한 사실을 민감하게 인식하고 있으며 생에 대한 깊은 사색을 통하여 역으로 그곳에서 삶의 의미를 찾고자 한다.

2.

작가는 일상의 삶과 초월의 삶 사이의 경계를 넘나들며 '낮고 높은 풍경' 사이를 바라본다. 그의 작품은 일차적으로 일상의 삶에 대한 성찰에서 출발한다. 그러나 그의 문학 세계 안에서 일상에 대한 성찰은 고정된 감각과 사유로부터 일탈하려는 몸짓으로 나타나며 더 나아가 새로운 삶을 자각하려는 의지의 산물로 읽힌다. 일상에 대한 관찰이 일상적인 맥락에서 벗어나 더 '높은 풍경'을 바라볼 때, 문학은 언어라는 날개를 달고 높은 곳으로 날아가 기존의 관념을 전복시킨다. 그리하여 수필집 『낮고 높은 풍경』에서 작가는 우리에게 일상의 의미가 확장되는 다양한 순간들을 목도케 한다.

정태헌이 포착하고 있는 일상의 사소함은 작가의 상상력과 정서를 관통하면서 하나의 '문학적 사건'들로 재생된다. 그가 작품을 이끌어가고 있는 '삶'이라는 동력은 작품의 깊이를 획득하며 사유의 더 넓은 지점으로 나아가게 되며, 이는 흡사 롤랑 바르트의 철학적 개념을 빌어 이야기하면 마치 스투디움stúdĭum의 가운데 푼크툼punctum을 발견하는 것과 같다. 사물과 대상은 작가의 자각된 의식 안으로 들어올 때야 비로소 의미 있는 타자가 된다. 들뢰즈에게는 사물과의 의미 있는 열린 '마주침'을 이룰 때 진정한 타자가 나타나듯이, 푼크툼은 일반적인 이해 방식이 아닌 작가의 취향이나 경험, 무의식 등과 연결해서 순간적으로 강렬하게 다가오는 각성을 이루게 된다.

　정태헌의 문학 세계는 '욕망과 절제' 혹은 '실존과 부재'라는 두 길항의 경계를 부단히 넘나든다. 무릇 작가는 삶의 현실이 주는 여러 갈등과 제약을 넘어서기 위해 끊임없이 모색하며 각성을 이루고자 하는 존재이다. 이 욕망은 주어진 삶의 한계 앞에서 좌절하거나 절망하는 대신 스스로를 극복하고 승화시킨다. 작가에게 세상은 거부의 대상이 아니라 절제와 함께 내재화해야 할 숙명 같은 곳이다. 그리하여 작가는 이 혼돈의 삶을 헤쳐 가기 위한 해결책으로 끊임없이 세상에 말을 건다. 정태헌의 언어는 로고스의 세계, 즉 생의 질서를 만들기 위한 것으로 바쳐진다. "그저 낮은 곳에서 우리 곁에 머물러 실용과 심미와 이별의 옷을 입고 있을 따름"인 손수건, "집게에 물린 저 유정한 것들이 세상을 건너는 바람에 하염없이 흔들리고 있"는 빨래(「나부끼는 생의 무늬」), "생의 도정에서 쉽사리 지나쳐 버린 삶의 여정과 풍경들이" 머물러 있는 간이역(「간이역 그 여정旅程」), "군만두를 먹으면서 하늘의 별을 바라볼 줄 아는 존재의 방법"을 위한 별과 군만두(「별과 군만두」)는 모두 생의 의미와 조건을 탐색하기 위한 작가의 '객관적 상관물objective correlative'들이다.

　우리가 생을 이끄는 에너지는 무엇일까. 작가는 계속해서 묻는다. "지향과 이상일까, 욕망과 목표일까, 애증과 관심일까, 아니면 이기일까 이타일까. 에로스일까 타나토스일까"(「생의 에너지」). 어느 한 가지 답하기 쉬운 것은 없다. 삶에의 지향과 이상, 일상적 욕망과 목표, 누군가에 대한 애증과 관심, 그로 인한 이기와 이타의 마음, 프로이트가 말하는 에로스(삶의 본능)와 타나토스(죽음의 본능) 사이의 경계에서 서성이며 갈등하고 번민하는 것이 인간이다. 그러한 과정에서 한 가지 분명한 사실은 우리가 일상의 삶에 대한 욕망과 목표 사이에서 고뇌하며 살아간다는 점이다.

　일상의 삶은 언제나 비루하지만 이보다 존엄한 것은 없다. 정태헌의 문학은 일상의 실존에 대한 깊은 통찰을 이루고자 한다. 「나부끼는 생의 무늬」 「생의 에너지」 「밥에 대한 성찰」에서 밥 한 그릇에 담긴 실존의 의미를 거듭 묻는다. 작가는 밥의 의미를 이렇게 말한다. "밥을 지어 다른 사람에게 먹이는 것처럼 복 받을 일이 또 있을까. 가족을 위하여 날마다 밥을 짓는 사람의 모습은 경건하고 숭고하다. 뿐이랴. 주린 사람의 배를 다순 밥으로 채워 주는 사람이야말로 참으로 이웃을 사랑하며 생명을 소중히 여기는 성스러운 사람이다."(「밥에 대한 성찰」). 삶에 있어서 밥은 곧 생명이며 사랑이다. 밥은 우리 삶의 욕망이며 목표이고, 에로스이며 타나토스이다.

　정태헌은 삶의 많은 부면에서 경계 넘나들기를 한다. 실존과 부재, 삶과 죽음, 도시와 자연, 특히 작가는 우리의 생존을 가능케 하는 자연과 자연 속의 만물에 대해 깊은 경외를 표명한다. "자연은 인간의 스승이다. 질서에 순응하고 이치에 어긋나지 않음이 자연의 섭리이다."(「시간이 빚은 황금 꽃」)고 여긴다. 그에게 자연 사물은 단순히 마음을 투영하는 대상이 아니다. 자연 사물과 깊이 있는 교감을 이룸으로써 지금과는 다른 존재와 다른 세계로 가는 길을 열게 된다. 또한 시간을 거스르지 않는 자연 이치로부터 삶의 이치를 배운다. 그리하여 "인내하는 사람이 짊어지는 것은 고통을 넘어선 무량한 시간이다. 인내한다는 것은 익을 때까지 기다린다는 의미를 함의한다. 참고 견디는 기다림이 없다면 완성을 기대하기란 난망하다."(「시간이 빚은 황금 꽃」)는 깨달음에 이르게 된다.

　이렇게 정태헌의 글쓰기에서 생성과 소멸이라는 경계 넘기는 주체와 대상이 만나는 순간을 찾기 위해 진정한 소통의 가능성을 찾는 모험이라고 할 수 있다. 우리는 늘 경계에 서 있다. 하나의 삶은 언제나 또 다른 삶과 연결되어 있다. 삶과 문학은 고통과 기쁨, 절망과 희망, 삶과 죽음의 이편과 저편에 있지만, 정태헌은 어느 한쪽에 머물러 있고자 하지 않는다. 그는 무엇보다도 완성에 대한 갈망에 목말라하면서도 이 지상에서의 삶을 포기한 채 저세상으로 선뜻 월경越境하려 하지 않는다. 작가는 삶과 다르지 않은 죽음이나 죽음과 다르지 않은 삶을 응시하며 진짜 삶의 모습을 탐문한다. 삶과 죽음이 다르지 않은 것이라고 인식하는 작가의 시선은 인생과 세상에 대한 진정한 희망과 사랑을 찾고자 하는 태도라고 할 것이다.

3.

정태헌의 글쓰기에서는 한편으로 일상으로부터의 탈출을 꿈꾸면서도 다른 한편으로는 세상과의 내밀한 통정이 이루어지고 있다. 세상으로부터 벗어나 고요와 관조의 삶을 꿈꾸는가 하면 세상을 떠나지 못하고 삶의 현실을 바라보며 이 비극적인 세상을 슬퍼한다. 그러면서 이 어둠과 삭막한 세상에서 그가 끝내 소망하는 것은 희망과 사랑이다. "삶을 진실하게 이끌어주는 유일한 수단이자 근원은 사랑"(「산사山寺 유심留心」)이라거나 "기다림은 희망의 씨앗이 자라나는 시간"(「희망이 자라나는 시간」)이라는 언명은 작가의 인식을 잘 말해주는 것이다. 이런 작가의 인식은 「사랑의 방정식」, 「동철씨 부부의 두 수레바퀴」에서 잘 나타나듯이 많은 인간관계와 세상을 밝게 해주는 마지막 불씨와 같은 것이다.

이 암울한 묵시록적 삶의 상황 속에서 우리에게 희망마저 없다면 어떻게 살아갈 수 있을 것인가. 한나 아렌트는 '어둠의 시대'에서도 희망의 빛을 놓치지 않는 한, 우리의 삶은 영위될 수 있다고 했다. 슬픔과 고통의 세상을 넘어설 수 있다는 희망이 있어야 이 세상에는 마침내 기쁨과 행복이 도래할 수 있다. 작가는 말한다. "세상은 다 좋은 일만 없듯이 늘 아프고 슬픈 인생도 없다. 아픔이 쌓이면 고통이 되고 고통이 길어지면 슬픔이 되겠지만, 그 슬픔이 익어 향기가 배면 외려 기쁨이 될 수 있을 터이다. 고통과 기쁨의 통합이 바로 행복이다"(「낮고 높은 풍경」).

삶이 어둡고 막막할수록 그에 대한 초월적 관심은 새로운 전망으로 우리를 이끌며 행복에의 염원으로 나타나게 된다. 희망은 잃어버린 행복의 시간을 내일이면 재현할 수 있다는 가능성을 의미한다. 또한 현실의 저편에 대한 희망과 동경은 아름다운 어느 시절을 소망하는 것이며 그러한 시간을 위한 약속을 의미하는 것이기도 하다. 정태헌의 수필을 읽는 시간은 희망 없는 세상에서 희망과 행복을 찾는 소중한 체험의 시간이다.

에피스테메episteme의 글쓰기 혹은 존재의 무게
- 최선욱의 수필 세계

> 한 언어의 문법적 경향은 그 언어에서 표명될 수 있는
> 선험적 여건에 의해 결정된다.
> — 미셸 푸코

1. 에피스테메의 글쓰기, 글쓰기의 천형天刑

작가들이 보여주는 다양한 의식과 존재의 방식은 그 자체가 하나의 개인적·사회적 담론 양식이라 할 수 있다. 글쓰기를 위한 노력이란 복잡다단한 현대적 삶을 지배해 온 인식론적 틀과 무의식의 원리를 발견해 내려는 지적 모험이기 때문이다. 따라서 작가들의 지적 모험의 정도와 그 문학의 수준과 지평의 정도는 비례한다고 할 수 있으며, 그들의 은폐된 세계에 담긴 인식과 무의식의 원리를 드러내기 위한 작가 의식에 대한 탐구가 더욱 깊게 이루어져야 할 것은 당연한 일이다. 여

기서의 작가 의식이란 작가들이 인식하고 생산해야 하는 '에피스테메', 즉 작가로서 필연적으로 지녀야 할 지식과 자질이라고 할 수 있다. 프랑스 철학자 미셸 푸코가 제기한 철학적 개념에 의하면, 어느 시대의 사람과 사회이든 그들이 생산하는 에피스테메의 의미를 인식하고, 그러한 인식과 지식의 '범위'에 의해서 동시대의 삶과 문화는 제대로 꽃피울 수 있게 된다.

에피스테메란 그리스어로 '지식' 혹은 '인식'이라는 뜻을 지니면서 세상과 사물을 올바르게 분별하고 판단하여 아는 것이다. 지식은 아는 작용보다도 이미 알고 있는 성과를 주로 가리키는 데 반해, 인식은 성과와 함께 아는 작용을 동시에 포함하는 의미를 갖는다. 말하자면 인식은 보편적이고 타당한 지식의 획득 과정 전체를 의미한다. 인간은 인식 과정을 통하여 인생과 세상에 대한 깨달음을 이루게 되고 그 성과에 기초하여 세계를 변화시킨다.

인식론은 고대 그리스 시대의 플라톤과 아리스토텔레스의 사상에 의해 표면화되고 근대 철학에서 더욱 정교하게 철학적 사유로 자리 잡게 되었다. 플라톤은 우리가 보고 듣고 만질 수 있고 변화하며 생성하는 현실 세계는 가짜이고 불완전한 '의견doxa'에 불과한 것이지만, 참지식은 그런 것이 아니다. 변화하고 생성하는 세계가 아닌 지성의 눈으로 볼 수 있는 이데아의 세계가 중요한 본질이며, 이 이데아의 세계를 관조할 수 있는 참지식을 에피스테메로 보았다. 참된 실재는 오직 그것이 지각기관이라고 할 수 있는 지성에만 열려 있다. 그것은 바로 사유하는 존재에 의한 것이며, 이로 인해 존재의 무게는 새롭게 열릴 수 있다고 주장한다.

이러할 때, 에피스테메는 우리들의 글쓰기에 대한 보다 높은 차원의 대위적對位的 상상과 인식의 지평을 새롭게 열어주는 개념이라 할 수 있다. 특히 삶의 발견으로서의 산문 형식이라 할 수 있는 수필 문학은 인생과 세상에 대한 진지한 감각과 내적 평정으로서의 글쓰기를 해야 한다. 문학적 글쓰기의 가장 중요한 태도는 일차적으로 삶과 세상을 바라보는 진지한 태도에 의한 것이다. 진지함이 담긴 문학 텍스트는 바로 글쓰기에 대한, 삶과 세상에 대한 작가의 '진정성'에서 우러나오는 것이라 할 수 있다. 따라서 진정성이 모자라는 텍스트는 인생과 세상을 보는 시선이 충분히 깊고 넓은 것이 될 수 없음을 의미한다.

최선욱의 수필을 읽으면서 우리가 받게 되는 지배적인 인상은 글쓰기에 대한 작가의 진지한 태도이다. 작가의 이런 태도는 『나·비·섬』의 「작가의 말」에서 이미 잘 나타난다. 작가는 자신에게 다가온 '수필'이라는 문학을 뒤늦게 찾아온 애인과 같다고 한다. "저에게 수필은 느지막이 만난 애인입니다. 애인은 자나깨나 머릿속에서 삽니다. 불현듯 사로잡힌 한 단어에서, 평범한 일상 속에서 또는 특별한 경험에서 때때로 가슴을 울리는 세미한 소리를 듣습니다. 이 소리들이 아우성이 될 때까지 혼돈 속에서 탄생할 애인을 기다립니다." 나아가 자신에게 수필의 의미가 무엇인지를 이렇게 설명한다.

> 소용돌이치는 이 아우성의 정체가 드러날 즈음, 부속품들이 제자리를 잡기 시작합니다. 소재를 주제에 접붙이고, 토막글들을 가로 세로 짜맞추어 글탑의 공간을 채우는 재료로 씁니다. 갈수록 첫사랑 때만큼 글탑 세우는 일에 집중하지 못하고 다른 일에 기웃기웃 해찰하곤 합니다. 아마 글샘이 마른 탓도 있고 수필에 대한 열정이 식은 탓도 있겠지요. 애인과 정분나지 않으려면 이젠 뜨거운 사랑보다는 곰삭은 사랑으로 오래 끌고 가야 할 것 같습니다.
>
> 삶에도 만만한 날이 없듯이 글도 쓸수록 어렵다는 걸 깨달아 갑니다. 어차피 다작多作을 못할 능력이라면 '양보다 질을 높이자.'는 다짐

을 해봅니다. 이것은 게으름과 미욱함을 덮을 수 있는 그럴듯한 명분
이 되니까요.

―「작가의 말」에서

수필과의 뜨겁고도 곰삭은 사랑을 다짐하고 있지만, 더욱 중요한 것은 독자와의 '진정'을 담은 만남을 위한 다짐이다. "독자와 진정을 나누고 싶습니다. 독자의 끄덕임을 상상하며 감동적인 글, 혼이 담긴 글을 쓰고 싶습니다."(「작가의 말」) 이것이 자신의 글쓰기 과제라고 밝히고 있다. 최선욱이 보여주는 글쓰기에 대한 진지한 태도는 우리 시대의 삶과 문학의 경박함에 비추어 볼 때 뜻깊은 의의를 가진다. 이런 글쓰기에 대한 진정한 태도야말로 작가로서의 에피스테메를 선취하기 위한 고뇌라고 할 수 있다. 사실, 모든 글쓰기란 천형의 작업이라고 봐도 무리가 아니다. 이 세상과 인생의 고통과 슬픔을 나의 것으로 관조하면서 이루어지는 글쓰기는 신화 속 아틀라스와 같이 무겁고 힘든 짐을 지고 살아가는 자의 그것과 다르지 않다. 삶과 세상에 대한 서사의 재현을 위한 의지, 이를 이루어내야 하지만 쉽게 성취할 수 없는 열패감, 절대적이고 지고한 글쓰기로부터 추방당했다는 원죄 의식은 작가가 감당해야 할 일생의 업보이며 천형이다. 최선욱의 글쓰기는 이같은 원죄 의식과 마주 서 있다.

2. 대상을 바라보는 인식 태도와 글쓰기의 진정성

세상에 존재하는 모든 사물과 대상들은 그 자체의 소리와 형태와 색채를 지니고 있다. 이들은 저마다의 독자적이고 감각적인 개별성을 지닌다. 일상적 관점으로는 이러한 대상에 대해 일반적이고 보편적인

성격을 인식할 뿐이지만 미적 인식은 그것이 제공하는 개별성과 특수성을 가지게 된다. 미적 인식은 과학적 지식이 제공하는 객관적이거나 보편적 개념으로서 파악하는 데 그치지 않는다. 문학은 그 대상을 완전히 자유롭게 존재하도록 버려두면서 그로부터 새로운 인식과 사색으로 다른 모습을 그려내게 된다. 작가는 언제나 외적 삶의 현상에서 내적 현상을 바라보고, 그 반대의 경우를 통하여 삶의 새로운 비의秘意를 들추어내어야 하는 존재이다. 표현을 달리하면, 작가들은 바라보는 하나의 풍경 속에서 지속적이고 연속적인 것을, 타자에게서 자아를, 닫힌 시간과 공간 속에서 열린 것들을 인식하고 사색해 내어서 새로운 삶의 현상을 보여주어야 한다.

이를테면 『나·비·섬』에서 작가는 바닷가에서 듣는 몽돌 소리를 통하여 인생과 세상의 소리를 듣는다. "여느 해변에서 들어보지 못한 결 고운 소리다. 몽돌들의 아우성이거나 돌멩이들의 마찰음이라면 분명 둔탁한 소리가 나야 하는데 그게 아니다. 다가갈수록 비파 소리보다 더 기막히게 보드라운 소리다." 여기서 무엇보다 돋보이는 것은 "인간들이 풀이할 수 없는 물분자들의 신비로운 속삭임"을 작가가 들어내고 있다는 사실이다. 이는 사물을 보는 작가의 진정한 인식의 태도에 의해 가능한 것이며, 이는 곧 글쓰기를 위한 진지한 관찰과 사색에 의한 것이다.

> 해변을 무참히 훑고 사라지는 파도, 집채만 한 바윗덩이조차 삼켜버리는 파도 앞에 몽돌, 이 작은 것들이 무슨 항변인들 할 수 있으랴. 억겁의 세월을 물살에 쓸려 사는 몽돌은 제 운명에 순응하면서도 때론 속울음을 물 밖으로 품어내고도 싶었을 것이다. 그러나 절벽에서, 갯바위에서 떨어져 나올 때의 아픔을 떠올릴 겨를도 없이 돌멩이는 굴러야만 한다. 물과 뭍의 경계선에서 돌멩이가 제자리를 잡기도 전에 또

다시 거칠게 할퀴는 파도에 휩쓸려 정신을 잃는다. 차라리 물의 흐름에 제 몸을 맡겨버림이 오히려 덜 고통스럽다는 것을 몽돌은 이미 알고 있을 것이다. 항명을 포기하고 제 운명을 아름다운 고통으로 받아들일 때 울퉁불퉁 돌덩이는 모난 곳이 깎여지기 시작했으리라.
―「몽돌 해변에서 만난 소리」에서

 작가의 귀를 사로잡는 '몽돌 해변에서 만난 소리'를 통하여 작가는 구체적 삶의 고통과 직면하게 된다. 바다 한구석에서 흔들리고 있는 몽돌이 주는 슬픔은 우리네 삶의 세계의 신열과 같은 슬픔으로 병치하게 된다. 그러면서 "억겁의 세월을 물살에 쓸려 사는 몽돌은 제 운명에 순응하면서도 때론 속울음을 물 밖으로 품어내고도 싶"은 몽돌의 운명과 함께 작가의 삶의 고통을 들여다보는 시선은 선명히 대비된다. 물과 뭍의 경계선에서 떠돌아다니는 돌멩이를 응시하는 작가의 표정 속에서 우리가 주목할 것은 삶의 세계의 광막한 슬픔의 배후지를 꿰뚫는 시선이다. 자명한 자연 질서에 의해 운용되는 세계의 움직임을 감지해 내고 그 세계에 은폐되어 있는 삶의 세세한 현상들을 예민하게 들여다 보는 작가는 이 두 세계에 대한 다른 인식을 이루고 있다. 이는 눈앞에서 보이는 현상을 통하여 눈에 보이지 않는 실재를 읽어내며 그 존재의 본질을 바라보고자 하는 것이다. 이것은 바로 일상의 소소한 영역으로부터 삶의 큰 의미를 현상해 내고자 하는 작가의 태도를 말한다.

 한 작가가 이처럼 보편적 자연 질서의 세계에서 몽돌이 "제 운명을 아름다운 고통으로 받아들일 때" 작가는 그의 상상력을 통하여 삶과 존재에 대한 새로운 인식을 이루게 된다. 수필가는 존재와 존재 너머의 초월이 어떻게 가능한가를 서사적 언술과 플롯을 통해 보여주어야 하는 사람이다. 인간과 세상의 모습을 보여주기 위한 탐구는 곧 인생과 세계에 대한 끊임없는 사색과 명상적 태도를 통하여 가능할 것이고, 그럼으로써 수필은 더 높은 품격의 텍스트로 기능할 수 있다. 다시 한번 최선욱의 문학적 미덕은 눈앞에서 보이는 현실적 대상을 통하여 보이지 않는 지평에 존재하는 사물과 대상의 근원을 투사해 내고자 하는 눈을 간직하고 있다는 사실이다. 이러한 사실은 그의 작품「나・비・섬」에서 보다 구체적으로 확인된다.

작가는 이 작품에서 만남을 통하여 떠남의 의미를, 죽음을 통하여 삶의 의미를 인식한다. 피붙이같이 지냈던 친구들이 하나둘 자신의 곁을 떠나는 것을 보면서 작가는 죽음은 삶의 끝이 아니라 존재의 확장으로 인식하고 있다. 그리하여 "영별永別이란 단어는 내 사전에는 존재하지 않는다는 믿음으로 살고 싶다. 친구 C, L, N의 떠남은 언젠가 나의 차례가 되면 다시 만날 기약 있는 이별이다."고 여긴다. 생각해 보면, 삶과 죽음의 세계는 공존하는 것이라 할 수 있다. 모든 생명은 땅에서 태어난다. 땅 위에서 살아가다가 때가 되어 죽으면 다시 땅속에 묻힌다. 육신은 흙으로 물로 돌아가게 되고, 영혼은 허공 속으로 사라져 버리게 되는 것이다.

그래서 우리는 "정확한 시간이 적혀 있지 않을 뿐, 살아있는 우리는 모두 언젠가 떠날 기차표를 손에 쥔 채 대합실에서 서성이고 있는 사람들이다." 죽음이 존재하는 지하의 세계와 활기찬 생명력이 넘치는 대지는 서로 다른 존재가 아니라 시간의 변화에 따라 바뀌는 다른 모습일 뿐이기 때문이다. 죽음이란 살아있는 사람에게는 '삶'을 지탱하는 또 다른 존재의 모습이라는 인식을 지니고 있기 때문에「나・비・섬」에서 삶과 죽음은 공존하고 있다. 이런 태도를 통하여 작가는 삶에 대한 새로운 인식을 이루게 된다.

마실수록 갈증나는 바닷물처럼 인간의 탐욕은 채우려 할수록 허기지는 법이다. 또한 절제 없이 그 욕망을 따라가다 보면 어느새 교만해지기 쉬운 존재가 인간이다. 이순耳順이 넘은 지금이 방향 전환할 절호의 기회다. 지금까지의 삶은 채우고 넓히거나 모으고 쌓는 일에 치중하였다면, 이제 남은 날 동안에는 나누고 비우고 섬기는 삶을 살고 싶다. 기도한 대로 마음먹은 대로 다 이루어지진 않겠지만, 나누다 보면 비워지고 비우다 보면 섬기는 자가 되기를 지향하고자 함이다. 이것을 줄여서 나·비·섬이라 명명하고 내 마음에 주문呪文을 걸어본다. 받는 기쁨보다 나누는 기쁨을 누릴 나이가 되었다고. 아낌없이 다 내어주고 나비처럼 가볍게 떠날 준비를 해야 할 때라고.

— 「나·비·섬」에서

 지금까지의 삶이 탐욕과 교만으로 채우고 넓히고 모으는 데 치중하였다면, 이제 남은 날 동안에는 나누고 비우고 섬기는 삶을 살고 싶다고 다짐한다. 이것을 '나·비·섬'이라 명명하면서 "받는 기쁨보다 나누는 기쁨을 누릴 나이가 되었다고. 아낌없이 다 내어주고 나비처럼 가볍게 떠날 준비를 해야 할 때라고." 여긴다. 이 작품에서 우리가 무엇보다 주목할 것은 삶과 죽음을 넘어서 자기 삶에 대한 진지한 새로운 인식을 이루는 작가의 에피스테메의 태도이다.
 서두에서 이야기한 대로 작가가 만들어 낸 문학 텍스트는 세상을 인식하는 삶과 세계에 대한 태도를 반영한다. 작가는 자신이 바라본 대상을 풍경으로 전환하고, 그곳에 초대받은 독자들도 그 진실과 아름다움에 감응하게 된다. 이런 풍경을 통하여 내면을 정성스레 돌보는 글쓰기 주체 역시 진정하고 아름다운 것이 된다. 이처럼 아름답고 진정한 글쓰기는 글쓰기 주체인 '나'와 타자가 하나가 되면서 새로운 존재론적 인식을 이루어 가게 된다.

3. 존재의 가벼움과 무거움

모든 문학 장르는 인간 존재에 내재된 서로 다른 정념과 욕망을 반영하는 예술 양식이라 할 수 있다. 특히 소설이나 수필과 같은 서사문학은 이야기를 통하여 자신의 의식과 사상을 표현하는 문학 장르이다. 서사 문학 장르에서 이루어지는 삶의 이야기는 긴장과 갈등의 극적 상황을 재구성하게 된다. 따라서 문학 텍스트에는 인간의 서로 다른 욕망이 깃들어 있어서, 한 편의 문학 텍스트를 읽는 것은 작품을 대상으로 삼아 작가의 욕망을 이해하는 일이며, 이는 곧 인간 이해의 길이기도 하다. 특히 수필 문학은 문자 텍스트를 통해 인간과 삶의 세계를 사유한다. 텍스트를 통해 삶과 세상을 사유하는 것을 본질로 하는 수필 쓰기와 읽기의 과정은 작가와 독자에게 텍스트가 놓여 있는 존재 안팎의 자리를 사유하게 한다. 그렇기 때문에 수필은 존재가 향유할 수 있는 가장 자유로운 체험을 글로 담아내고 체험하게 하는 장르이다.

최선욱 수필은 자신의 삶의 체험을 통하여 존재의 모습을 읽고자 하는 노력으로 가득하다. 이는 곧 자아의 모습에 대한 진지한 인식과 성찰을 통하여 이루어진다.

> 어쩌면 인생이란, 가면을 적절히 바꿔 쓰고 살아가면서 진정한 자아를 찾아가는 과정이라 할 수 있다. 불교 용어 '훈습薰習'의 의미처럼 좋은 향을 품어 스며들고 배어들게 하다 보면 가면과 내가 어느새 한살처럼 닮아져 있는 날이 오지 않을까?
> 내 생애 끝에 누군가 내 가면을 벗겼을 때, 가면과 내가 너무 동떨어진 모습이 아니었으면 좋겠다. 타인에게 보이는 나와 참 나 사이의 간극, 그 거리 좁히기는 인생 수행을 위한 평생 과업이려니.
> ─ 「천사의 가면」에서

작가는 인생이란 진정한 자아의 모습을 찾아가는 과정이라고 이야기한다. 그래서 우리는 "타인에게 보이는 나와 참 나 사이의 간극, 그 거리 좁히기는 인생 수행을 위한 평생 과업"이 되어야 한다고 말한다. 그러나 물화된 현실을 부유해야 하는 글쓰기 주체들에게 진정성의 부재를 넘어서 참된 자아를 찾는 일은 그리 쉬운 일이 아니다. 장르를 불문하고 현대문학의 두드러진 특징의 하나는 글쓰기 주체로서의 '나'의 존재를 찾는 일이다. 그러나 글쓰기 주체로서의 '나'는 혼돈과 분열을 표현하는 존재가 되었다. 복잡하고 다원화된 삶의 공간에서 글쓰기 주체는 은폐되고 억압된 존재가 되고 말았다. 모순되고 분열된 현실에서 삶을 영위해야 하는 작가에게 글쓰기를 통한 진정한 존재의 모습을 찾는 것은 당위인지도 모른다.

이런 의미에서 글쓰기는 자기 자신을 타자화하는 작업이다. 지난 일을 되돌아보고, 미래를 계획할 때 우리는 자아 성찰을 이룰 수 있다. 그러나 인스턴트 메시지가 난무하는 SNS나 채팅 앱 등에서 '타자화 과정'은 일어나지 않듯이, 일상과 글쓰기 과정에서 타자는 추방되고 만다. 우리의 일상적 삶은 더욱 투명해졌을지 모르지만, 그로 인해 명상의 시간은 갈수록 소멸하고 있다. 혼자만의 진지한 사색과 성찰의 시간이 없어져 간다는 것은 타자와 세상에 대한 '환대'의 마음이 사라지는 것을 의미한다(한병철, 『투명사회』). 타자를 타자로 인정하는 것이 환대라고 할 수 있다면, 너와 나의 다름을 구분 짓는 일종의 선 긋기가 아니라 서로에 대한 배려와 공감이 새로운 인간과 사회를 만들 수 있을 것이다. 이런 의미에서 「흑마늘처럼」은 우리에게 많은 것을 생각게 하는 작품이다.

독한 마늘이 보드랍고 달큰한 흑마늘이 되는 데는 특별한 요령과

솜씨가 필요치 않다. 단지 필요한 것은 온기뿐이다. 입안을 얼얼하게 하는 생마늘이 부드러운 흑마늘로 변신하기까지 보온의 시간이 필요했듯이 동생에게도 그를 둘러싼 사람들의 온기가 필요하다. 인내와 배려와 관용의 온기가 모아져 그의 가슴에 전달되어야만 돌처럼 단단해진 응어리가 흑마늘처럼 말랑해질 것이다. 그 온기로 깊은 상처가 아물고 새살이 돋는 날, 타인을 향한 동생의 눈빛도 순해지고 자존감이 회복되리라. 따스한 사랑만이 치료약이다.
― 「흑마늘처럼」에서

작품은 맵고 아린 생마늘이 어떻게 흑마늘이 되어서 주변을 이롭게 하는가를 보여준다. 작가는 마늘의 맵고 독한 기운도 '온기' 하나로 사라지고, 숙성되어 향기까지 더해져 새로운 모습으로 변하게 된다는 사실을 상기하면서 이를 동생의 삶의 모습으로 환치한다. 작품에서 작가는 분노의 삶을 살아가는 동생이 '흑마늘처럼' 긴 고통의 시간을 이겨내고 자신과 타자를 새로운 눈으로 인식하기를 소망한다. 독한 마늘이 온기를 받아 환골탈태한 것처럼 동생에게도 '타자를 위한 환대의 마음'이 생겨 긍정적 삶의 태도가 나타나기를 바란다. 이런 작가의 마음은 일차적으로 동생에 대한 배려와 포용의 감정에서 출발하는 것이지만, 더 나아가 진정한 인간관계란 타자의 삶을 배려하고 이해하는 사랑과 공감을 통해서 인간 존재의 무게를 새롭게 해준다는 삶의 메시지를 우리에게 주고 있다.

사랑은 언제나 서로 다름에 대한 이해와 공감을 전제로 한다. 나 자신의 다름은 물론 타자의 다름을 인정하는 것이 사랑의 전제이다. 다른 사람이 우리와 다르게 대립 되는 방식으로 살아가고 있다는 것을 이해하고 그것을 받아들이는 것에서 사랑은 출발한다. 대립하는 것들을 기쁨으로 연결하려면 사랑은 서로의 대립을 반대하거나 부정해서는 안 된다. 진정한 사랑이란 서로 뒤섞을 수 없는 이원성을 전제로 해야 한다. 이런 이원성에 대한 인정이야말로 자신과 타자를 위한 존재의 모습을 새롭게 부여하게 된다. 인내와 배려와 관용의 온기가 모아져 동생의 가슴에 전달되어야만 돌처럼 단단해진 응어리가 흑마늘처럼 말랑해질 것이고, 그 온기로 깊은 상처가 아물고 새살이 돋는 날이 올 것이다. 그때에야 타인을 향한 동생의 눈빛도 순해지고 그는 새로운 존재로 다시 나타나게 될 것이라는 작가는 생각한다. 사랑은 세상을 타자의 시선으로 새롭게 창조하고 익숙한 것에서 벗어날 수 있게 해준다. 사랑은 전적으로 한 존재를 다른 존재로 거듭나게 하는 사건이다(레비나스). 「흑마늘처럼」에서 "따스한 사랑만이 치료약이다."라는 언명은 이런 작가의 감정을 한마디로 요약해주면서 우리에게 존재의 의미를 새롭게 인식하게 한다.

4. 맺는말

인간이 자기 존재의 운명을 사색하고 인식한다는 것은 궁극적으로 더 나은 삶의 길을 모색하는 일이다. 더 나은 생존과 발전의 길이 보이지 않게 되면 인간은 좌절하고 절망하게 된다. 모든 창조 활동을 평가하는 가장 중요한 기준은 세계를 바라보는 정신적 인식과 사유의 지평을 넓히는 데 있다고 할 수 있다. 마찬가지로 문학도 인간과 세계를 더 높은 차원으로 이끌어가기 위한 인식의 과정을 보여주는 것이라고 할 수 있다.

최선욱 수필에서 이루어지는 사색과 인식은 바로 인간과 세계가 이루어야 할 더 높은 정신적 성취에 대한 진정성 있는 고민이라는 점에서 깊은 의미를 지닌다. 문학적 진정성은 몇 마디의 단일한 언표로 규정하기 힘든 다양한 의미가 담긴 개념이지만 세상과 삶에 대한 보다 고귀하고 진실한 미적 가치를 구현할 수 있는 인식임이 분명하다. 이런 의미에서 수필 문학이 표출해야 하는 인식을 위한 의미 구조는 현상에 안주하지 않는 '부정적 사유'(하이데거)를 통해 끝없이 갱신되어야 한다. 언제나 그렇듯 인간 존재가 자신에게 은닉된 채로 다가오는 존재의 진리를 향해 자신을 마주 던지지 않는 한, 존재는 새로운 무게를 지닐 수 없기 때문이다. 창조적인 글쓰기를 꿈꾸는 작가일수록 문학이 지향하는 최대의 가치란 바로 존재의 무게에 대한 고민이어야 한다. 이것이야말로 문학적 에피스테메의 인식과 전망을 위한 노력이 될 것이다.

여태 우리가 읽은바 최소한 최선욱의 수필은 한곳에 머물러 있지 않고 무언가 새로운 것을 탐색하기 위해 고뇌하고 있다는 점에서 에피스테메의 인식과 전망을 추구하고 있다고 할 수 있다. 수필집 『나·비·섬』은 삶에 대한 성찰, 인간에 대한 이해, 자신을 둘러싼 세계에 대한 견고한 사유를 구축해 낸 결과물이다. 그녀의 글은 삶에 대해 일정한 거리를 두고 지긋이 바라보는 진지함과 일상에 대한 예민한 촉수를 보여주면서도 자기 갱신의 노력을 잃지 않고 있다. 그래서 '일상성에의 침몰', '무재현의 세계' 등으로 폄하되며 지루한 동어반복의 위기에 빠져 있는 우리 수필 문학 속에서 최선욱이라는 작가의 존재는 새로운 가능성으로 느껴진다. 앞으로 계속되는 창작 활동을 통해 더욱 전망 있는 에피스테메의 글쓰기를 하는 모습을 지켜볼 수 있길 기대한다.

인간과 역사 이해의 열린 지평
- 이은화의 『철학으로 풀어보는 내 맘대로 세계사』 읽기

> 인간은 내적 반성을 통해서가 아니라 역사 속에서 자신을 이해한다.
> 원래 우리는 역사 속에서 인간을 찾는다.
> – W. 딜타이

1. 머리말

수필가인 이은화 작가가 『철학으로 풀어보는 내 맘대로 세계사』라는 특이한 제목의 책을 상재한다. 이은화는 역사가나 철학자로서보다는 수필가로 활동한 사람이어서 이번 책은 여러 가지 의미에서 흥미롭다. 수필가로서 역사와 철학에 대한 폭넓은 지식과 식견을 지닌 것도 놀랄 일이거니와, 이 저술에서 동서양 역사를 아우르면서 그 속에 담긴 삶과 인간과 세상의 철학적 의미를 다양하게 밝히고 있다는 사실은 예사롭지 않다. 더욱이 단순히 이론적 사변적 철학의 관점에서 역

사 이해를 하는 것이 아니라 직접 발로 뛰어다니며 이룬 여행 체험을 바탕으로 이루어진 글들이어서 읽는 독자에게 더욱 실감 나게 다가온다.

수필가답게 유려한 문장으로 역사적 사실에 의미를 부여하거나 해석을 하고 있어서 책에 실린 한편 한편의 글은 역사소설을 읽듯 자연스레 읽히게 된다. 그러나 그의 저술의 성과가 단지 문학적 수사에만 힘입은 것은 아니다. 작가는 생생한 소재를 사실과 상상력을 동원하여 밝혀내고 그것을 분석하는 명석함과 통찰력을 보여주고 있다. 『철학으로 풀어보는 내 맘대로 세계사』에서 작가는 우리가 무심히 생각하는 여러 역사적 사실이 인간과 삶에 얼마나 큰 의미를 지니는가를 알려주고 있다. 이런 진술은 여태까지 우리가 대수롭지 않게 생각하던 역사적 사실에 대해 새삼스레 주의를 환기케 하는 동기가 되게 하며 아울러 이런 역사적 사실에 담긴 철학적 의미를 사색하게 하는데 커다란 의미를 제공한다.

『철학으로 풀어보는 내 맘대로 세계사』는 우리가 평소에 망각한 역사적 사실들을 소환해서 아득한 과거로부터 현재로 우리를 이끌어 간다. 그리하여 비틀거리다가 일어서고, 길을 잃었다가 다시 찾아내며 오늘날까지 살아온 역사적 과거와 앞으로 살아갈 미래를 예견한다. 동시에 우리는 역사를 통하여 인간으로서 자랑스럽게 여길 일과 부끄러워해야 할 일을 알 수 있게 된다. 그러면서도 작가는 역사 발전의 합법칙성에 따라 사회 변화나 발전을 지나치게 진보적 관점에서 사유하는 것은 아니며, 그렇다고 전통적인 것을 옹호하거나 유지하고자 하는 보수적 역사관에 안주하는 것도 아니다.

그에게 중요한 것은 인간과 역사의 상동적 관계에 대한 참된 가치를 규명하고자 하는 태도이다. 말하자면 작가는 역사 속에서 인간과 삶의 의미를 철학적 관점에서 규명하고 더 나아가 인간에 대한 사랑과 신뢰를 바탕으로 내일에의 기대와 희망을 찾고자 한다. 그리하여 작가는 우리가 어떤 방법으로 역사에 대하여 사색하고 그에 대한 철학적 물음을 통하여 인간의 미래를 어떻게 구축해 나가야 할 것인가를 질문하고 있다. 이것은 곧 독일의 철학자 W. 딜타이가 말한 대로 역사 속에는 인간 정신의 총체성이 표현되어 있음을 말해주는 것이다. 다시 말해 인간은 역사의 관찰자인 동시에 역사적 산물이기 때문에 인간에게 역사의 인식이란 곧 자기인식의 매개체가 된다는 사실을 말해주는 것이라 하겠다. 이렇게 『철학으로 풀어보는 내 맘대로 세계사』에서 작가는 역사를 통하여 깊은 인간 이해를 이루고자 하고 있으며, 역사는 곧 인간을 바라보는 창이며 세상을 바라보는 열린 지평이다.

2. 역사와 신화 속에 명멸하는 인간

역사는 지난 시대가 남긴 기록물을 통하여 인류 사회의 변천과 흥망의 과정을 연구하는 학문이다. 더 나아가 역사는 인간이 경험한 과거의 사실이나 행위를 탐구하고 구성하는 서술이다. 이 속에는 당연히 인간이 거쳐온 삶의 모습이나 인간 행위로 일어난 사실이 포함된다. 이로 인해 역사라는 시간의 흐름 속에서 사람들이 겪은 일에서 중요한 일들, 그중에서도 후대에 쉽게 잊히지 않는 사건이나 사실이 내포되는 것은 당연한 일이다. 헤겔이 "세계 역사는 세계 법정이다"고 했듯이, 역사 속에는 모든 객관적 정신의 철학과 절대정신의 철학이 담겨있다. 역사가 '사실로서의 역사'와 '기록으로서의 역사'라는 두 가지 의미를 담고 있는 이유도 여기에 있다. 전자가 시간적으로 과거에서 현재에 이르기까지 일어났던 모든 과거의 사건을 의미하는 반면, 후자는 과거의 사실을 토대로 역사가가 이를 연구하여 주관적으로 재구성한 것이다. 결국 역사란 객관적 사실로서의 역사와 이를 토대로 역사가가 주관적으로 재구성한 역사의 두 측면을 포함한다.

『철학으로 풀어보는 내 맘대로 세계사』에서 작가는 역사의 본질은 변화하는 것이고, 인류가 말하는 역사학은 사람만이 변화를 주도하는 주체라고 말한다. 그런 의미에서 역사는 인류가 자율적 변화를 이루는 창의적인 변화라고 할 수 있다. 따라서 그러한 창조적 변화를 기록하고 기억하는 인간만이 역사를 갖는 것이고, 그래서 인간은 역사적인 존재라고 작가는 주장한다(「역사를 읽는 세 가지 방법—사람과 문명, 그리고 자유」). 이런 주장이 함축하고 있듯이, 작가가 주장하는 역사를 읽는 방식은 바로 인간에게 달려있고, 인간이 이룬 문명과 역사도 인간중심적으로 읽혀야 한다고 생각한다. 마찬가지로 작가는 역사와 함께 우리에게 흥미로운 이야기로 전해오는 신화도 인간의 이야기로 읽혀야 한다고 주장한다.

역사가 인간이 거쳐온 모습이나 인간의 행위로 일어난 사실을 말하는 것이라고 요약할 수 있다면, 신화는 오랜 옛날에 신들을 중심으로 하여 꾸며진 흥미로운 설화이거나 허구이며 우화이다. 물질문명의 발전과 더불어 사람들은 이야기의 홍수 속에서 살아간다. 날마다 여기저기서 갖가지 이야기가 쏟아진다. 자고 나면 사람들이 경쟁적으로 토해 낸 이야기가 TV와 인터넷을 뜨겁게 달군다. 이 세상과 인간의 모든 이야기의 원류이며 원형은 바로 신화에서 비롯된다고 할 수 있다. 비유컨대 신화는 인류의 어린 시절의 이야기이면서, 그 속에는 인류가 풀어낼 수 있는 모든 이야기의 씨앗이 담겨있다. 따라서 인간이 신화에 매달리는 것은 단순히 과거에 집착하는 것이 아니라, 직면한 현실의 삶을 제대로 이해하고 충실하게 살기 위함이라고 할 수 있다. 신화를 읽는 이은화의 독법讀法에서 우리가 무엇보다 주목할 것은 신화란 다름 아닌 "신의 옷을 입은 인간의 이야기"라는 관점이다. 작가는 신화를 다음과 같이 해석한다.

> 신화란 담론이다. 신화를 읽으며 진실이라고 믿는 이는 없을 것이다. 그러나 그러면서도 신화를 읽으며 머리를 끄덕이게 하는 사실에 대해서는 부정할 수 없다. 이렇게 신화는 허구적으로 이루어진 이야기라고 단정하기에는 어려운 과학적인 근거를 규명하는 진실성을 함께 내포하고 있는 것이다. 과학이 인간이 가진 문화와 세계에 대한 질서의 규명이라고 본다면 그것을 행하는 질서 규명의 주체는 분명 인간이다. 인간이 밝혀가는 것은 새로운 것의 발견이 아니다. 옛날부터 있어 온 자연의 섭리와 질서에 이름을 붙인 것이 과학이라는 이름으로 보편성을 인정받는 것이라고 생각된다. 그렇게 보면 신화란 신의 옷을 입은 인간의 이야기에 근거와 함께 타당성을 부여한 것은 아닐까.
> ─「신의 옷을 입은 이야기─그리스 로마 신화 속으로」에서

신화는 허구성과 진실성 사이의 경계에 놓여 있다. 그래서 작가는 『그리스 로마신화』의 신화를 찾는 이유도 이 경계를 허물기 위해서라고 말한다. "신화를 읽는다는 것은 신의 옷을 빌린 인간의 모습을 재발견하는 것이다. 신화가 신의 옷을 빌렸지만 결국은 인간의 세계를 조망하는 한 방법이며 인간세계를 뛰어넘는 현실에 대한 초월을 신화적 요소를 빌려 인간계에 정당성을 부여하는 것이다."(「신의 옷을 입은 이야기─그리스 로마 신화 속으로」)

이렇게 작가는 역사 속에서 인간을 찾고, 또한 신화 속에서 인간을 읽는다. 이런 인식은 그의 신화 속 인물들에 대한 이해에서도 잘 드러난다. 흔히 우리는 르네상스 시대에서 인본주의의 씨앗을 본다고 하지

만, 이미 고대 그리스 문화에서 인본주의의 발아를 보게 된다. 철학자 프로타고라스의 유명한 말처럼, 고대 그리스인들에게 '인간은 만물의 척도'였다. 인간에 대한 존중과 믿음의 정신이 강했기 때문에 그리스 신화의 신들에 인간의 모습을 투영하게 된 것이다. 그리스 신화의 신들은 한결같이 인간의 모습을 하고 있다. 그들은 인간처럼 질투하고 갈등하고 도둑질하고 간음한다. 그들은 인간의 원초적인 본성과 마주하며 인간의 원시적인 욕망을 그대로 보여 준다. 세계적인 신화학자 조지프 캠벨이 『천의 얼굴을 가진 영웅』에서 말한 대로 신화란 바로 인류의 집단 무의식의 소산이라 할 수 있다. 그래서 우리는 신화와 그 속의 인물들에게서 얼마나 역사적 사실이 입증되느냐 아니냐가 중요한 것이 아니라 그 속에 담긴 인간과 삶의 함의를 어떻게 재해석하고 재발견하는가 하는 것이 중요하다. 이은화의 신화 이해의 관점도 이런 맥락에서 이루어진다.

  그렇다면 신화는 이제 황당한 신의 이야기가 아니라 인간이 걸어온 삶의 역사이며 과학의 근간을 만들어 낸 고전이다. 우리가 지금 읽고 있는 고전이 인생의 변함없는 문제에 대한 많은 대안을 찾는 것과도 맥락이 닿아 있다. 그래서 신화 속의 사건과 인물들의 허구적 단초들 때문에 그 안에 담겨져 있는 역사적이고 상징적인 의미까지 묻어 버리는 오류를 범해서는 안 된다. 신화 속에서는 역사적 사실이 증명이 되느냐, 얼마나 사실적이냐보다 그 안에 숨어 있는 의미를 새롭게 재해석하고 재발견하는 것이 중요한 과제다. 신화가 살아 있는 역사로 환원되는 순간은 그렇게 온다.
      ― 「신의 옷을 입은 이야기-그리스 로마 신화 속으로」에서

신화 속에는 인간의 역사와 무관할 수 없는 정치적·문화적·사회

적 모습이 반영되어 있고, 그 텍스트는 비록 허구적이지만 그에 담긴 암시와 상징은 인간 삶의 진실성을 보여주는 것이기 때문에 신화 연구는 아직도 끝나지 않았다고 작가는 말하고 있다. 또한 고대 그리스 시대의 철학자들을 통한 인간 탐구를 위해 작가는 그리스 아테네의 아고라와 이탈리아 피렌체의 두오모를 다니면서 그리스 로마의 '사상思想과 사유思惟의 벨트'를 탐색한다. 그래서 '철학 역사의 이면 속으로' 들어가 소크라테스-플라톤-아리스토텔레스에 대한 평가와 인식을 새롭게 이루고자 한다.

　인류가 지금과 같은 자리에서 살아갈 수 있도록 도와준 것은 오래전 인간과 삶에 대하여 고민한 철학자와 사상가들의 독설과 궤변 덕분인지 모른다. 새로운 세상을 꿈꾸면서 그들이 인간의 문제에 대한 성찰과 고뇌가 있었기 때문에 우리의 삶은 가능할 수 있었을 것이다. 우리는 신화 속 인물들과 위인들의 삶 가운데에서 삶의 의미를 찾기도 하고 현재의 의미를 과거에 투영하기도 한다. 이것은 다시 조지프 캠벨의 말에 의하면, 일종의 '신화화 과정'이라고 할 수 있다. 우리가 신화 속에 각인된 공동의 기억 속으로 들어가야 할 이유도 여기에 있으며, 그럼으로써 '신화와 역사의 전이轉移'에 의해서 신화의 서사학은 '의미가 완성한 역사'를 이루게 될 수 있음을 작가는 역설하고 있다.

　신화와 역사의 전이 과정의 행간에서 작가가 던지는 무엇보다 중요한 질문은 인간의 삶을 어떻게 이루어갈 것인가 하는 문제의식이며, 이는 곧 인간의 미래상을 모색하는 질문과 다르지 않다. 이 질문은 역사에 대한 단순한 '탐구'를 넘어서 그 과정과 형성에 관련된 것이며, 이는 곧 역사의 과거가 아니라 그 현재와 미래를 위한 것이라 할 수 있다.

3. 동양문화와 서양문화를 보는 시각

두 차례의 세계대전을 겪고 더는 갈등과 대립의 삶의 구조로는 인류의 공생 공존을 추구할 수 없다는 인식이 일어나면서 사람들은 새로운 삶의 패러다임을 모색하게 되었다. 그 결과 그동안 영위되어온 국가나 민족 사이의 정치적 경제적 이데올로기에서 벗어나 공존의 삶을 모색하기 시작했다. 그것이 바로 현대적 의미에서의 새로운 문명 담론이라 할 수 있으며, 이는 근본적으로 서로 다른 문화에 대한 이해와 존중의 관점에서 출발한다.

『철학으로 풀어보는 내 맘대로 세계사』에서 역사와 문화에 대한 작가의 기본적 인식도 여기에서 크게 벗어나 있지 않다. 작가는 역사학에서 일정한 틀은 없어 보이지만 보이지 않는 더 많은 틀을 가진 자유로운 학문이어서 보는 방향과 생각의 틀에 따라 다양한 방향성을 지닐 수 있다고 주장한다. 일정한 목적과 다양한 접근성을 가지고 문화사를 수행시킬 수 있는 프리즘을 확보한다면, 그 안에서 역사는 더욱 다채롭고 풍요로운 모습을 보이게 된다는 것이다. 문화를 통하여 역사를 바라보는 관점을 작가는 다음과 같이 제시한다.

> 다양한 방향에서 다양한 방법으로 접근하는 문화사는 역사를 조명할 새로운 계기를 제공한다. 식민지와 전쟁과 분단의 경험이 생생한 상흔으로 남은 현실 속에서 역사를 회피하거나 무겁게 바라보는 경향은 시선의 탓만은 아니다. 하지만 기록한 경험이 무겁다고 그것을 읽어내는 방법까지 어두울 이유는 없다. 이제까지 전쟁을 통해 정치사를 남긴 시대를 바라보는 관점의 방향을 돌려, 시대를 풍미했던 문화와 시대를 아우르던 철학을 통해 본다면 다른 그림의 역사가 발견할 수 있기 때문이다.
> ─「문화사文化史─실크로드로 읽는 정치학」에서

문화사적 시각으로 다시 보는 역사 읽기는 정치사를 포함한 폭넓은 인식 속의 다양한 역사 해석을 가능케 할 것이라는 작가의 인식은 역사에 대한 폭넓은 관점에서 가능한 것이다. 서양문명에 대한 넓은 인식과 같이 이은화의 동양문명에 대한 통찰도 만만치 않다. 옛 도시 중국 시안을 통해 바라본 사회사는 오랜 정치적 힘의 논리로 점철된 밝지 않은 흔적의 역사이다. 그렇지만 정치와 사상적인 변화에 익숙한 시각에서 벗어나 사회적인 변화와 문화사에 대한 해석에 의미를 두면 다른 역사의 이면이 드러나기 마련이다. "역사 속에서 문화를 생산하는 사람들이 써 내려갈 문화사는 자유를 향해 갈 것이라 믿는다. 어떤 의미에서 자유란 진선미眞善美를 향한 최선의 의지 표현이어야" 한다는 작가의 시각은, 그야말로 역사란 그 속에 담긴 문화의 측면에서 재고되고 재구성될 때 당대 사람들이 추구했던 정치와 사회에 대한 진정한 의미도 이해될 수 있다는 것이다. 작가의 이런 관점은 영국의 문화비평가인 레이먼드 윌리엄스가 주장했던 '문화유물론Cultural Materialism', 즉 사회적 존재가 의식을 결정한다는 마르크스주의의 명제에서 출발하여 문화는 하나의 전 사회적 과정으로 이해해야 한다는 주장을 연상시킨다.

작가의 진술대로 서양과 동양의 사고는 관점과 양식 자체가 다르고, 동양철학과 서양철학이라는 이분법적인 구분이 나타나게 되는 이유도 여기에 있다. 실증주의적 논리적 사고를 중시하면서 기술 문명과 자연과학의 발전에 크게 기여한 서양의 세계관과 달리, 동양의 세계관은 유교와 불교, 도교처럼 중국을 비롯한 동아시아의 사상적 뿌리와 맥을 같이 한다. 서양적 사유와 동양적 사유가 교차하는 지점에 서 있는 우리들이 동서양 철학의 차이와 간극을 메우기 위해서는 무엇보다 객관적이고 편중되지 않는 시각을 지니는 것이 중요하다는 점을 작가는 강조한다.

　　장자의 문장을 해석하고 깨닫는 지적 쾌감은 소크라테스를 통한 사유의 자유에서 얻는 자각이 주는 기쁨과는 다르다. 단정할 수는 없지만 동양적 사유와 서양적 사유가 역동적으로 교차하는 지점에 서 있는 현대인들이 더 어려운 철학을 접하고 있는지도 모른다. 동서양 철학의 차이와 그 간극을 메울, 손쉽게 접할 텍스트가 많지 않다는 것이 아쉬울 수는 있으나 유기적으로 엮고자 하는 책들은 관심만 가지면 만날 수는 있다. 이 또한 지정학적으로 동서양 철학의 중심지가 아닌 제3세계에서, 객관적이고 편중되지 아니한 시각을 지닌 우리들에게 적합한 관심 분야일 수도 있다.
　　　　　－「아주 오래된 미래－중국 사상의 뿌리를 찾아서」에서

　중국 사상은 '아주 오래된 미래'로서의 뿌리를 가지고 있다. 그래서 중국 사상의 뿌리를 이루면서 공자와 맹자로 이어지는 제자백가는 바로 동양의 르네상스로서 이들이 주창한 도덕과 예절은 시대를 관통한 철학의 기초가 되었다. 춘추 전국시대의 무법천지에서도 그들이 기댈 것은 규범과 양심에 따라 서로 지켜야 할 예절이었고, 그로 인해 도덕적이고 윤리적인 규범을 확립했던 것이다. 중요한 것은 동양문화이든 서양문화이든 저마다의 특색에 맞게 올바른 문화적 인식은 타자와의 공동성을 이루면서 국가를 넘어서 인류공동체로 성장하게 될 수 있다는 사실이다. 그래서 작가는 예컨대 「묵은 질문－일본에게 역사를 묻다」에서 거시적인 안목으로 동북아시아의 진정한 평화는 일본의 진정성 있는 사과와 현실 인식이 먼저 되어야 하는 정치적 해결방법에 있음을 인식해야 한다고 주장하거나, 또한 「동토凍土를 가다－찾아 쓰는 역사의 뒤 페이지」에서는 100년 전 중앙아시아에서 이루어진 비극적인 역사는 다시 기술되어야 할 것을 강조하기도 한다. 더 나아가 「걸어 나온 과거-새로 읽는 오늘」에서 가야 제국과 크메르 제국의 무덤과 사원이 완성한 역사를 바라보면서 잃어버린 왕국의 역사는 새롭게 복원되어야 함을 강조한다.

이은화는 동서 문화의 실체와 가치에 대한 올바른 인식과 그것에 조화를 이룰 수 있는 구체적인 방법을 제시해야 한다는 사실에 주목하고 있다. 다시 말해 동서양 문물제도의 문화적 뿌리에 대한 인식, 즉 동서 문화의 근본적 이질성에 대한 인식을 통하여 이를 토대로 동서 문화의 조화 가능성을 찾고자 한다. 각각의 문화에 대한 특성과 그 문제점은 그것대로 지적하면서 시대의 변화에 따라 달라지는 문화와 역사에 대한 통시적 관점을 제시한다는 점에서 그의 문화론은 깊은 의의를 지닌다.

4. 질병의 역사와 인간의 위기

'코로나바이러스'라는 질병이 전 세계를 휩쓸고 있다. 정체불명의 질병이 전 세계로 퍼져가면서 사람들의 일상이 파괴되는 것은 물론 수많은 생명까지 위협받고 있다. '제2차 세계대전 이래 최대의 위기'라는 메르켈 독일 총리의 말대로 지금 코로나는 인류의 삶을 통째로 흔들고 세상의 역사를 바꾸는 전쟁이 되어 버렸다. 인류가 등장한 이후 그동안 나타난 수많은 질병은 꾸준히 인간을 괴롭혀 왔고 인류는 공포에 떨어왔다. 역사상 가장 오랜 질병의 역사인 고대 아테네의 전염병을 비롯해서 중세 말기 유럽 전역을 휩쓸었던 페스트는 질병이 가져온 인류의 재앙이었다.

최근에는 우리의 기억에도 생생한 '사스'나 '메르스'의 유행이 채 가

시기도 전에 코로나라는 알 수 없는 질병이 중국 무한으로부터 흘러들어왔다. 이런 질병들은 단순한 질병의 차원을 넘어 세계인들의 삶에 위기를 가져오는 복합적인 생존의 문제까지 초래하게 되었다. 앞으로 예측하기 힘든 "지구촌을 강타한 균菌의 습격"으로 인해 인류의 목숨을 건 생존 전쟁의 결과는 과연 누구의 승리로 끝이 날까. 지금 전 지구적으로 확산하고 있는 재앙의 바닥에는 과학기술 발전의 결과물인 인간의 교만과 욕망이 놓여 있다. 인간이 최고라는 인간중심주의적 극단적 교만과 이기심과 탐욕의 마음은 이 세상과 인간에 대한 사랑과 공감의 마음을 송두리째 앗아가 버렸다. 자연에 대하여 다른 생명체에 대하여 사랑과 공감의 마음이 사라지는 상황에서 지금과 같은 지구의 재앙은 당연한 현상인지 모른다. 작가의 진단도 이에 다르지 않다.

> 카오스의 혼돈 속을 지나면서 궁금해지는 포스트코로나19다. 전염병이 훑고 지나가는 나라마다 방향성은 종잡을 수 없고 저마다 내놓는 수가 다르다. 대한민국도 마음은 놓을 수 없지만 익숙하게 적응하며 견디고 있는 중이다. 코로나19가 바꿀 세계는 다소 비관적이다. 경제가 가져 올 파장을 떠나서라도 사회의 구조도 변화가 있을 것은 예측이 어렵지 않다. 다양한 선택지는 늘어나지만 백신 이상 모범답안이 없다. 백신이 나와도 코로나19발생 이전으로 돌아갈 수 없다는, 발목을 잡는 소식이 꼬리를 무는 지구촌이다.
> ―「21세기의 연금술鍊金術을 찾아서-철학의 위로-언어의 연금술」에서

세계 전체가 '재앙'이라고 표현할 수밖에 없는 비상상황에 처해 있지만, 아직 백신도 치료제도 대중화되지 못한 탓에 오직 '마스크'와 '사회적 거리두기'만이 그나마 유용한 대응책일 수밖에 없다. 그렇지만 작

가가 이야기하는 대로 "다양한 선택지는 늘어나지만 백신 이상 모범답안이 없다."는 것이 해결책일까. 코로나가 지나고 나면 이 지구상에는 더욱 강력한 바이러스가 창궐하고 인류에게는 상상하기 힘든 기후변화와 자연재해가 일어날 것으로 예견된다. 그야말로 여전히 밝혀야 하고 극복해야 할 질병이 많고, 이는 지구촌이 포기할 수 없는 생존의 문제로 이어질 것이기에 미래로 가는 길은 희망 없는 출구와 같이 보인다. 그러할 때 "바이러스 퇴치는 불가능한 일이 아니다. 해서 단순하게 확산 방정식에 매달리는 인공지능의 확률적 종말론 예언에 미리 주눅들 이유는 없다. 인류의 의지가 집중된 미래지향적인 집단지성과 과학기술의 힘을 믿고 극복가능성에 미래를 거는 것이 맞다."라는 작가의 진단은 유효한 것일까.

이번 코로나 사태는 언젠가 종료되는 날이 오겠지만, 새로운 바이러스들은 앞으로 더욱더 빈번히 창궐해서 지구를 재앙의 상태로 몰아넣을 것이다. 그때마다 과학의 힘이 모든 것을 해결해 줄 것인가. 이 사태의 근본적 원인으로 과학자들이 지목하는 현상, 즉 환경파괴와 기후변화의 영향으로 서식지를 잃은 야생동물들이 인간사회로 접근해올 확률은 매우 높고, 그러면 우리는 새로운 바이러스 때문에 계속된 위기상황에서 살아갈 수밖에 없을 것이다. 인간과 인간, 인간과 자연이 공존하는 마음을 가지지 못한다면 이 지구상에서 평화의 날이 오기란 불가능해 보인다. 한스 요나스의 주장대로 '책임의 원칙'을 통해 인간의 자연정복에 의한 생태학적 위기를 극복하고, 자연의 위기에 대하여 인간이 윤리적 책임을 지지 않는다면 이 지구상에 재앙은 반복해서 나타날 것이다.

자본주의를 위한 이론적 자양을 제공한 벤담의 공리주의는 '최대 다수의 최대행복'을 말한다. 그러나 공리주의의 본질은 개인의 인권이나 행복에는 관심이 없고 오히려 소수가 희생되어 많은 사람이 행복하다면 그것이 정의라고 가르친다. 벤담에게 공동체란 '허구의 집단'이며 그것을 구성하는 개인들의 총합으로 이루어진다. 빅토리아 시대 비평가이며 역사가인 토머스 칼라일이 공리주의를 비판했던 이유도 여기에 있다.

이런 관점에서 굳이 질병에 의해서가 아니더라도 미셸 푸코가 『감시와 처벌』에서 파놉티콘을 통하여, 그리고 영국 소설가 조지 오웰이 『1984』에서 빅브러더를 통하여 보여주었듯이, 자본주의와 과학기술의 끝없는 발전이 인간의 미래를 갈수록 암흑의 세계로 끌고 갈 것이 분명하다. 그렇다면 작가는 인간의 미래에 대한 희망의 해답을 어디에서 찾고 있을까.

5. 맺으며 – 역사와 철학의 경계를 넘어서

철학은 인간과 세계에 대한 근본 원리와 삶의 본질적 의미를 추적하고 연구하는 학문이라 할 수 있다. 문학도 이런 역할에서 예외일 수가 없다. 그러나 현대적 삶은 불확정성과 혼돈으로 치닫고 있다. 객관적 가치로서의 아름다움과 추함, 의미로서의 내용과 형식이 혼재되어 우리가 추구해야 할 진정한 삶과 존재의 의미가 무엇인지 알 수 없는 상황이다. 이처럼 현대의 위기를 해결하기 위해 우리는 새로운 인간과 삶을 위한 관점을 근본적으로 다시 수립할 필요가 있다.

앞서 우리가 살폈듯이, 『철학으로 풀어보는 내 맘대로 세계사』에서 작가는 역사와 철학의 경계를 넘나들면서 인간과 삶의 본질적 의미를 살피고자 하는 의도를 보였다. 그래서 작가는 플라톤 이래 서양의 상상력의 역사란 끊임없는 인간에 대한 억압에 대응하고 해방을 표현한

철학의 역사라고 주장한다. 그들은 아무리 힘들고 억압된 시대라 하더라도 더욱 더 깊은 사유와 고민이 담긴 언어로 시대를 알렸고, 그래서 어두운 시대에 인간 사유는 한층 깊어졌다. 그렇게 생각하는 사람인 '사피엔스 사피엔스'는 시대마다 다른 정신에 의해 규정되거나 배척받기도 했지만, 인류의 찬란한 문화와 고고한 예술을 위한 상상력을 추동해 왔다.

이은화는 인간의 미래는 철학과 문학 같은 인문적 상상력과 사유에 달려 있음을 거듭 주장한다. "박제된 과거를 되살리는 것도 철학적 사유였고, 역사적 상황과 철학이 엇박자를 놓으면서도 진보하고 발달해 올 수 있었던 힘의 원천은 시대를 아파하고 깊게 사유한 상상력이었다."고 말한다. 역사에 길을 만들어 주고 인간이 새로운 길로 나아갈 수 있게 한 것은 바로 철학과 문학의 상상력의 힘이라는 것이다. 『철학으로 풀어보는 내 맘대로 세계사』는 역사에 함의된 철학과 문학의 상상력과 그 의미야말로 갈수록 힘들어가는 인간 삶의 마지막 보루임을 실증적으로 보여주는 뜻깊은 작업이라 하지 않을 수 없다.

새로운 세계 질서에의 꿈
- 김종민의 수필 세계

1. 언어의 질서, 세계의 질서

세계는 이야기로 구성되어 있고 이야기로 진행된다. 그렇다는 것은 세상살이가 언어와 같은 질서를 지니고 있다는 말이기도 하다. 그리하여 세계는 역사를 만들고 철학을 만들고 문학을 만든다. 세계가 언어의 질서를 지니고 진행되는 한, 그것은 문학적 담론의 대상이다. 문학적 담론을 하는 작가란 세계의 의미와 양상을 면밀히 검토하고 그것을 언어로 표현하고자 한다. 그러한 검토와 표현의 과정에서 문학이 탄생한다. 모든 문학 텍스트는 작가가 바라보는 세계에 대한 사고의 결과물이다. 인간현실에 착종하고 있는 언어의 주체는 무엇인가. 그것은 주어진 세계 현실을 언어로 옮긴 정신이다. 그런 의미에서 작가는 원래 세계를 넘어서서 또 다른 세계를 만드는 사람이며, 세계의 의미와 주체로서의 자아를 담지하는 언어를 만들어 내는 사람들이다. 그들에 의해 만들어지는 언어는 하나의 질서를 만들어 내게 되고 그것은 곧 세계의 질서가 되기도 한다.

김종민 수필집 『내 마음에 핀 민들레』에는 우리 수필계에서 흔히 보는 수필들과 달리 세계와 삶의 질서, 그리고 언어의 질서에 대하여 깊은 우려와 고민을 드러내고 있는 작품으로 가득하다. 이러한 작가의 인식은 세계와 삶의 현실에 대한 깊은 '전망perspective'을 지니고 있기 때문에 가능한 일이다. 문학에서 전망이란 무엇인가. 문학적 서술 행위는 언어적 기표의 제시이지만, 이는 곧 역사나 현실의 알레고리적 재현이다. 말을 바꾸면, 작가의 중요한 임무의 하나는 역사와 현실의 모습과 문제점을 진단하고 묘사해내는 것이고, 그럼으로써 억압되고 매장되었던 현실을 텍스트의 표면으로 복원시켜 그 사회 역사적 의미를 다시 회복하고자 하는 것이다.

일견 김종민의 작품을 읽으면 그의 문학은 다분히 비참여적이고 탈이념적인 성격을 지니고 있는 듯하다. 더욱이 "문학이 어떤 목적의 수단이나 방편이 되어서는 곤란하다는 것을 늘 새기고 있다." 라거나 "문학이 사회적 기능에 발을 들여놓게 된다면 끝내 이념에 각색되어 그 도구로 전락하게 되는 것은 불을 보듯 뻔한 일이다. 문학이 문학 운동의 영역을 벗어나 특정한 이념의 수단으로 참여하는 것을 경계하고 있다."(「나의 문학관」)라는 작가의 발언을 보면 더욱 그러하다. 그러나 문학에서 참여란 작가의 관념 주체가 삶의 현실에 대해 적극적인 관심과 긴장으로 맞서는 것에서 출발한다. 이런 점에서 김종민의 많은 작품은 삶에 내재하는 현실에 대한 긴장감을 잠시도 멈추지 않으면서 이를 부정의 계기로 삼으면서 자기인식의 정합으로 나아가고 있다는 사실은 다분히 참여적이다.

특히 자신의 문학이 삶을 위한 것이어야 하고, "삶의 궤적을 그려가는 피할 수 없는 노정"이며 "문학은 이 걸음을 함께 하는 벗이며 언제나 오염된 삶을 씻어 주며 더 높은 경지로 안내한다. 힘들면서도 현실 속의 비현실적인 이 여정을 포기할 수 없는 것"(「나의 문학관」)이라는 그의 문학관은 다분히 현실 참여적이다. 참여적이든 아니든 김종민의 수필을 읽으면서 우리가 무엇보다 주목하게 되는 것은 그가 문학적 언어와 현실의 상관관계를 선지적으로 인식하기 위해 노력하는 사람이라는 사실이다. 그래서 「작가의 말」 「나의 시 나의 삶」 「나의 문학관」 「글이 곧 사람이고 인품이다」와 같은 작품에서, 자신의 삶과 문학은 동일한 지향성을 지니고 있다는 사실을 토로하면서 이런 문학관을 우연이 아니라 숙명으로 받아들이고 있다고 말한다.

> 내 삶의 지향성이 문학과 맥을 같이 하고 있음은 어쩔 수 없다. 나는 미지의 세계에 대한 그리움을 지니고 있고 그곳으로 통하는 외로운 과정이다. 그러나 포기할 수 있는 노선이 아니다. 나의 삶의 궤적을 그려가는 피할 수 없는 노정이다. 이 길은 홀로 더욱 순수해진다. 문학은 이 걸음을 함께 하는 벗이며 언제나 오염된 삶을 씻어 주며 더 높은 경지로 안내한다. 힘들면서도 현실 속의 비현실적인 이 여정을 포기할 수 없는 것이다.
> ―「나의 문학관」에서

작가가 문학을 통하여 "힘들면서도 현실 속의 비현실적인 이 여정을 포기할 수 없는 것"은 이 세계와 현실의 질서를 바꾸고자 하는 꿈을 꾸고 있기 때문이다. 그러할 때 작가에 의해 이루어지는 언어를 위한 시간은 곧 세계를 새롭게 만드는데 바쳐지는 시간이기도 하다. 또한 우리의 삶을 위한 궁극적 공동체의 꿈을 상기시키고, 소외된 개인과 혼미한 역사와의 화해를 도모하는 것이 문학의 진정한 역할이기도 하다. 이런 의미에서 문학이라는 행위는 인간과 세계의 올바른 진화 과정과 질서를 구축하기 위한 노정에 서 있는 것이라고 해도 지나치지 않다.

또한 그러할 때 문학이란 언어를 기호 삼아 인간의 최종심급으로서의 신념과 행위의 어떤 규칙을 발견코자 노력하는 기호 행위의 일종이라고 말할 수 있다. 김종민의 내부에서 아우성치는 언어는 때때로 삶을 들끓게 하며 삶을 간섭하게 하고, 또한 "생으로 저벅이는 언어들을 나는 고요히 품을 것"(「작가의 말」)이라는 발언은 언어에 대한 작가의 애정을 여실히 보여주는 것이다. 김종민의 작품은 언어에 대한 헌신을 통하여 삶과 세계의 현실에 대한 문제점과 그에 대면하고자 하는 작가 의식을 발현시키고 있다.

2. 참여적 언어 예술로서의 수필 문학

동일한 산문 양식인 소설과 달리 수필 문학은 작가의 사유가 무엇보다 직접적으로 드러나는 것을 특성으로 한다. 모든 문학에서 미학적 실천 과정으로 작가의 사유가 담겨야 하는 것은 당연한 현상이지만, 수필은 다른 문학 장르보다 작가의 사색과 감정이 더욱 분명하게 드러나는 텍스트임이 분명하다. 특히 참여적인 언어 예술로서의 수필 문학은 감상자들에게 현실적 삶의 모습을 전달함으로써, 독자에게 삶의 모습을 선취하는 경험을 제공한다. 그럼으로써 수필은 현실을 부정하거나 현실에 적극적으로 개입하기도 한다. 이 경우 수필 작가는 현실에 나타나는 현상에 대해 더욱 분명한 세계관과 가치관의 표명을 요구받게 된다. 예컨대 김종민의 수필 「남도 여행」의 한 대목을 읽어보자.

어여쁜 꽃이 폈다고 따뜻한 봄이 왔다고 말을 하기에는 우리가 살고 있는 이 땅이 아직은 춥고 배가 고픕니다. 이라크 전쟁에다 북한 핵 문제며 대구 지하철 참사까지 겹쳐 나라 안팎이 어수선합니다. 이럴 때일수록 천 년 전 운주사 석공들과 팔십 년대 광주 시민들을 떠올립니다.

봄은 기다리는 사람에게 그냥 공짜로 오는 법이 아니지요. 아프게 앓고 슬프게 참고 피 흘리면서 싸운 사람들에게만 오는 것임을 새삼 깨닫습니다. 들녘에 향불 사르는 연기처럼 아지랑이가 어른거립니다. 아지랑이 속으로 당신이 환하게 웃음 짓고 달려오는 모습이 보입니다. 종묘 공원과 광화문, 시청 앞을 바쁘게 뛰어다니며 반전과 평화를 위해 싸우는 당신 모습도 함께 말입니다.

―「남도 여행」에서

문학은 공동체의 사고와 정서에 의해 조직되기 때문에 언어 예술로서의 문학은 현실적일 수밖에 없다. 「남도 여행」에서 잘 묘사되고 있듯이 우리 삶의 현실은 조용할 날이 없다. 시간이 지난 사건들이지만, 이라크 전쟁에다 북한 핵 문제며 대구 지하철 참사까지 겹쳐 나라 안팎이 어수선하다. 이런 현실을 알리기 위해 종묘 공원과 광화문, 시청 앞을 뛰어다니며 반전과 평화를 위해 싸우는 사람들이 바쁘다. 인간 세상에는 언제면 봄이 오려는지, 봄이 온다면 "아프게 앓고 슬프게 참고 피 흘리면서 싸운 사람들에게만 오는 것"인지 알 수가 없다. 김종민의 현실적 사유에서 발견되는 인식은 다분히 관념과 실재라는 상반된 세계의 현실성이다. 관념의 세계와 실재의 세계라고 지칭할 수 있는 두 개의 세계가 있다고 할 때, 김종민이 말하는 현실이란 어느 하나의 세계에 국한되지 않고 두 세계 모두를 포괄한다. 관념의 예술로서의 문학은 현실 내재적 사유를 포함하지만 동시에 문학은 현실에 맞서고자 하는 상상력과 함께 탄생한 예술이므로 항상 현실 부정적인 성격을 지닌다.

　이런 세계관에 의하면, 문학은 비극적인 이율배반의 운명을 지닐 수밖에 없다. 우리는 이 세상에서 모두 다른 직업과 신분, 다른 나이와 경력에 따라 다른 모습으로 살아가게 된다. 그래서 "어떤 높낮이도 허용하지 않는 바다 같고 강 같은, 물과 같은 세상"(「남도 여행」)은 존재하지 않는 것인지 모른다. 이런 세상에서일수록 작가는 공사판에서 만난(「스승 김인권 반장」) 같은 사람을 사랑하게 된다. "수평과 수직을 정확하게 보는 법/무엇보다 사람 좋아하고 사랑하는 법/평생을 막노동판에서 일하다 결국/그 무대에서 쓰러진 행복하고 불행한 사람"(「나의 시 나의 삶」) 이야말로 작가가 사랑하는 사람이고 이 세상에서 필요한 사람이다. 그렇지만 오늘날 우리는 '회전문'과 같이 정신없이 돌아가는 세상에서 살고 있다.

　　모든 일이 너무 정신없이 빨리 돌아간다. 때로는 삶의 궤도를 좀 느슨하게 늦추고 싶어도 돌고 도는 유리문 앞에서처럼 현기증과 당혹감이 들 때도 많다. 언젠가는 회전문에 떠밀리듯이 세상의 한 편으로 밀려나 버릴지도 모른다는 생각이 든다. 자동차로 내달리고 에스컬레이터에 두 발을 올린 채 그렇게 딴 겨를이 없이 서두르지 않아도 목적하는 곳에 도착할 것이다.
　　회전문 앞에 설 때면 나는 이 세상에서 내가 차지하고 있는 공간에 대한 불확실성을 첨예하게 느끼곤 한다.
　　　　　　　　　　　　　　　　　　　　　　　　－「회전문」에서

　작가에 의해 '회전문'으로 표상되는 이 세상에서 좋은 세상을 만들고 지탱하는 데 가장 중요한 일의 하나는 우리가 어떤 세상에서 살아가는

가를 제대로 읽어내는 일이라 할 수 있다. 자신이 살아가는 세계에 대한 자각은 이야기를 만들고 이들이 문학이다. 문학에는 인간의 선과 악, 꿈과 욕망, 사랑과 배반이라는 차이에 대한 존중과 그것들을 확장하는 이야기들로 가득 차 있다. 그것들을 연결해주는 상상력의 힘은 곧 언어 능력의 고도화이며, 문학의 존재 이유이기도 하다. 작가는 이 시끄럽고 어지러운 세상에서 힘들수록 마음을 가다듬고 한 발짝 뒤로 물러서서 관조하며 살아가는 여유가 필요함을 강조한다. 이는 흡사 "눈 오는 날이 이런 차분함이 되살아나는 날입니다. 잠시 힘에 겨운 삶의 굴레를 벗고 꿈의 나래를 펴기에 좋은 날입니다. 그 염원은 이루어지지 않더라도 좋습니다. 소원을 품은 자체로 행복하기 때문입니다."(「눈오는 날」)라고 힘주어 말한다.

이런 의미에서 김종민의 수필은 다분히 역사철학적 성격을 지닌다. 그는 삶의 혼돈과 정신적 궁핍의 현실 속에서 개인과 집단의 삶의 흐름을 유기적으로 연결시키는 방법으로 우리 시대의 상실을 극복하고자 한다. 이는 곧 문학의 힘을 통하여 시대의 어려움을 인식하고 극복하는 수단이라고 여기는 것이다. 이런 의미에서 김종민의 수필은 문학이 어떻게 이 시대에 잘못된 삶의 모습을 극복하는 대안일 수 있는가에 대한 진지하고 신념 어린 질문을 계속 던진다. 작가는 현대적 삶이 지닌 '공간에 대한 불확실성'을 극복하기 위한 방편으로 무엇보다 현대인들이 지닌 소외와 고립을 극복하기 위한 공동체 의식을 강조한다.

3. 개인과 집단을 위한 공동체적 상상력

앞서 우리는 언어는 집단의 사고와 정서에 의해 조직된 '관념'이기 때문에 문학 언어는 현실에 참여적일 수밖에 없다는 점을 이야기했다.

마찬가지로 문학 작품을 쓴다는 것은 작가의 인식을 통한 현실과 언어와의 싸움이라는 측면이 강하다. 작가의 언어 행위 자체가 공동체의 효용을 위한 도구이기 때문에 언어를 선택하여 문학 행위를 하는 작가는 이미 공동체의 현실에 긴밀히 참여하는 것이다. 따라서 문학이 언어의 예술이기 때문에 문학이 공동체의 사고를 담고 있음은 당연하다고 할 수 있다.

이미 이야기했듯이, 김종민은 언어를 통해 문학과 현실을 결부시키고자 한다. 그의 지적 관심은 문학에만 국한되지 않았고 삶의 현실 전반으로 뻗어 나간다. 삶의 현실 속에서 자신의 사유를 전개하기 위한 뚜렷한 자의식을 지닌 것으로 보이는 김종민은 현대사회의 개인과 집단의 삶의 본질적 모습에 대한 깊은 인식을 보여주고 있다. 이를테면 오늘날의 삶에서 많은 사람이 가장 중요한 가치로 여겨지는 '소유'와 '편리함'에 대한 작가의 인식은 결코 예사롭지 않다.

> 소유물은 우리의 삶을 윤택하게 만들고 편안함을 줄 수 있는 정도면 족하다. 독일의 건축가 미스 반 데어 로에의 '적을수록 많다'는 말에서 짐작할 수 있듯이 적게 소유한 만큼 소유하지 않은 것을 얻을 기회를 갖는 것이다. 반대로 적게 소유하기 때문에 자기가 가진 것을 백 퍼센트 사용할 수 있는 더 많은 계기를 얻는 것이다. 편리는 편하고 이로우며 이용하기 쉬운 것을 의미한다. 편리한 물건은 동선을 최소화하고 작업 시간을 단축시키기 위해 필요한 것이다. 그런데 생각해 보면 작업할 때 동선을 극소화하기 위해서는 작업 공간을 단출하게 하면 되고 시간을 줄이기 위해서는 한 가지 작업에 집중할 수 있도록 잡동사니를 비워내 도구와 작업 과정을 단순하게 만들면 된다.
> ─「소유의 모순」에서

현대적 삶에서 사람들은 자신의 삶을 윤택하고 편리하게 만들기 위해서 더 많은 것을 소유해야 한다고 생각한다. 삶의 가장 중요한 미덕으로 여기는 편리함은 더 많은 도구를 이용함으로써 이루어진다고 여긴다. 그러나 우리에게 꼭 필요한 것만을 소유하여 삶을 누리는 태도가 무엇보다 필요하다고 작가는 생각한다. 게다가 간소한 생활을 하다 보면 살아가는 데 있어 반드시 필요한 물건은 생각보다 그렇게 많지 않은 것도 사실이다. 검소함과 비움의 미덕은 어느 사회의 누구에게나 변치 않은 소중한 진리이다. 기실 현대사회가 잘못되어가고 있는 것은 지나친 소유와 욕망 때문이라 할 수 있다.

그래서인지 우리는 들판에서 일하는 농부와 그들의 땀 흘리는 노동의 의미를 망각해가는 세상에 살고 있다. 세상의 많은 사람은 농부의 땀방울과 보람을 외면하고 너무 쉽게 무언가를 이루려 하고 땀 흘린 결과를 쉽게 보는 경향마저 있다. 그로 인해 세상은 일확천금의 그릇된 욕망으로 뒤엉켜 있기 일쑤이고 무엇이 값진 삶인가를 잊은 채 화려한 무지개를 잡고자 한다. 이런 풍조가 고쳐지지 않는다면 농부의 가을은 을씨년스럽고 붉은 사과가 퇴락해 보일 수밖에 없다(「땀과 바꾼 미소」). 농부의 땀과 보람을 통하여 작가는 공동체적 인식을 일구어낸다. 작가는 '공동체의 인식'과 '꿈꾸는 삶'이라는 두 개의 상반된 개념을 병치시킨다. 그러면서 사람들에게 오래된 과거를 상기시키고 미래를 기대하게 만드는 것이 문학의 역할이라고 강조한다. 원시적인 농촌 사회는 그러한 전형의 모습을 간직하고 있었다.

옛날의 농촌은 영원한 원시 지역이었다. 그 속에서 살았던 나의 소년 시절은 들녘에 서면 목동이었고 물에 들면 물개고 산기슭에 앉으면 토끼였다. 나는 산이 되었고 하늘이 나였으며 물도 나였다. 그곳에선 높은 지식이 다 무슨 소용이 있으랴. 태곳적부터 있어 온 자연뿐이었다.

한낮의 땡볕이 물러나고 강변에 산그늘이 드리워지면 나는 강 속에 선 작은 어부가 된다. 낚싯대를 들고 수면을 바라보고 있으면 손가락만한 피라미가 풀쩍풀쩍 뛰어오른다. 수면 위에 까닥거리는 파리를 붙잡기 위해서다. 그러나 파리가 아니다. 속임수로 만든 파리낚시다. 털 속에 날카로운 바늘이 숨어 있는 것을 모르는 고기들은 입이 꿰어지면 반사적으로 요동치며 허공에 몸을 드러낸다. 그때 나의 팔에는 감격의 몸서리가 일어난다. 그 쾌감은 온몸에 전율로 달리는 즐거움이다.
― 「웃고 뛰고 춤추는 계절」에서

　김종민은 어린 시절 시골에서의 자신의 체험이 흡사 원시 지역의 원초적 생활 양식이었던 것처럼 인식하며, 그 옛날 원시인들에게서 이런 삶이 이루어졌을 것이라고 추측해 본다. 그들과 동일한 삶을 살 수 있을 가능성은 없는 것이지만, 작가에게 원시인과 같은 삶을 살고 인식하고자 하는 상상력을 발현시킨다. 이렇게 작동하는 상상력은 현대적 인간은 다시는 원시인과 같은 삶으로 돌아갈 수 없다는 귀환 불능의 의식을 만든다. 새로운 삶의 가능성을 상상할 수 없었던 원시인에게는 세계가 완결돼 있었고 현실이라는 개념을 새롭게 사유하는 자체가 존재하지 못했다.
　현실 인식의 계기로서의 문학은 유토피아적 상상력을 꿈꾸며 원시시대를 상기시킨다. 현대는 분열의 시대이지만, 원시사회는 화해의 시대였다. 해소될 수 없을 만큼 갈등과 분열의 골이 깊어진 현대사회에서 다시 원시의 공동체적 삶을 상상하도록 이끄는 것이 문학의 역할이라고 작가는 생각하고 있다. 여태 인류가 쌓아온 문명을 버리고 원시로 회귀하자는 것은 아니지만, 최소한 원시적 삶의 모습을 통하여 우리의 현재와 미래를 새롭게 생각해보자는 것이 작가의 주장이다. 「말이산 고분」「잡초」「지금 그곳엔」「눈오는 날」「내 마음에 핀 민들레」

같은 작품에서 반복적으로 나타나는 자연에 대한 사랑과 꿈꾸는 유토피아적 삶에 대한 동경은 모두 "자연으로 돌아가기 위한 작업"의 의지라 할 수 있다. 자연에 대한 사랑의 눈으로 보면 길거리의 들풀 하나, 함부로 피어나는 잡초에게서도 "지구를 꾸미고 가꾸는 파수꾼이요, 가장 부지런한 생명의 일꾼"의 모습을 볼 수 있다.

> 뽑고 뽑아도 다시 돋아나는 풀, 잡초. 환경적 조건이 좋지 못한 곳에도 저희들끼리 뿌리내려 쑥쑥 자라나는 풀이다. 어떻게 보면 잡초는 고마운 존재인지도 모른다. 사람이 일부러 가꾸지 않아도 저절로 나서 자라 이 땅을 푸르게 만들어 주는 잡초야말로 지구를 꾸미고 가꾸는 파수꾼이요, 가장 부지런한 생명의 일꾼이라 할 수 있겠다.
> — 「잡초」에서

작가의 자연에 대한 관심과 자연을 사랑하는 마음은 생명의 소중함에 대한 인식을 통해서 극명하게 드러난다. 이 세상과 인간, 그리고 자연에 대한 작가의 사랑법은 그야말로 공동체적 삶의 가치를 소중하게 여기는 생태적 인식이라고 할 수 있다. 지금 우리에게 중요한 것은 문학 형식으로서의 수필이 아니라 이 세상과 자연에 대한 생태적 마음을 글쓰기로 표현해내는 것이다. 생태적 사고라는 것은 본질적으로 이 세상의 모든 생명을 하나의 동일한 가치로 보는 사고방식이라고 할 것이며, 세상과 자연의 모습과 그 생명성에 대한 폭넓은 사유라고 할 수 있다. 그렇다고 할 때, 삶에서와 마찬가지로 문학에서도 어린 시절 시골과 자연의 체험이 중시되고 그러한 정서적 경험이 글쓰기의 중심 내용을 이루어야 할 것이다. "눈을 감으면 온 마을 할머니도 할아버지도 새색시까지 돼지와 닭이며 강아지를 이고 지고 선착장에 서 있던 모습이 선연하다. 첫사랑처럼 이토록 가슴속에 간직되어 있다"(「지금 그곳엔」) 라는 고향과 자연과 생명을 사랑하는 푸른 생태적 마음이 없다면, 이 세상에서 문학의 존재 의미도 사라질 것임이 틀림없다.

김종민 글쓰기에서 생태적 인식은 공동체 사회로 나아가기 위한 이념을 근간으로 삼고 있으며, 이는 곧 우리 사회에서 사라져가는 공동체에 대한 그의 갈망을 반영하는 것이다. 지금 우리 시대의 문학은 이익 사회에 묶인 인간의 분열된 감성만을 반영하고 있다. 그래서 우리의 문학은 생태적 인식 속에서 공감과 사랑의 시간 속에서 공동체적 삶을 꿈꾸어야 할 시간이다. 자본주의 사회에 의해서 규정지어진 소외와 고립의 삶의 조건들을 넘어서서 아름다운 공동체의 삶을 이루고자 하는 노력 속에서 진정한 문학은 창조될 수 있다. 김종민의 문학은 그러한 노력에 가까이 다가서기 위한 노고로 충만하다.

4. 맺으며

좋은 작가의 작품은 자명한 사실에 의문과 반론을 제기함으로써 인식의 지평을 확장하고, 너와 나를 비롯한 우리 모두의 인간다운 삶을 새롭게 펼칠 수 있는 장場을 만들어 갈 수 있다. 김종민의 수필들은 개인과 집단의 삶을 성찰하여 존재의 확장성을 부단히 시도하고 있다. 더 나아가 공생의 윤리 위에 세계의 새로운 모습을 창조하고자 하는 의지로 가득 차 있다. 말하자면 김종민의 수필은 자신의 사유를 꾸준히 확장해 나가면서 깊이와 정합성을 확보하는 가운데 이루어질 인간 공동체를 지향하는 유토피아적 상상력으로 구성되어 있다. 김종민은 개인과 공동체의 화해와 평등한 공동사회의 꿈을 상기시키는 것이 진정한 문학의 역할이라고 여기고 있다. 삶의 희망을 위한 꿈이 사람들을 즐겁게 하고, 그 꿈을 실현하고자 하는 의지를 고무시킨다는 점에서 그의 문학은 현실적 효용을 지닌다.

김종민의 『내 마음에 핀 민들레』에 실린 많은 작품은 개인적 사고를 집단적 역사적 사유로 끌어올리고자 노력하고 있다는 점, 현대적 삶에서 야기된 인간 정체성 상실의 상황을 공동체적 상상력에 대한 열망으로 승화시키고자 한다는 점에서 문학적 가치가 돋보인다. 개인과 집단, 인간과 역사가 불화하는 오늘날과 같은 사회에서 삶의 현실에 대한 작가의 상상력은 두드러진다. 김종민의 수필은 우리 수필계에서 흔치 않게 개인과 공동체의 화해를 통하여 새로운 세계 질서에의 꿈을 열망하고 있다는 점에서 뜻깊은 문학적 의의를 지니고 있음에 틀림없다.

제 3 부

삶의 깊이, 문학의 깊이
존재와 부재의 현상학
눈물의 미학, 슬픔의 승화
생성과 소멸, 꽃으로 읽는 세상
몸 철학의 구현을 위한 삶과 글쓰기
영원의 모성성, 구원의 글쓰기
촛불 그리기, 인생 사랑하기

삶의 깊이, 문학의 깊이
― 오승휴의 수필 세계

1.

오승휴 선생이 네 번째 수필집 『하얀 숲속의 향연』을 출간한다. 그는 제주 지역은 물론 중앙 문단에서도 활발한 활동을 펼치고 있는 우리 수필계에서 결코 빠뜨릴 수 없는 원로 작가의 한 사람이다.

수필의 언어는 삶을 직접적으로 드러내면서 그것이 처한 시공간을 표현해냄으로써 제 기능을 수행한다. 말하자면 다른 문학 장르에 비해 수필은 삶과 문학의 관계를 가장 잘 드러내는 문학 양식이라고 할 수 있다. 오승휴 선생의 작품을 정독하다 보면, 그의 글은 삶과 문학이 공유되는 풍요로운 네트워크의 장場임을 생생하게 체험하게 된다. 여기서 삶이란 작가가 치열하게 살아온 구체적 현실로서의 아픔과 기쁨의 숨결을 고스란히 느낄 수 있는 공간이라 할 수 있다. 그리고 삶과 문학의 진정한 소통관계란 결국 작품을 매개로 이루어진 사람과 세상의 연관, 더 나아가 사람이 살아가는 삶의 국면들이 드러나고 사유 되는 과정이다. 영국의 평론가 매슈 아널드가 진정한 문학은 곧 '삶의 비평'(Criticism of Life)이라고 했던 이유도 여기에 있다.

그런 점에서 『하얀 숲속의 향연』에서 작가와 관련된 내력과 그를 둘러싼 다양한 사적 에피소드들은 생생하게 복기 되는 경이로운 삶의 기록들이다. 이들은 하나하나 작품의 내용으로 어우러짐으로써 그에게 삶은 곧 문학이며, 문학은 곧 삶이라는 자연스러운 혼효가 이루어지게 된다. 그리하여 오승휴의 작품에 대한 올바른 독해는 곧 삶에 대한 올바른 독법讀法을 구성해가면서 우리에게 삶과 문학은 무엇인가를 새삼 돌아보게 하는 계기를 제공한다. '삶'과 '문학'을 나란히 놓은 이 책의 마음은 결국 문학이란 다양한 삶의 관계들의 생태학임을, 그래서 문학 하는 일은 삶에 대한 깊은 사유를 통하여 존재의 충만을 이루는 것임을 다시금 생각하게 한다.

2.

오승휴의 수필들을 읽다 보면, 삶과 인간에 대한 속 깊은 사랑과 절실한 그리움의 정서를 발견하기란 어렵지 않다. 이는 인간이 인간다울 수 있는 것 혹은 인간을 인간답게 만들 수 있는 삶이 무엇일까에 대한 작가의 깊은 고뇌의 다른 표현이라 할 수 있다. 이것은 우리가 살아가는 척박한 삶의 현실 속에서 인간의 실체를 올바르게 바라보고자 하는 사유에서 우러나오는 것이다. 말을 바꾸면 작가의 이런 정서는 삶에 대한 깊은 원숙함과 깊이를 보여주는 것이라 할 것인데, 이런 작가의 태도는 이 책을 엮게 된 의도에서도 잘 드러난다.

포기할 수 없는 게 꿈과 희망이다. 기다림은 아픔을 동반한다. 그 아픔과 시련을 참고 이겨낼 수 있는 건 가족과 이웃, 벗들과 스승님의 사랑이 있어서다. 사랑은 바로 용기와 희망을 샘솟게 하는 원천이지 않은가. 희망을 잃지 않으면 햇볕은 찾아들게 마련이요, 삶은 늘 새로운 시작이라 했다. 인생길 가는 나의 모습이 시련에도 흔들림 없는 아름다운 모습이었으면 좋겠다.

— 「책머리에」에서

작가가 삶에서 가장 중요하게 여기는 덕목은 '꿈과 희망'에 대한 신뢰이다. 이 힘들고 어려운 시대에서 우리가 끝내 포기할 수 없는 것이 꿈과 희망이 아니고 무엇이겠는가. 이런 작가의 소망은 세상의 사물과 정경을 바라보는 태도에서도 잘 드러난다. 오승휴가 그려내는 세상의 풍경에는 중심과 주변, 혹은 안과 밖의 구별이 존재하지 않는 공존성이 자리한다. 이를테면 그는 삶과 존재를 계절의 변화 혹은 자연과 함께 인식하고 사유한다. 또한 그 속에 놓인 대상들은 거기에 있다는 것만으로 자신의 존재감을 확인받고 타자와 연결된다.

그리하여 작가는 아픔과 상처를 꿈과 희망으로 환치시키고 있다. 인간에게 "눈물은 기쁨과 슬픔 또는 아픔의 표현이요, 불만과 불안의 감정노출"이지만, "인간은 좌절과 시련과 고통의 나락으로부터 벗어나면, 다시 태어난 듯 그 삶이 새로워진다."는 신념에 차 있다. 그는 고통과 좌절의 현실에서도 절망하지 않고 타자와의 올바른 관계 맺음을 통하여 희망을 보며 사랑의 실천을 이루고자 한다. 이런 작가의 정신은 이 책의 표제작이기도 한 「하얀 숲속의 향연」에서도 잘 드러난다.

내리쬐는 따스한 햇볕이 마냥 좋은 걸까. 참새와 직박구리, 비둘기와 까치 등 숲속 새들이 몇씩 짝지어 짹짹 노래하며 이리저리 날아다난다. 하얀 눈 위로 그들의 사랑이 뜨겁게 물들어 가고 있다. 숲속의 잔치. 재잘대는 새들이여, 내게 말해다오. 연인끼리 깊은 사랑은 어떻게 나누는지, 주연은 누구인지 분간할 수가 없구나. 하얀 숲속의 향연을 찬탄치 않을 수 있으랴.

― 「하얀 숲속의 향연」에서

오승휴의 수필 전반에는 인간이 살아가며 통과하는 세상에 대한 깊은 관계의 사유가 녹아 있다. 작가가 바라보는 햇볕, 눈, 새, 나무는 모두 하얀 숲속에서 '향연'을 벌이고 있다. 자연 속에서 이들은 홀로 외롭게 경험하는 존재의 행적이 아니라 모두를 공동의 '우리'로 엮는 '관계의 사건'으로 그려진다. 인간의 삶은 결국 타자들과의 관계 속에서 이뤄지는 향연이며, 그 속에는 깊고 무한한 '사랑'의 가능성이 잠재돼 있다.

우리의 삶에서 희망과 사랑의 중요성에 대해 이의를 제기할 사람은 아무도 없을 것이다. 사랑의 중요성을 이야기는 것은 쉬운 일이지만 이를 실천하는 것은 힘든 일이다. 사랑의 기본적인 신뢰는 건강한 정신적인 성숙이나 깊이 있는 삶과 직결된다. 사랑은 자신의 전체적인 인격을 발달시키고자 노력하여 삶을 생산적인 방향으로 나아가게 한다. 그래서 많은 작가도 사랑은 삶에의 친화성이나 인간적인 성숙과 동일한 개념으로 사용했다. 오승휴 수필에서도 사람과 삶에 대한 끝없는 사랑의 표현이 다양하게 드러난다. 「어머니의 코신」「사랑의 편지」「그녀의 눈물」「친구야, 고마워」「보고픈 마음」「아, 여인아!」에서 잘 드러나듯이, 그 대상이 어머니이든 아내이든 친구이든 작가의 사랑의 표현은 끝이 없다.

오승휴는 끊임없이 타자의 모습을 통하여 자신을 단련시켜 나가고자 하며, 그럼으로써 보다 나은 새로운 삶을 꿈꾼다. 그래서 그의 작품에서는 흔히 타자를 위한 삶을 통해서 우리에게 희망의 메시지를 전달코자 한다. 작가가 타자와 교감하면서 함께 공감할 수 없다면 그에게 문학이 무슨 의미가 있을 것인가. 우리가 타인에 대해서 아는 것은 타인에 대한 배려와 공감의 마음에서 나오는 것이며, 이런 인식이야말로 세상과의 진정한 소통의 출발이 될 수 있다. 타인의 시선으로 타인을 배려하고 그와 같은 존재가 되어간다는 것은 타인에 의한 방식으로 그들과 소통하는 것을 의미하는 것이다. 그럼으로써 그는 보통 사람들의 눈으로 볼 수 없는 것을 보게 되고 타인과의 진정한 소통을 이룰 수 있는 존재가 된다.

프랑스의 철학자 E. 레비나스에 기대어 오승휴의 모습을 살피면, 작가는 타자와의 관계 맺음을 통하여 자신을 새로이 이루고자 한다. 타자와의 관계를 통하여 작가는 내면성의 정립 혹은 자기 정체성의 확립을 이루게 되고 윤리적 주체로서 다시 탄생하게 된다. 자신의 정체가 무엇인지를 제대로 알 수 없는 상태에서는 진정한 주체란 성립할 수 없다. 작가는 사물이나 사람들과의 소통과 교감을 통하여 더 큰 행복과 사랑을 이루고자 한다. 「친구야, 고마워」에서 잘 드러나듯이, 그는 친구와 칠 년 남짓 주말 산행을 계속하고 옛 생각이 나면 지금도 가끔 그 산길을 걷는다. 그러면서 그는 "생각하기도 싫은 우울증. 그 지긋한 어둠 속 병마에서 나를 구해준 아름다운 것들, 자연은 나를 품어주었고 산은 도닥이며 벗처럼 위로해 주었지. 좋은 친구가 있다는 건 축복이요 자랑이 아니던가."라는 깨달음을 얻는다. 그래서 그의 삶은 자신이 당면하게 되는 현실 세계와 인물들 속에서 자리 잡고 있는 타자를 위한 긍정적 삶의 노력으로 더욱 강화되고 결속된다. 더 나아가 주체의 존재 의미는 자신에서 타인에게로 그 중심을 이동하게 될 때 더 큰 의미로 다가온다.

오승휴 수필에 등장하는 다양한 존재들은 하나의 몸에서 여러 목소리를 내는 다정한 이웃들이다. 이들의 목소리는 안과 바깥, 나와 타자이지만 서로가 서로를 호출한다. 이들의 목소리는 서로를 거부하지 않고 그 자체로 유연하게 생동하며 찾아오는 메아리처럼 그의 문학의 몸이 된다. 이 몸의 정체는 바로 인간과 인간이 궁극적으로 닿는 곳, 바로 삶의 근거로 확보된다. 이것은 바로 작가의 깊고 열린 마음으로 삶과 세상을 바라보는 관점 때문이라 할 수 있다.

3.

좋은 문학작품은 삶에 대한 깊은 성찰과 인식에서 비롯된다. 특히 치열한 삶을 살아온 작가들의 작품에서는 세상과 사물에 대한 깊고 진지한 성찰이 담겨 있어 독자들을 감동시킨다. 작가의 지나온 삶의 모습이 역동적으로 작품 속에 담기게 됨으로써 삶의 체험은 더 새롭고 생명력 있는 언어로 재생산될 수 있는 것이다.

예컨대 「포기하지 않으리」에서 이런 작가의 모습은 여실히 드러난다. 작품에서 내소사 전나무 숲속에서 전나무와 감나무가 벌인 생존경쟁에 대한 작가의 상상력은 돋보인다. "감나무를 둘러싸고 있는 두려움과 어둠은 칠흑 같았을 것이다. '왜 하필 이곳에서 태어났을까'하는 분노와 비탄이야 또 오죽했겠는가. 생의 위협 속에, 그 절박한 얼마의 세월 동안은 하늘을 원망하며 죽음의 공포에 떨었으리라." 작가는 감나무의 생존 모습에 완전한 '감정이입empathy'을 이루는 데 성공하고 있다. 감정이입이란 작가가 자연의 대상에 대하여 미적 관조를 이루기 위해서 일상적 지각이나 과학적 관찰과 구별하기 위해 사용한 개념이다. 말하자면 대상과 사물에 대하여 자아 감정이 융합이나 통일된 상태의 감정이 이루어져야 아름다움이나 추함에 대한 올바른 인식이 이루어질 수 있다. 마찬가지로 자연을 향수할 때 나타나는 자아와 비자아의 대립은 자아가 고유한 내적 생명체에 완전히 빠져듦으로써 진정한 상징화를 이룰 수 있다.

「포기하지 않으리」에서 작가는 전나무와의 대립 속에서 감나무의 외롭고 쓸쓸한 생존 의식을 생동감 있게 표현하고 있다. 여기서 더 나아가 작가는 내소사 감나무의 모습을 통해 자신의 모습을 되돌아봄으로써 스스로에 대한 실존적 성찰의 계기를 만든다.

> 지나온 삶의 흔적은 생명체의 어딘가에 묻어 있게 마련이다. 사람의 경우에는 지난날의 흔적이 얼굴이나 몸짓 같은 데서도 나타난다. 나이 든 사람한테는 그게 체취처럼 풍겨나기도 한다. 내 얼굴에도 주름살이 알금솜솜 배어있다. 가난의 아픔, 부모 형제를 일찍 하늘나라로 떠나보낸 슬픔을 어찌 다 말하리. 초목의 경우에도 지나온 생의 흔적이 뿌리나 줄기에 남는다. 흉측한 암 덩어리가 죽음에서 탈출한 감나무의 삶의 흔적이듯.
>
> ―「포기하지 않으리」에서

내소사라는 절 이름에도 '소생蘇生'의 의미가 담겨 있듯이, 생을 포기하지 않는 감나무의 소리 없는 외침이 바람을 타고 숲속에서 들려오는 듯하다. 그리하여 화자는 "나를 보아라! 포기하지 않으면 상처가 되레 용기를 갖게 한다. 인내는 용기를 주고 희망을 선물한다. 나는 결코 포기하지 않으리. 용기를 갖는게 소생의 첫걸음이다."고 말한다.

세상의 사물과 현상을 통하여 자신의 실존적 삶의 의미를 찾고자 하는 작가의 태도는 그의 공간 혹은 장소 인식에서도 여실히 나타난다. 오승휴 수필에서 공간 혹은 장소의 표상들은 다양한 여행을 바탕으로 한 체험적 세계관의 소산으로 이해될 수 있다. 인도의 「생명의 강, 갠지스」에서 육신의 해탈과 영혼의 초월 의미를 찾거나, 「활짝 핀 프라하의 봄」에서 국가와 민족에 대한 자긍심을 되돌아보는 것이나, 영국 옥스퍼드대학의 「한숨의 다리」에서 인생의 고통과 위로가 얼마나 소중한 것인가를 느끼기도 한다. 이렇게 외국의 문물을 음미하는 과정에서 우리에게 베풀어 주는 가치들은 모두 작가의 인식 너머에서 감지되는 주체와 세계의 근원적 관계망을 통해 드러나는 것이다. 그의 작품에서 장소 표상은 주체에게 인지된 특정한 공간 재현으로서의 세계관을 설정하는 행위가 아니다. 작가는 특정의 장소와 인간이 만들어 내는 유기적 관계망을 통해 삶의 배경 공간을 복합적인 세계의 의미가 담긴 것으로 환치한다.

이렇게, 오승휴 수필의 바탕에는 주체가 대상과 공간들을 맺는 특유의 공존적 세계관이 자리한다. 마찬가지로 그의 작품에서 흔히 접하게 되는 '어머니' '바다' '숲' '강'과 같은 표상들은 선험적 인식의 틀로 포괄되지 않는 체험적 감정을 표현해내기 위해 차용된 개념으로 보인다. 이는 흡사 앙리 르페브르가 말하는 '세계를 상상하는 감정'으로 선험적이기보다는 체험적으로 규정하는 세계관에 근거한 것이라고 할 수 있다. 자신이 만나는 공간을 일종의 삶의 터전으로서의 세계로 상상한다는 것은, 미리 인지되거나 고정된 세계관이 아니라 삶의 기억과 연결된 일종의 정서적 태도에서 드러나는 것이다.

「제주해녀, 바다를 춤추게 하다」를 통하여 이런 사실은 잘 설명될 수 있다. 이 작품에서 '고향바다'는 사라져 가는 것과 지나간 삶의 아쉬움과 그리움의 감정을 극대화시키는 공간적 표상이다. 화자에게 어릴 적부터 고향바다 풍경은 문득문득 떠올랐다가 바람처럼 구름처럼 사라진다. 고향은 추억 속에 남은 지울 수 없는 옛 풍경이다. 어머니와 누나는 넘실대는 바다에서 물질을 하지만, 화자는 숨비소리를 들으며 갯바위에 걸터앉아 벗들과 함께 노는 게 고작이다. 그러면서 어린 시절부터 화자는 인생에서 아쉬움은 무엇이고 그리움이 무엇인지를 배워왔다. 작품 속 주체의 시선에 인화된 고향의 이미지를 통하여 화자는 제주인의 정신과 공동체 의식을 볼 수 있게 된다.

작품에서 주체는 현재의 시간에 자리하고 있으면서도, 다른 한편 시선은 과거라는 시간 속 공간을 향해 있다. 「제주해녀, 바다를 춤추게 하다」에서 고향을 둘러싸고 형성되는 작가의 시간과 장소의 감각은 단일하지 않다. 즉 세계를 객체로 대상화하면서도 동시에 주체와 그 대상 사이는 과거와 현재의 시간으로 연결된다. 이처럼 작품의 주체가 놓인 현재적 시간과 과거로부터 호명된 고향 사이의 결합은 복합적으로 작동하는 망향의 정서를 불러일으킨다. 그리하여 주체의 기억으로부터 불려 나온 고향 마을의 정경은 주체의 의식과 연결되면서, 고향은 이미 지나가 버린 과거의 장소가 아니라 주체의 현재를 둘러싸는 세계의 의미를 지니게 된다.

오승휴의 작품들은 삶의 역정을 되돌아보면서 이 세상의 인간과 삶에 대한 우리들의 태도가 어떠해야 할 것인가를 여실히 보여주고 있다. 그렇다는 것은 작가의 문학이 앞서도 강조했듯이 삶과 문학의 상동적 순환을 통하여 자신의 삶과 문학을 진지하면서도 겸손하게 살고자 하는 태도라는 것을 우리는 확인할 수 있다. 작가의 삶에 대한 인식과 마찬가지로 그는 자신을 둘러싼 세상과 자연 혹은 그 속의 작은 사물에 이르기까지 깊은 인식을 이루고자 한다. 또한 인간에 대한 인식도 언제나 타인의 타자성을 존중하거나 배려하는 자세로 공동체적 삶의 가치를 존중하는 태도를 보이고 있다. 이런 인식이야말로 갈수록 비인간화되고 경직되어가는 우리 시대의 삶과 인간에 대한 규범으로 필요한 덕목이라 할 수 있는 것이다. 그리하여 작가는 우리에게 이 세상과 삶의 의미에 대한 인식의 지평을 새롭게 재현하고 확대시킨다.

4.

수필이라는 글쓰기 양식을 통해 작가들은 우리가 살아가는 삶에 대한 다양한 가치판단을 시도한다. 수필을 통해 삶과 인간에 대하여 더 깊이 인식하고 사유하고자 노력하는 이유는 수필이 단순한 글쓰기가 아닌 세계와 존재에 대한 보다 깊은 성찰과 치유의 도구가 될 수 있는 문학 양식이기 때문이다. 그런 의미에서 수필은 언제나 과거와 현재의 삶과 인간의 진실을 살필 수 있는 가능성을 지닌 문학이다.

오승휴의 수필은 바로 이러한 가능성의 한 가운데에 서서 우리에게 삶의 진실이 무엇인가를 끊임없이 사색하게 한다. 그는 문학과 여행을 통해서 쉼 없이 새로운 삶과 세상을 탐색고자 하는 정신을 지닌 작가이다. 우리는 그의 수필을 읽으면서 나의 자리를 되돌아보고 삶의 정체성을 새롭게 확인하는 기회를 얻게 된다. 이런 사실만으로도 오승휴의 수필을 읽는 것은 충분히 유익한 일이다.

오승휴는 그의 작품을 통해 우리가 사유해야 할 삶과 문학의 본질이 무엇인가에 대해 계속된 질문을 던지고 있다. 삶이 삶다워야 하는 이유는 무엇이며, 그것을 표현하는 문학은 과연 어떠해야 하느냐는 결코 해답이 쉽지 않은 질문을 그는 회피치 않는다. 수필집 『하얀 숲속의 향연』은 그 해답과 진실에 다가가기 위한 작가의 힘겨운 노력이 이루어 낸 노작勞作임에 틀림없다.

존재와 부재의 현상학
– 김백윤의 수필 세계

1.

　수필은 본질적으로 자아를 통하여 존재와 세상의 의미를 언어로 표현하고자 하는 문학 양식이다. 말하자면 수필 문학은 '존재의 언어성'과 '언어의 존재성'을 가장 잘 보여주는 문학이다. 철학자 M. 하이데거가 말하는 바의 "언어는 존재의 집이다."는 언표에 가장 잘 어울리는 문학이 수필이라 할 수 있을 것이다. 존재가 언어를 통하여 자신을 표현하고자 하기 때문에 언어는 존재의 집이 된다. 또한 그곳에 인간존재가 거처하는 한, 언어는 인간의 집이기도 하다. 현대의 복잡다단한 삶에 감추어진 존재와 세상의 진리를 탐색하는 것이야말로 수필 문학의 본령이라 할 수 있다.

　수필가 김백윤이 수필집 『해녀와 초가집』을 출간한다. 그의 수필을 읽다 보면, 존재의 집에 난 창을 통하여 세상과 인생의 모습을 바라보고자 하는 작가의 모습과 그 존재의 이면에 드리워진 부재에 대한 회한이 공존하고 있음을 느끼게 된다. 말을 바꾸면, 그의 수필은 세상과 삶에 대한 존재론적 경험을 따스한 시선으로 형상화하고자 노력하는가 하면, 어느 순간 일상의 논리를 훌쩍 뛰어넘어 미지의 부재하는 공간으로 나아간다. 우리의 삶이란 복잡한 존재의 소용돌이로 출렁이는 곳이며, 동시에 이를 너머서 보이지 않는 부재의 세계를 한꺼번에 살아야 하는 공간이다.

김백윤은 그의 삶에 포착되는 동질적인 세계와 또 다른 이질적인 세계를 종합적인 문학적 상상으로 동시에 포착하고 활용한다. 지금 '여기'의 시간과 공간에서 태어난 그의 문학은 먼 '저기'의 또 다른 세계로 잠입해 들어가는 현상학이라 할 수 있다. 이를테면 김백윤 수필의 주요한 일차적인 존재론적 공간은 제주의 어느 조용한 어촌이다. 그의 수필은 평화로운 어촌의 나그네를 위해 아득한 숙소가 되어준다. 그러니, 그의 안내를 따라 우리는 '갯바위' '돌담' '바다' '오름'을 거닐다가 그의 '초가집'에서 머무는 체험을 하게 된다. 그의 초가집은 멀리 있는 것도 아니고 주인 또한 따로 있지 않다. 그곳은 바로 이 번잡한 세속의 현실 속에서 떠도는 우리가 도달할 수 있는 마지막 존재의 거처가 될 수 있는 곳인지 모른다.

이렇게 그의 수필은 한편 존재에 대한 안주와 탐색을 이루면서 타자(세상)를 향한 낯선 모험을 거듭한다. 관심의 대상과 표현방식은 조금씩 다르지만, 시선은 항상 자신에서 웅성대는 '나'로부터 동시에 타자를 이해하기 위한 곳으로 나아간다. 이것은 바로 존재하는 나의 세계로부터 부재하는 타자의 세계로 나아가기 위한 탐색이다. 그러면서 그의 작품은 나의 삶을 타자의 삶으로 혹은 타자의 삶을 나의 삶으로 전화轉化시킨다. 더 나아가 우리가 쉽게 닿을 수 없는 나와 타자의 삶의 경계에 이르게 되어 다른 인간과 시간과 관계의 가능성을 발견하고자 한다. 그리하여 그의 수필은 세상의 경계에 서 있는 다양한 존재들이 등장하며, 이들의 목소리는 안과 바깥, 나와 타인, 이편과 저편에 있는 것들을 호명한다. 요컨대 존재하면서도 부재하는 것, 부재하면서도 존재하는 것들에 대한 탐색이 김백윤 수필의 본질이다.

2.

수필의 진정한 의미는 존재와 부재로 추동되는 그 흔적들의 진화 과정이라고 할 수 있다. 따라서 '수필 쓰기'와 '수필 읽기'는 존재와 부재의 의미를 끊임없이 재생산하는 행위이며 과정이다. 모든 사람의 일차적 존재 찾기는 긍정적이든 부정적이든 그의 일상에서 일구어진다고 할 수 있다. 우리의 삶 속에 오만하게 버티고 있는 존재의 실체란 기실 유동하며 반복되는 일상에서부터 출발하기 때문이다. 일상이란 태양이 매일 뜨고 지는 현상은 물론 재생산되는 삶의 과정을 의미하는 것이다. 김백윤 수필을 형성하는 일상성도 존재의 다른 이름이다. 작가로서 시작되는 그의 일상적 삶의 단편을 살펴보자.

> 고요한 아침, 바다의 문을 연 태양이 물살을 박차고 얼굴을 내민다. 햇빛이 단숨에 달려와 호수에 풍덩 빠진다. 몸을 말끔히 씻은 햇살은 돌담을 어루만진 뒤 초가지붕 위에 사뿐히 올라앉는다. 아내는 테왁과 망사리를 손보느라 바쁘다. 물질하러 가는 날은 어느 때보다 활기에 차 있다. 초가와 아내가 안온한 풍경으로 다가온다. 글을 쓴다는 건 얼마나 가치 있는 일인가. 소중한 순간을 기록할 수 있으니 말이다. 일상의 풍경이 특별하게 다가오고 이미지화되어 가슴으로 스며들 때

팔딱이는 글의 숨결을 느낀다.

− 「작가의 말」에서

고요한 아침에 바다의 문이 열리고, 아내는 테왁과 망사리를 손보느라 바쁘고, 그러면 초가와 아내가 안온한 풍경으로 다가온다. 이런 소중한 풍경의 순간을 글로 기록할 수 있다는 사실에 작가는 삶의 희열을 느낀다. 한 작가의 삶의 서사는 곧 문학의 서사이기도 하다. 삶의 서사를 통해 새로운 문학적 공간을 구성하는 일은 존재의 의미를 모색하는 일과 같다. "일상의 풍경이 특별하게 다가오고 이미지화되어 가슴으로 스며들 때 팔딱이는 글의 숨결을 느낀다."라는 말대로, 작가에게 일상적 서사는 바로 삶의 존재 의미를 찾고, 문학적 서사를 일구는 작업이다. 이렇게 김백윤 수필에서 존재의 의미 찾기는 삶의 근거에 대한 깊은 확인에서 비롯된다.

하늘을 머리에 이고, 오랜 세월을 버텨온 의지가 마디마디 반듯한 형태로 거듭났다. 비바람에 쓸린 흔적과 불볕더위에 데인 상처는 아물고 덧나기를 여러 번 반복했으리라. 그래서일까. 오히려 단단해진 줄은 지붕을 꼭 끌어안고 있다. 70여 년 동안 고수해온 집이다. 이엉도 여러 차례 새것으로 바뀌었고 줄도 다시 매어졌다. 하지만 그것들은 동떨어진 게 아니었다. 하나이면서 전부이고 전부이면서 하나였다. 그렇게 이어지기를 반복하며 현재에 이르렀다.

− 「집줄」에서

그 후 초가는 삶의 터전으로, 어머니를 향한 사모곡의 성지로 자리매김했다. 집안 곳곳에 배어있는 어머니의 숨결은 물론 형제들과 함께했던 지난날의 추억을 고스란히 지키고 싶다. 새마을 사업의 힘을 빌리지 않더라도 재량으로 지붕을 개량할 수 있었지만 끝내 초가를 지켰다. 왜 고생을 자처하느냐는 주위 사람들의 염려에도 마음은 바뀌지 않았다. 그리고 지금도 바꿀 마음이 전혀 없다. 단지 불편함을 무릅쓰는 아내에 대해 미안함만은 여전하다.

― 「초가집이어도 좋다」에서

위 작품들에서 '집줄'은 "하나이면서 전부이고 전부이면서 하나"이며, '초가'는 "어머니를 향한 사모곡의 성지"인 삶의 터전이다. 김백윤의 수필에서 화자는 빈번히 누군가와의 합일을 꿈꾼다. 그가 꿈꾸는 타자와의 합일이란 바로 자기 존재의 안정성, 즉 통합된 자기 정체성을 향한 욕망이다. 말을 바꾸면 여기서 자기 정체성을 위한 욕망이란 단순히 타자와의 합일을 위한 욕망은 물론 나 자신을 위한 합일의 욕망인 것이다. 그의 수필에서 자아의 존재론적 근원에 대해 집요할 정도로 나타나는 탐색은 타자화된 자아의 내부에 도사리고 있는 자아의 부재에 대한 탐색이라 해도 지나치지 않다. 앞서 이야기한 대로 작가가 바라보는 바다, 돌담, 갯바위, 오름을 바라보는 작가의 심정에서도 이런 감정은 잘 드러난다. 이들은 모두 작가에게 삶의 터전인 동시에 이들에 대한 깊은 사랑의 마음은 자기 존재의 확인을 위한 중요한 화소로 기여한다.

예컨대 바다에 대한 작가의 인식을 살펴보자, 어제까지만 해도 세상의 모든 것을 다 품을 듯한 아늑함과 평화로움이 깃들어 있던 바다가 갑자기 성난 울음을 운다(「바다의 변주곡」). 바다는 작가에게 고통이며 희열이고, 희망이며 절망이기도 하다. 김백윤의 수필에서 때로 바다는 자연을 표상하면서 자연과 인간의 관계를 새롭게 살필 수 있게 하는 상징으로 등장한다. 그의 수필에서 땅과 바다는 풍경을 만들고 존재와 세상을 만든다. 땅과 바다 사이에는 무수한 경계가 놓여 있다. 사람과 세상, 어둠과 빛, 절망과 희망이 놓여 있다. 작가는 자신이 몸담아 살고 있는 땅의 경계와 바다의 경계를 탈경계화하면서 한 몸으로 교통하고자 한다. 이렇게 그의 존재에 대한 확인은 무엇보다 자연과 인간, 사람과 사람 사이의 관계에 의해서 이루어지고 있다. 특히 그에게 어머니와 아내는 가장 소중한 존재의 인식대상이다.

> 있는 듯 없는 듯 늘 옆에서 같이 하고, 깊이를 알 수 없어도 늘 품어주는 아내는 호수를 닮았다. 생명을 살리는 호수처럼 아내의 마음에도 끊이지 않는 깊은 샘물이 있는 것을 안다. 그 샘물로 인해 탁한 마음이 정화되는 것도 이제는 알겠다.
> 호수를 바라보며 사색에 잠겨 있는 동안 아내가 잠에서 깼는지 발소리가 들린다. 오늘은 아내와 마주 앉아 물안개 걷히는 호수를 함께 바라보고 싶다.
> 　　　　　　　　　　　　　　　　　－「물질하는 아내」에서

> 삶을 이야기하려면 어머니를 **빼놓을** 수 없다. 오름과 어머니는 같은 품을 가진 것처럼 닮아있다. 많은 이들이 오르고 또 오르는 이유는 오름이 곧 삶이라 생각해서다. 질곡의 생을 묵묵히 견디며 살아가는 사람들, 그들의 이야기가 돌고 돌며 잇고 이어지는 게 역사다. 오름을 오르내리는 많은 발자국에도 삶은 담겨있고 이어진다. 사실 오름에서는 오름을 볼 수 없다. 빗겨나야만 보인다. 우리의 삶도 중심에서는 전체를 볼 수 없다. 변방에 서야 본질을 헤아릴 수 있다.
> 　　　　　　　　　　　　　　　　　－「종달오름」에서

「물질하는 아내」와 「종달오름」에서 작가는 아내와 어머니에 대하여 가없는 사랑의 마음을 드러낸다. 「물질하는 아내」에서 낯모르는 타인이 만나 부부로서 인연을 맺고 살아간다는 것이 우리의 생존에 어떤

의미를 주는 것인가라는 질문을 던진다. 진부한 표현대로 부부는 꿈을 먹고 꿈에 속아 사는 존재인지 모른다. 실로 부부는 작은 꿈을 먹으며 그 꿈속에서 사는 존재이다. 또한 작가에게 어머니는 제주의 역사를 고스란히 간직하고 있는 오름이나 초가와 같은 존재이다. 초가가 어머님을 기억하고 추억하는 유산이듯이, 작가에게 어머님의 숨결은 아직도 느낄 수 있는 '최고의 사랑'이라고 이야기된다(「집줄」).

우리들은 흔히 '사랑'을 생각하지만, 세속적 의미에서의 사랑은 쉽사리 미움과 증오로 변한다. 그러나 진정한 의미에서의 사랑과 자비는 애증의 대립을 초월한 순수한 마음에서 우러나는 것이다. 사랑이라는 것은, 예컨대 에리히 프롬이 『소유냐 존재냐』에서 이야기했듯이, 그것이 '소유 양식'으로 구성되는가, 아니면 '존재 양식'으로 구성되는가에 따라 상반된 의미를 가지게 된다. 소유 양식으로서의 삶과 사랑은 물질적 가치를 소유하는 것과 같은 욕망의 충족을 우선하는 방식이지만, 존재 양식으로서의 삶은 사랑·자유·자아 등 진정한 정신적 가치를 중시하는 것이라 할 수 있다. 인간관계와 사회의 모든 면에 있어서 미움은 마음을 병들게 하는 독이 되지만, 사랑과 자비는 영혼을 치유하는 약이 된다는 평범한 사실을 우리는 망각하며 살아가고 있다. 이런 의미에서 김백윤의 수필에서 드러나는 존재 양식으로서의 삶의 태도는 우리에게 진정으로 필요한 삶의 가치가 무엇인가를 생각하게 한다.

김백윤의 수필에서 존재의 확인은 삶과 일상과 인간을 통하여 다양하게 이루어지고 있다. 또한 진정한 존재의 확인을 위하여 미움 속에서 사랑을, 죽음 속에서 생명을 살려내고 키워나가는 것이 우리의 삶에서 얼마나 소중한 것인가를 여실히 보여주고 있다. 이런 의미에서 김백윤에게서 글쓰기의 개별성은 보편성으로 이어지는 모습을 보인다. 작가는 인간과 삶에 녹아있는 현실의 보편성을 찾고자 하며, 이는 작가의 존재에 대한 진지한 물음에 다름아닙니다. 논리의 비약을 무릅쓰고, 김백윤의 수필은 추함을 극단으로 밀고 나가면 아름다움이, 미움의 끝자락에 도달하면 사랑이 도출되는 개별자와 보편자의 상호 길항의 노정 속에서 이루어지는 수필 미학을 구현하고 있다.

3.

존재의 의미는 본질적으로 그 부재와 결여에 대한 인식에 의해 이루어진다고 할 수 있다. 존재는 타자와의 관계를 통해서 이루어지는 본래적인 속성을 지니고 있는 것이 아니라, 그들이 어떠한 구조 안에서 획득되는 상호작용에 의해 이루어진다. 이런 의미에서 존재와 부재는 서로를 동시에 비추어 볼 때에야 온전한 의미 획득이 가능해진다. 라캉의 어법을 빌면, 이것은 곧 존재가 상징계에서의 차이와 변별에 의해 위치지어 진다는 것을 의미한다. 다시 말해 존재는 그의 위치를 발견하게 되는 대타자와의 관계이다. 이런 관계는 대타자 그 자체처럼 결여에 의해 특징지어지며, 그리하여 모든 존재는 상실과 결여를 극복하려는 욕망을 일으키며 구성된다.

모든 사람은 삶에서 행복과 기쁨의 시기와 더불어 고통과 슬픔의 시기를 맞게 된다. 수필가 김백윤도 어느 시기에 감옥에 갇히는 영어囹圄의 몸이 된다. 『365일, 교도소를 읽다』라는 그의 산문집에서도 잘 나타나듯이, 이 시기에 작가는 자유를 앗기고 구속되는 고통의 시간을 맞게 된다. 이때의 경험을 다룬 작품이 이 책의 5, 6부를 구성한다. "사방은 차갑고 막막한 벽이었다. 마음도 벽에 갇힌 듯 부자유스러웠다. 한 줄기 햇살과 바람에 의지하던 때 고양이는 친구가 되었고 책은 자유의 다른 이름이었다. 노트를 가득 채운 그때의 느리게 흐르던 시간, 지나고 보니 인생의 터닝포인트였다."(「작가의 말」)는 진술대로, 이 시기 동안 작가는 삶에서 극단적 부재와 상실의 체험을 하게 된다. 「각과 각의 접점」, 「새벽을 여는 사람들」, 「저항과 무저항」, 「망각을 망각하다」는 모두 상실된 시간과 인간에 대한 깊은 절망의 기록이다.

이 과정에서 작가는 이루지 못한 삶에 대한 회한, 상실과 부재, 자유와 시간의 소중함 등의 다양한 체험을 하게 된다. 여기서 그는 무엇보다 시간 상실의 의미를 생각하며 '시간의 빛깔'을 그려 본다.

> 이곳에서도 밖에서처럼 즐거운 일, 괴로운 일, 안타까운 일을 매일 겪는다. 그러나 순간순간 내가 느끼는 시간의 빛깔은 다르다. 어떤 건 마음에 씨앗을 내려 꽃을 피우는가 하면 어떤 건 가슴에 시퍼런 멍을 남긴다. 모두 시간이 한 일이다. 시간은 온갖 일들을 아름답게 채색하기도, 아프게 담금질하기도 한다. 그런 시간을 되돌아보며 미소 지을 여유가 오긴 올 것인가.
> ―「시간의 빛깔」에서

삶에서 누구나 시간의 소중함을 느낀다. 시간이란 세계의 모든 변화의 과정에서 유지되고 있는 어떠한 현상이며 인간이 외부 세계와 맺는 관계의 접점이기도 하다. 작가는 '시간의 빛깔'은 시간 스스로 채우는 것인가 아니면 시간이 처음부터 빛깔을 가지고 있는 것일까 라고 묻는다. 또한 "내가 채우는 시간은 후에 어떤 색으로 추억될까. 그들과 함께한 시간은 날마다 가치 있었다고 당당하게 말할 수 있으면 좋겠다."(「시간의 빛깔」)고 소망한다. 시간의 힘에 의해 깎여나가는 삶의 모서리들은 화자의 "가슴에 시퍼런 멍을 남긴다. 모두 시간이 한 일이다. 시간은 온갖 일들을 아름답게 채색하기도, 아프게 담금질하기도 한다." 엄

습한 교도소의 습기와도 같은 작가의 심정은 무수한 균열들 사이로 내비치는 존재의 쓸쓸하고 텅 빈 동공을 환기시킨다. 그에게 '시간의 빛깔'은 마치 파스텔화처럼 현재와 과거의 윤곽이 흐려지며 뒤섞이는 어떤 비의秘義의 공간으로 우리를 이끌어간다. 마침내 이런 상실된 시간에 대한 체험은 인간에 대한 부재의 체험으로 확산된다.

> 갇혀 있다는 건 누군가에게로 갈 수 없다는 의미다. 그러니 상대방이 내게로 와 주어야 한다. 와 주지 않으면 만날 수 없고, 시간을 나눠 가질 수도 없다. 능동적이지 못하고 수동적일 수밖에 없는 기다림이다. 밖에서 별로 가까이 지내지 않던 사람이라도 여기에서 본다면 반가울 것 같다. 그만큼 사람이 그립다.
> 하루가 시작되면 오늘은 누군가 찾아오지 않을까 하는 기대를 가슴에 품는다. 찾아올 사람이 전혀 없는데도 혹시나 하는 마음이 가시지 않는다. 특히 지금처럼 사방이 벽으로 둘러싸인 공간에서 끊임없이 감시당하는 생활을 하다 보면, 누군가의 방문이 더욱 간절하다.
> ―「기다림에 대하여」에서

실제 우리의 인연이라는 것은 어디까지이며 얼마나 지속될지 알 수 없다. 우리의 기다림이란 "와 주지 않으면 만날 수 없고, 시간을 나눠 가질 수도 없다. 능동적이지 못하고 수동적일 수밖에 없는" 것이다. 한번 지나가면 그만이고 갈림길에서 다시는 되돌리지 못하는 것이 인연이다. 마찬가지로 인간관계라는 것도 좋아하는 물건들을 유리 전시장 안에 넣어 보관하듯 그렇게 보관될 수 없다. 「기다림에 대하여」에서 작가의 강조가 아니더라도, 사람들 사이에 맺어지는 관계나 어떤 사물과 관계되는 연줄은 아무리 강조되어도 지나침이 없다. 이 관계와 연줄은 바로 인간 삶의 총화이기 때문이다. 누군가를 보고 싶어 하는 그리움의 감정도 그것이 단절될수록 더욱 짙게 나타나는 법이다. 마침내 김백윤의 부재에 대한 회한은 초월을 꿈꾸게 된다.

그는 새가 되기를 소망한다. 보잘 것 없고 작은 새이지만, 날다가 비록 이카로스처럼 추락할지라도 날아보기를 원한다. "안과 밖의 세상이 확연히 다르다는 것을 익혀갔다. 하늘을 마음대로 날아다니는 새의 자유가 무한히 부러웠다. 갇혀 있음으로써 비로소 자유의 소중함에 눈을 떴다." 그는 날개를 꿈꾸고, 한 마리 새가 되어 창공을 날아가고자 한다.

> 저 멀리 창공을 가르며 새 한 마리가 날아간다. 하늘을 자유롭게 날아다니는 새를 보며 눈물을 흘릴 때가 많았다. 이미 지난 일이지만, 지금 생각해 보면 그곳에서의 생활이 어두운 기억으로만 남은 건 아니다. 삶을 뒤돌아보며 반성할 수 있는 계기를 만들어 주기도 했으니 말이다. 이제는 훨훨 날을 수 있는 세상에서 추락을 걱정하지 않는다. 다만 아직도 담 안에 갇혀 있을 사람들을 종종 생각하곤 한다. 그들의 날개에도 희망이 깃들기를 소망하면서….
> ─「날개를 꿈꾸다」에서

작가는 이제 하강과 상승을 거듭하는 날개를 가진 새가 되고자 한다. 이 험난한 세상에서 날개가 있다는 것은 축복이면서 동시에 저주이다. 날개는 바다를 건너거나 창공을 향하여 날아갈 수 있지만 거칠고 험난한 바람을 만나면 한순간 추락하게 된다. 이카로스처럼 우리는 마음껏 하늘을 날아가지만 태양의 열기로 인하여 바다로 추락하게 된다. 이카로스는 존재의 부재를 초월적 비상으로 감당하고자 했지만, 그것은 바로 존재의 결여이며 부재에 대한 확인이었다.

사람들은 누구나 자신을 에워싸고 있는 모든 것에 대하여 현존감을 잃어버리고 무화되는 듯한 느낌을 가질 때, 희망의 날개를 달고 훨훨 날 수 있게 되기를 소망한다. 마찬가지로 김백윤의 경우에도 부재의 탐색은 결국 또 다른 자기 존재의 탐색이라 할 수 있다. 부재란 존재의 상실 또는 결여이기 때문에, 그 결여를 메워 존재의 충만함을 이루려는 욕망을 낳는다. 새가 잠들 때 이 세상도 잠든다. 또한 새가 비상할 때 세상은 다시 깨어나 새로운 움직임을 시작할 것이다. 다시 움직이는 세상 속에서 잠 깬 작가는 영원히 새로운 삶과 문학을 꿈꾼다.

4.

거칠게 말해 모든 문학의 궁극적인 목적은 이 힘겹고 고달픈 차안此岸의 세계에서 인간과 삶의 현존재를 확인하고, 그 너머의 아득한 피안彼岸의 세계를 꿈꾸는 작업이라 할 수 있다. 인간은 궁극적으로 죽어서 소멸할 수밖에 없는 유한한 존재이기 때문에, 그에게 가능한 초월은 언제나 살아 움직여서 불멸하는 무언가를 남겨놓는 것이다. 그것은 우리가 언젠가는 맞이하게 될 최후이자 다시 되돌릴 수 없는 죽음의 벽 앞에서 '내가 여기 존재했었다.'라고 글로 남겨놓는 흔적일 것이며, 작가에게 그것은 그가 남기는 한편의 텍스트이다. 말하자면 수필은 불가능한 회피의 고유한 흔적들, 우리가 회피할 수 없는 삶의 흔적들로 이루어진다. 세상 속에 내던져진 존재와 삶의 의미, 그리고 그 너머 초월의 세계를 수필은 한없이 고뇌하며 방황하고 있다.

김백윤은 삶의 희망과 환희가 모여 있는 존재의 거처, 그 속에서 회한과 절망으로 남은 부재에 대한 흔적을 문학적으로 표현해내고 있다. 김백윤의 작품에서 존재와 부재는 포개져 있으며 그 사이에서 숱한 갈등과 고뇌가 생겨나고 있다. 한 작가의 시선이 진정한 삶과 존재를 향할 때 그의 문학은 보다 역동적인 궤적을 보여주지만, 죽음과 부재를 향할 때 그의 문학은 허무주의에 접근한다. 하지만 김백윤은 허무를 회피하려 하기보다는 적극적으로 받아들이고자 하는 입장을 취한다. 그는 삶의 무의미성과 세계의 텅 빔이라는 존재의 비밀을 상쇄 시켜 줄 수 있는 다른 삶과 세계에 대한 회한의 깊이를 끝까지 응시하고자 한다. 그럼으로써 그는 자신에게 남은 삶의 회한과 부재를 새로운 존재론적 구축을 위한 활력으로 재생시키고자 하는 것이다. 그것은 바로 호수에 가득 차 있는 "철새가 견뎌야 할 외로움"이나 기다림(「철새와 노인」)을 감당하고자 하는 태도에 다름아니다.

  이제 김백윤에게 중요한 사실은 새로운 문학의 출발점에 다시 서 있게 되었다는 사실이다. 그의 문학적 연륜은 아직 젊기 때문에, 삶에서 그랬듯이 문학에서도 더 많은 것을 성취하기 위해 더욱 높이 날아야 할 것은 분명하다. 그의 수필이 보여준 삶과 문학에 대한 진지한 존재론적 고뇌는 새로운 희망과 도약을 예고하고 있다. 그러나 김백윤의 문학이 서 있는 가파른 존재의 벼랑은 앞으로 더욱 험난한 것일지도 모른다. 그 길을 회피하지 않고 맞서 헤쳐가야 하는 것은 오롯이 작가 자신의 몫이다. 수필집 『해녀와 초가집』의 출간을 계기로 김백윤의 수필 세계가 비로소 그의 고향 하도 앞바다와 같이 활짝 열리기를 기대해 본다.

눈물의 미학, 슬픔의 승화
– 진해자의 수필 세계

1.

수필가 진해자가 『기다리는 등대』에 이어 두 번째 수필집 『얼어붙은 눈물』을 낸다. 한 작가의 작품을 총체적으로 읽는다는 것은 그가 살아온 삶의 행로를 따라 걷는 일과 같다. 누군가의 문학적 삶을 추적한다는 것은 한 주체의 시간을 따라 작가의 내밀한 세계를 들여다보는 것이기 때문이다. 우리는 작가의 시선 앞에 놓인 항해도를 따라 강에서 바다로 이어지는 한 생애를 더불어 항해하게 된다. 그곳에는 세월의 흐름이 만든 아쉬움과 그리움의 강이 흐르며 미지의 바다로 가는 길이 펼쳐진다. 그 삶의 공간에는 뼈저린 아픔과 슬픔이 놓여 있고, 그것을 바라보는 눈에는 내밀한 속내처럼 '얼어붙은 눈물'이 숨어 있음을 보게 된다.

그동안 진해자의 수필은 섬세한 서정적 문체로 인생과 존재의 문제를 정치精緻하게 그려낸다는 평가를 받아왔다. 이런 특성은 물론 작가의 문학적 상상력과 깊은 사색에서 발원하는 것이지만, 그 문학적 태도는 기존의 수필 문법에 머물지 않고 꾸준한 자기 갱신을 시도하고자 한 노력 덕분이라 할 수 있다. 삶이 지닌 아픔과 존재의 본원적인 슬픔을 그려내고자 하는 작가의 시선은 인생과 세상을 바라보는 섬세한 무늬로 직조됨으로써 독특한 미적 차원을 이루고 있다. 진해자의 문학 세계는 존재와 세상 사이 관계의 동심원이 만들어내는 아픔과 슬픔이라는 독특한 미학을 구축하게 된다.

진해자의 두 번째 수필집에서 주목을 끄는 작품의 중심 모티브는 '눈물'이다. 눈물이란 인간이 생존에 필요한 기본적인 욕구의 표현 방식으로 작가에게 눈물은 '언어'로 바뀌고, 그럼으로써 슬픔을 해결할 수 있는 능력으로 인생과 세상에 대한 새로운 인식의 태도를 이루게 된다. 흔히 인간의 욕구란 생존을 위한 욕구, 생리적 욕구, 애정과 공감의 욕구, 자아실현의 욕구 등으로 다양하게 구분된다. 진해자의 작품에서 빈번하게 나타나는 눈물은 기쁨보다 슬픔을 가치 있는 것으로 보면서 슬픔 속에서 진실을 발견코자 하는 의미를 지닌다.

흔히 삶에서 '눈물'은 사람들이 표현하는 기쁘고 슬픈 감정의 편린이지만, 이는 곧 기쁨과 슬픔을 통해서 삶의 내면적 감정과 순수성을 발현하는 태도이다. 「얼어붙은 눈물」이라는 표제작의 제목에도 나타나듯, 작가는 눈물에 특별한 의미를 부여하고, 자신의 삶을 나타내는 중심어로 '눈물'을 사용했다. 따라서 진해자의 작품에서 눈물의 의미를 살펴보는 것은 곧 작가의 문학과 삶의 의미를 추적하는 것에 다름아니다. 그의 작품에서 눈물의 이미지는 작품 전체의 연속성을 이해하고 종합적으로 파악할 수 있게 한다.

그러나 진해자의 수필에서 눈물은 단순히 삶과 세상의 슬픔과 아픔에 대한 최루의 의미를 지닌 것이 아니라 인생과 존재의 의미를 새롭게 이해하는 도구로 사용되고 있다는 점에서 우리의 시선을 끈다. 더 나아가 진해자에게 눈물은 슬픔을 이겨내고 승화하는 방편으로서의 의미를 지닌다. 눈물을 통하여 슬픔을 이겨내는 것은 작가가 글쓰기를 위한 기본적 태도이기까지 하다. 작가는 자신의 글쓰기가 슬픔과 아픔을 표현해내기 위한 도구라고 말한다.

> 많은 이들이 지워지지 않는 상처로 아파하고 괴로워한다. 지우려 할수록 더욱 또렷해지는 상처는 결국 깊은 흉터로 남는다. 어떻게 하면 타인의 마음을 들여다보고 심심한 위로의 말을 건넬 수 있을까. 수필은 '자신의 삶과 타자의 마음을 들여다보고 읽을 수 있는 거울 같다.'라는 생각을 해본다.
> 우리는 살면서 수많은 상처를 안고 살아간다. 사랑하는 사람을 잃었을 때의 상실감으로 괴로워하며 많은 시간을 보낸다. 글을 쓰면서 마음 깊은 곳에 웅크려 있는 아픔을 토해내려 애썼다. 누군가를 그리워하며 산다는 것이 얼마나 힘든지 알기에 상처 난 마음을 위무하며 글로 담아내기 시작했다.
> ―「책을 내며」에서

사랑하는 사람을 잃고 마음의 상처를 겪기 전에는 진주를 보며 그저 아름답다는 생각만 했지만, 그런 아픔이 있었기에 진주는 더 빛날 수 있었던 것이 아닐까 하고 작가는 묻는다. 아픔이 있기에 진주는 더 빛날 수 있고, "고통의 끝에 만들어지는 영롱한 진주는 아픈 사람들의 마음을 오롯이 품어"준다. 진해자의 문학은 기쁨보다는 슬픔에, 밝음보다는 그늘에 더 많은 관심을 보이며 가치를 부여하고 있다. 그늘은 삶의 깊이를 전달하며 밝음의 부분이자 고난을 이겨낸 성숙의 모습으로 우리를 인도한다. 그늘은 단순히 밝음의 이면이 아니라 밝음의 연장이며, 그늘을 통해 밝음으로 나아갈 수 있게 한다. 그것이 인생인지 모른다. 눈물에 따뜻한 시선을 보내고, 그 속에서 인생과 세상의 가치를 찾고자 하는 작가의 마음이 깊고 아름다운 이유도 여기에 있다.

2.

현대적 존재로서의 인간은 모두 슬픔을 삶의 한 부분으로 안고 살아간다. 그래서 우리의 내부에는 크든 작든 슬픔이 담겨 있다. 누군가의 슬픔을 바라보며 그에 대하여 발화한다는 것은 슬픔이 슬픔을 바라보며 이야기하는 것이 된다. E. 레비나스는 타자를 이해하기 위해서 타자의 '밖'에서 위치하는 '나의 외재성'을 강조한다. 그로 인해 나는 타자에게 가까이 다가가 주시하는 존재가 됨으로써 서로 동등해질 수 있다. 분리된 자아가 외재적인 타자의 시점에서 본래적 자아를 바라볼 때 자기 이해의 정당성을 확보할 수 있게 되는 것이다. 마찬가지로 고통받는 타자에 침투해서 그것을 나의 것으로 받아들일 때 슬픔은 나의 것으로 전화될 수 있다.

진해자는 나의 슬픔과 타자의 슬픔의 결정체를 눈물로 보고 있다. '눈물'은 웃음보다 더욱 본질적 자아의 의미를 환기하는 이미지이다. 따라서 눈물은 단순히 감정에 따라 흐르는 것이 아니라 맺어지는 결정체로서 삶의 진실과 구원에 이르게 하는 촉매제이기도 하다. 작가는 눈물의 의미를 이렇게 말한다.

> 눈물은 내 감정을 있는 그대로 드러내는 매개체이다. 때로는 눈물이 언어보다 더 강력한 메시지가 되기도 한다. 눈물은 눈물로 끝나지 않

고 구원의 세계로 이어진다고 성경은 말한다. 눈물은 영혼을 정화하고, 진리의 세계로 나가는 과정이 된다. 그러나 삶과 현실은 유한하고, 소중한 것은 잠시 머물다 사라진다. 작가는 삶의 유한성을 바라보며 존재의 슬픔을 눈물로 나타내어야 한다. 사랑 때문에 이별하고 울었던 사람은 안다. 눈물은 완결된 명사가 아니라 사람을 만나고 그리워하고 이별하는 가장 확실한 동사라는 것을.

- 「얼어붙은 눈물」에서

 그렇다. 작가의 말대로 눈물은 완결의 명사가 아니라 삶을 살아가는 데 있어 우리의 슬픔과 아픔을 지속적으로 표현하게 하는 동사이다. 사랑하는 사람과 만나고 헤어지는 일, 이 세상에서 일어나는 엄청난 고통과 불의를 바라보면서 우리는 슬퍼한다. 눈물은 가슴과 가슴을 나누는 일이다. 우리는 슬픔이나 불행을 당했을 때 한바탕 울고 나면 속이 후련해지는 카타르시스를 경험하게 된다. 이런 경험은 희극보다 비극을 통한 카타르시스가 우리의 정서에 더 크게 기여하고 있음을 말해 준다. 카타르시스란 고대 그리스어에서 정화와 배설을 의미하는 용어로서 아리스토텔레스는 그의 『시학』에서 인간은 비애를 맛봄으로써 마음속에 억눌린 정서를 순화시킬 수 있다고 했다.
 그렇지만 우리는 정작 슬픔을 위한 진정한 애도의 방식이 무엇인지 제대로 모른다. 슬픔은 누군가의 고통과 눈물의 흔적으로 남는다. 작가에게 이별과 슬픔의 끝에서 남겨지는 진정한 슬픔을 표현하는 방식은 무엇일까? 작가에게 슬픔을 위한 애도의 방식은 슬픔의 단어와 문장으로 짓는 글쓰기이다. 우리는 세상의 모든 것과 기약 없는 이별을 해야 하고 그들을 애도해야 한다. 이별과 애도의 글쓰기는 각각 다른 표현 방식으로 나타나지만, 그 속에 담긴 진정한 슬픔의 의미는 다르지 않다. 진해자는 우리에게 다가온 슬픔의 표정과 그 의미를 이렇게 표현한다.

　　사랑하는 사람들과 자꾸만 이별한다. 사랑하는 사람을 잃는 것이 모두 내 탓인 것처럼 죽음 앞에서 애끓는 눈물을 흘린다. 아이의 든든한 버팀목이 되어야 했지만 그러지 못했다. 슬픔의 끝이 아무리 멀어도 그 끝이 새로운 시작임을 겨울을 이겨낸 나무는 알고 있다. 내 마음에 박힌 날카로운 가시도 외눈부처를 기다리는 마음에 조금씩 무뎌지겠지. 언제부턴가 하나밖에 없는 눈동자를 가진 삶도 좋다고 생각하며 살게 되었다.
　　　　　　　　　　　　　　　－「외눈부처」에서

　　붉은 울음을 울던 억새꽃이 그리움의 시간을 견디지 못하고 하얗게 바래간다. 억새에 기대어 살아가는 야고처럼 할머니도 지친 등을 기댈 언덕이 필요했을 것이다. 치열하게 요동치는 시대를 살아야 했던 할머니의 삶이 억새꽃처럼 새었다. 조여 맨 하얀 머리를 풀어 헤치고 바람에 몸을 맡긴다. 억새의 꽃씨가 바람을 타고 자유롭게 날아간다. 끝날 것같지 않던 우리의 인생도 억새와 야고의 삶처럼 자연의 한 조각일 뿐.
　　　　　　　　　　　　　　　－「숨어 우는 야고」에서

　　삶을 우울한 실체로 바라보고 슬퍼하는 작가들은 슬픔과 고통으로 가득한 인간과 세상의 내면을 바라봄으로써 자신과 현실에 대한 대결을 동시에 수행한다. 진해자의 작품에서는 흔히 인간과 세상을 바라보는 시선에서 겹겹이 증식하는 슬픔이 문학의 구조적 원리로 작용한다. 위에서 인용된 「외눈부처」에서 시사되듯이 사랑하는 아들을 잃은 슬픔은 작가에게 모든 슬픔의 진원지인 듯 보인다. "간밤에 어둠 속에서 일렁이던 불꽃처럼 온몸이 저리도록 안겨있던 아이"를 잃은 부모의 심정보다 더 짙고 애절한 슬픔이 어디 있을까. 작품에서 화자는 외눈부처처럼 하나밖에 없는 눈동자를 가진 삶도 좋다고 생각하며 살게 되었다고 말한다. "눈이 하나면 어떠한가. 어차피 우리는 완전히 하나가 될 수 없는 불완전한 존재이다." 롤랑 바르트가 『애도 일기』에서 비유했듯이 절대 기호로서의 슬픔은 애도 혹은 멜랑콜리의 이분법을 넘어서는 슬픔이다. 그것은 삶과 죽음 사이를 떠나지 않는 애도, '그 무엇으로도 대체할 수 없는' 슬픔이다. 이런 슬픔은 개인적 차원을 넘어 역사적 사건에서도 마찬가지다.

「숨어 우는 야고」, 「검정 고무신」에서 작가는 제주 4·3의 역사적 아픔을 슬픔으로 승화하고자 한다. "치열하게 요동치는 시대를 살아야 했던 할머니의 삶이 억새꽃처럼 새었다"는 표현은 곧 인간이 저지른 왜곡된 역사에 대한 반성적 성찰을 뜻하고, 이를 통해 역사적인 슬픔의 의미를 다시 살피고자 하는 작가의 태도라고 할 것이다. 언제나 그렇듯 문학을 포함한 예술의 진정한 힘은 '외적인 힘'에 대비되는 건강하고 창조적인 '내면의 힘'을 의미한다. 삶을 위한 진정한 힘은 건강하지 못한 현실의 부분, 다시 말해 세상의 타락과 부정을 비난하고 비판하면서 맞서는 가운데 생겨난다. 이것이 바로 문학이 새로운 삶을 위해 창조해야 할 기능이며 역할이다. 이런 점에서 진해자의 수필에서 나타나는 개인적·역사적 슬픔은 제주 들판의 야고처럼 "지워지지 않는 존재의 흔적"으로 남아 눈물을 흘리게 한다.

삶과 역사의 수레는 잠시도 요동을 멈추지 않는다. 그러나 우리의 삶은 슬픔과 눈물을 통해 내면의 상처를 치유하고 생의 무대를 확장해 나간다. 아픔에 젖은 날들을 슬픔의 눈물로 채색할 때에야 한 편의 좋은 시와 수필이 탄생할 수 있다. 강물이 바다를 향해 흐르면서 스스로를 정화하듯 자신을 위해서도 타인을 위해서도 사람은 때로 눈물을 흘려야 한다. 이때의 눈물은 단순히 슬픔을 완화하는 치료제가 아니라 슬픔과 공감하며 인생과 세상을 향한 마음의 문을 여는 아름다운 미학이 될 수 있다.

3.

삶에서 우리는 다양한 슬픔을 대면하게 되고 그에 대한 깊은 애도의 마음을 표현한다. 지난한 애도의 과정 후에도 도달하기 힘든 '슬픔의 끝'은 어떤 지고한 표현으로서도 설명하기 쉽지 않은 상태의 슬픔이다. 작가로서 이 슬픔을 표현하는 방식은 어떤 것이 있을까. 다시 바르트 식으로 말하자면, '슬픔의 언어화'라는 질량이 과연 얼마나 측정 가능한 것인지 알 수 없는 일이지만, 이를 글로 기록해내는 것이 문학이며 진정한 슬픔의 애도란 오직 언어를 통한 글쓰기를 통해서 이루어질 수 있는 것이라 할 수 있다. 진해자는 슬픔과 고통의 감정을 사랑과 그리움의 글쓰기로 치환한다.

진해자의 작품에서 누군가를 위한 사랑과 그리움의 감정은 지속적으로 표현되고 있다. 그중에서도 가장 지극하게 나타나는 것은 먼저 저세상으로 떠난 아들은 물론 부모님에 대한 사랑과 그리움의 감정이다. 「아버지의 연장통」, 「석공의 소원」 같은 작품에서 잘 나타나듯이, 현대사회에서 아무리 아버지의 존재가 쇠락할지라도 아버지다움이란 가족을 위한 헌신과 믿음 안에서 회복될 수 있다고 작가는 생각한다. 가족과 후손들의 생존을 지켜줄 수 있는 최선의 능력을 아버지가 보여줄 때야 가족공동체는 새로운 모습으로 복원될 수 있다. 비록 나이가 들어 나약한 존재가 되었지만, 아버지는 여전히 우리의 삶에서 지표와 같은 존재이다. 작가는 「아버지의 연장통」에서 아버지를 다음과 같이 그린다.

> 바닷가에 있는 자갈이 부딪치고 멍들며 조금씩 윤이 나는 것처럼, 시련을 참고 이겨낸다는 것은 훌륭한 작품을 만들기 위해 모난 곳을 수없이 쳐내는 돌 작업 같다. 모난 생각과 비뚤어진 마음이 고개를 들 때마다 정교한 작품을 위해 백번 넘게 망치질하는 아버지를 떠올린다. 공들이지 않으면 뛰어난 작품은 만들어지지 않는다. 돌 작업을 할 때만큼은 아버지가 세상에서 가장 멋져 보였다. 매 순간 최선을 다하는 모습은 아무렇게나 툭툭 놓아도 제 있을 자리에 있으면 아름답게 보이는 오래된 돌담 같다.
>
> ―「아버지의 연장통」에서

아버지는 "바닷가에 있는 자갈이 부딪치고 멍들며 조금씩 윤이 나는 것처럼, 시련을 참고 이겨"내는 존재이다. 그는 묵묵히 자기 일과 가족의 삶을 위해 최선을 다하면서 "아무렇게나 툭툭 놓아도 제 있을 자리에 있으면 아름답게 보이는 오래된 돌담"과 같은 사람이다. 우리 시대 아버지의 권위와 부성은 상실되어 가지만 작가는 「아버지의 연장통」에서 우리가 지켜야 할 소중한 아버지의 역사를 새롭게 인식하고 있다. 이런 감정은 어머니에게서도 여실히 나타나고 있다.

> 어머니의 나날도 마를 날이 없었다. 진자리에서 자식 둘을 잃었다. 살아 있으면 나의 오빠가 되어 있을 것이다. 어미 품을 떠난 작은 생명이 채 피어보지 못하고 밤하늘에 별이 되었다. 깜깜한 굴뚝에서 불을 지피며 남모르게 흘렸을 눈물이 얼마일까. 속울음을 삼키며 남아 있는 자식의 건강을 활활 타오르는 불꽃에 빌었을 것이다. 불을 지피고 나오는 어머니의 머리 위에는 작은 별 두 개가 유난히 반짝였다.
>
> ―「어머니의 불씨」에서

어머니에 대한 사랑의 감정이 없는 사람이 없겠지만, 진해자에게 모정의 감정은 더욱 지극하다. 「고장난 벽시계」, 「어머니의 불씨」, 「침녀針女」, 「닻을 내리다」, 「커튼을 열다」와 같은 많은 작품에서처럼 어머니는 '사랑'의 기억으로 남아 있다. 작가에게 어머니라는 존재는 "바늘귀에 실을 넣어 바느질로 사람의 마음과 마음을 이어주었다. 세상의 모든 조각을 모아 하나의 완성품으로 만들어 가고자 하는 마음, 그것은 바느질을 통해 사랑과 화합을 이루어내고자 하는 마음이다"(「침녀(針女)」). 작가는 아버지와 어머니의 마음에서처럼 아무리 삶의 상황이 어렵고 힘들어도 사랑과 희망의 언어를 살리고자 한다.

> 휑하던 당근밭이 푸르름으로 다시 차오른다. 아무리 척박한 땅속이어도 희망을 놓지 않는다면 싹 틔울 거라는 남편의 작은 소망이 이루어졌다. 내 마음에도, 하늘에 별이 된 아이의 마음에도 영원히 지지 않을 꽃씨가 꿈틀거리며 파릇한 당근잎으로 새롭게 피어난다.
> ― 「아프지 않은 이별은 없다」에서

> 누군가를 위해 불을 밝힌다는 건 사랑을 주는 마음이다. 사랑은 사랑으로 다가온다. 옛날에는 오늘날 같은 난방이 없어도 추운 겨울을 따뜻하게 보낼 수 있는 사랑의 불이 있었다. 각지불, 호롱불, 등피불이 몸과 마음을 따뜻하게 해주었다. 그런 불을 피우던 때가 그리워지는 것은 은은하게 피어오르던 사랑의 불빛이 마음을 데워주었기 때문이다.
> ― 「도대불」에서

작품에 등장하는 화자는 자신의 삶의 상황을 힘겨워하고 있다. 자신보다 무거운 삶의 무게를 지니고 있는 이는 없다고 여긴다. 이런 삶의 무게는 주체를 황량하고 고통스러운 세계로 이끌어간다. 그렇지만 그는 현실적 어려움 속에서도 진정한 삶의 가치와 진실을 추구하고자 한다. 그것은 오직 "아무리 척박한 땅속이어도 희망"이 피어날 것이라는 소망, "은은하게 피어오르던 사랑의 불빛"이 있기 때문에 가능한 일이다. 그래서 작가는 어머니에 대한 기억을 찾아내고, 어머니가 던져주는 눈물과 슬픔의 의미를 통하여 더 나은 삶과 세상을 소망하는 상상력을 발휘한다. 이런 마음은 작고 하찮은 사물들에 깊은 애정과 관심을 보이고, 그들에 생명의식을 부여함으로써 더욱 승화한다.

작가의 작은 것에 대한 사랑과 버려진 것에 대한 소중함의 마음은 작품의 도처에 산재해 나타난다. 작품에서 나타나는 '국화꽃', '고무신', '칼집', '만년필과 잉크', '눈사람' 그리고 길가에 버려진 '벽시계', '장롱', '냉장고'는 모두 작가의 이런 정신을 밝히기 위한 상관물이다. 글을 읽고 쓴다는 것은 나와 타자의 삶에서 상실되고 버려진 것들 사이에서 또 다른 가능성의 세계를 찾기 위한 행위이다. 말하자면 그것은 나의 영혼을 다른 사람의 영혼과 일치시키기 위한 노력이기도 하다. 표현을 달리하면, 글 읽기와 글쓰기는 다른 사람의 생각을 내 것으로 만들고, 내 생각을 다른 사람에게 불어넣는 일종의 '정신적 교감 행위'라고 할 수 있다.

이상적인 글 읽기와 글쓰기란 하나의 절실한 영혼과 다른 영혼이 만나 불꽃을 튀기는 점화와 생성의 시간이라 할 수 있다. 그러면서 그들은 지난 시간의 세계를 반추하거나 새로운 시간의 세계로 도약하기도 하고 그동안 닫혀있던 세상과 존재의 모습을 새롭게 열어간다. 여기에서 생기는 충격과 경탄과 감동의 시간은 새로운 삶의 가능성으로 열리게 된다. 진해자의 수필이 주는 이러한 문학적 경험을 통하여 우리는 이 험난한 인생과 세상에 대한 새로운 사랑과 희망의 깨우침을 얻게 된다.

4.

　삶에서는 수많은 상실이 이루어진다. 사람들과 헤어짐, 사랑하는 사람의 죽음, 아끼던 물건의 멸실, 이런 수많은 상실 속에서 견딜 수 없는 슬픔과 공허가 찾아오지만, 시간은 새롭고 낯선 상황을 만들어낸다. 삶에서 하나의 문이 닫히면 언제나 또 다른 문이 열린다. 삶에서 가장 큰 상실은 상실 그 자체가 아니라 우리가 살아 있는 동안 함께 있던 것들과 헤어져야 한다는 사실이다. 하루가 낮과 밤으로 이루어져 있듯이 만남과 이별, 삶과 죽음은 분리된 별개의 다른 세계가 아니다. 이들은 서로 분리되어 있으면서 연결되어 있다. 그 경험들은 우리에게 눈물과 슬픔을 안겨 주며, 그에 대한 언어적 표현이 바로 시가 되고 수필이 된다.

　진해자의 수필에서 눈물은 정신을 정화하고, 진리를 향한 과정이 되기도 한다. 눈물의 과정을 거치면서 구원과 깨달음의 세계로 나가게 된다. 작가는 일상적인 가치를 넘어서 세상에서 소외당하고 상실된 것들을 쉽게 외면하거나 버리지 않고 마지막까지 자신의 것으로 간직하려 한다. 비록 '눈물'은 작고 지나치기 쉽지만, 빛과 소금의 역할을 하여 세상을 아름답게 바꾸리라 믿는다. 요컨대 진해자의 작품에 등장하는 눈물은 꿈, 이상, 진실과 같은 내면적 가치의 의미들을 우리에게 환기시킨다. 또한 눈물을 통하여 주위의 사라지는 모든 것들에 대해 깊은 애정을 보이는 존재론적 의미를 일깨운다.

　세상이 헛된 웃음을 추구한다면, 작가는 눈물을 통하여 더 슬프고 고독하지만 역설적으로 더 깊어지고 진실해지고자 한다. 진해자에게 글쓰기는 눈물과 같은 것이다. 자신의 슬픔은 물론 타자의 슬픔을 이해하는 것은 결코 쉬운 일이 아니지만, 이를 실천하기 위해 노력하는 작가이다. 이 말은 글쓰기로써 인생과 세상을 더 깊게 이해하면서 "아픔 뒤에 있는 행복"을 만나고자 하는 소망의 다른 표현이다. 진해자의 문학과 인생의 앞날이 슬픔의 폐허에서 새로운 생명의 싹을 피우는 꽃씨처럼 활짝 승화하길 빈다.

생성과 소멸, 꽃으로 읽는 세상
— 오금자의 수필 세계

1. 꽃과의 내통을 통한 세상 읽기

수필가 오금자가 수필집 『꽃이여, 떠나지 마라』를 상재한다. 수필집의 제목이 시사하듯이 작품을 읽다 보면 무엇보다 우리의 시선을 끄는 것은 작가가 꽃과 나무를 통하여 인생과 세상의 모습을 읽어내고 있다는 사실이다. 오랜 세월 동안 꽃은 인간의 감정과 상상을 자극해 오면서 사랑의 상징이며 기쁨을 주는 선물이었다. 인류 문명이 이루어진 이래 인간은 꽃을 통하여 아름다움과 감동을 주고받아 왔고, 사람들의 예술적 감성과 상상력을 진화하는 데도 커다란 역할을 해 왔다.

오금자 수필이 '꽃'과 '나무'의 이미지로 가득 찬 것은 식물이 지닌 여러 속성을 문학적으로 표현하고자 하는 작가의 의도이기도 하지만, 꽃과 나무의 생태가 인생과 세상을 은유하기에 더없이 적합하기 때문이기도 하다. 그동안 꽃과 나무가 수행하는 문학적 상상력의 수원水源

으로서의 역할은 매우 지속적이고도 견고한 것이었다. 작가가 바라보는 꽃의 의미는 일차적으로 그 아름다움과 덧없음에의 탐색으로 문학적 상상력의 핵심에 놓인다. 여기에 더해 작가는 생성과 소멸에 대한 깨달음을 통해 인생과 세상의 질서를 새롭게 이해하고자 한다. 예컨대 자작나무를 바라보는 작가의 시선을 따라가 보자.

> 자작나무숲으로 들어가면 나무들만 있는 것은 아니다. 그 속에는 무수한 생명이 태어나고 죽음을 맞이한다. 작은 씨앗이 땅에 떨어져 나무와 풀이 자란다. 새들은 둥지를 틀고, 동물들은 새끼를 낳고 기른다. 숲은 생명의 탄생과 성장의 장소로 끊임없는 에너지를 불어넣어 준다. 하지만 죽음을 맞이하는 장소이기도 하다. 세월의 흐름에 나뭇잎은 생기를 잃고, 동물들은 노화로 사라진다. 죽음은 또 다른 생명의 시작이다. 숲은 순환의 고리를 이어가며 살아있던 생명은 다시 흙으로 돌아간다. 숲은 우주의 근원이며 생명과 소멸의 법칙을 가르쳐 준다.
> ─ 「자작나무 숲에서」에서

작가는 자작나무 숲에서 '자연과 생명의 순환'을 생각한다. 인간은 욕망과 이기심에 따라 쉽게 자연을 이용하고자 하지만, 나무는 언제나 그 자리에서 인간에 대한 신뢰와 희망을 포기하지 않는다. 계절은 어김없이 흘러가고 다시 돌아온다. 자연에 안겨있던 자작나무처럼 작가의 자연 속 나무에 대한 믿음은 뿌리 깊다. 그리하여 "숲은 우주의 근원이며 생명과 소멸의 법칙을 가르쳐 준다."는 사실을 깨닫는다.

오금자는 삶의 동토에서 벗어나기 위해 혹은 인생과 세상에의 깨달음을 위해 꽃과 나무와 은밀한 내통을 한다. 사랑을 위한 내통은 애타고 열렬한 마음에서 출발한다. 이러한 사랑은 은밀하게 이루어질수록 좋다. 사랑이란 실존하는 존재로서 관심과 소통에 근간을 두고 있기 때문이다. 현실의 온갖 세속성과 복잡성에서 벗어나 열린 마음으로 상대를 사랑할 때 그것은 더욱 깊고 열렬해진다. 따라서 꽃과 나무에 대한 작가의 사랑은 "이 번잡한 세상에서 꽃을 만날 수 있는 숲과 정원이 있다는 것은 축복된 일이다. 꽃과 나무가 없어지고 벌과 나비가 사라지는 세상을 상상할 수 없다."(「꽃이여 떠나지 마라」)고 표현된다. 요컨대 오금자의 꽃과 나무에 대한 지극한 관심은 "꽃은 하나의 생명으로 태어나 이 세상에 간곡한 사랑의 마음을 보여준다. 꽃은 사람처럼 헛된 맹세도 하지 않고 배신도 하지 않는다. 내가 꽃을 사랑하는 것은 말 없는 생명이 지니고 있는 저 간절한 사랑의 마음"(「책머리에」)에서 비롯한다.

사랑이 담긴 시선은 꽃을 결핍으로부터 구원한다. 바라본다는 것, 관심을 가진다는 것은 구원을 의미한다. 꽃을 바라보는 시선을 통하여 작가는 타자와 사랑하는 관계를 맺는다. 타자와의 진정한 관계는 가까움을 전제로 한다. 꽃은 가까이 있지만, 그 사이에는 거리가 놓여 있다. 거리의 제거는 가까움을 더욱 키워 꽃과 대화를 나누고 그들을 통해 인생과 세상의 깊은 의미를 얻어 낸다.

수많은 봄날이 우리 곁에 다가왔다 사라지지만 아무도 기억하지 않는 꽃들과 교감하면서 사랑을 나누는 사람은 드물다. 꽃들은 잠시 이 세상에 나타났다가 없어지지만 우리 곁에 항상 존재한다. 잠시에서 영원으로 이어지는 꽃들로부터 삶에 대한 아픔, 희망, 사랑 같은 의미를 불러내고자 하는 사람이야말로 진정한 시인이며 작가이다. 어둠 속에서 빛을 찾아내고, 절망에서 희망을 노래하는 진짜 작가는 부재에서 존재 증명을 이루는 사람이다. 오금자는 찬란한 아침 햇살과 함께 피어나는 꽃의 생성과 저무는 들판에 내리는 노을과 함께 지는 꽃의 소멸을 읽어내는 작가이다. 그의 눈과 마음에는 진정으로 문학과 세상을 사랑하는 심성이 담겨 있다.

오금자의 수필에 나타나는 '꽃'과 '나무'의 목록은 작품 전체를 지배하고 있는 상징이며 은유이다. 작품집에 나타나는 수련·수선화·이팝나무·안개꽃·달맞이꽃·벚꽃 같은 '꽃'의 세목들과, 자작나무·팽나무·감귤나무·겨울나무 같은 '나무'의 세목들은 일일이 열거하기 어려울 정도다. 이 꽃들의 모습은 작품 전체를 관통하는 중심 심상으로 자리하고 있다. 작품에서 꽃은 인생과 세상을 은유하는 심상으로 전개되면서 그 편재적 내연을 넓히고 있다. 꽃은 생태적 자연 사물이기도 하지만 인생과 세상을 드러내는 상징적 제재이다. 말하자면 오금자의 작품에서 꽃은 어떤 상징으로 전화轉化되는 관념적 사물로서 존재할 뿐 아니라 인생과 세상의 도저한 의미를 밝히고자 하는 심상으로 기능한다.

2. 꽃이 피는 일, 꽃이 지는 일

자연에는 항상 변화가 일어나고 있으며 그 내부에는 생성과 소멸이란 질서가 내재하고 있다. 특히 꽃과 나무는 이런 양면적 의미를 가지고 있다. 그들은 삶과 죽음, 기쁨과 슬픔, 희망과 절망이라는 등가적 구조로 이루어져 있기 때문이다. 꽃은 오랜 세월 동안 인간의 기쁘고 슬픈 감정을 표현하거나 전달해야 할 때 중요한 역할을 해왔다. 이런 안팎의 양면적 질서 속에서 삶과 세상의 의미를 깨닫기 위해 작가들은 피어나고 사라지는 꽃을 자신들 곁에 잡아 놓기 위해 애썼다.

꽃은 피어 있을 동안의 아름다움과 함께 결국은 소멸해야 한다는 한시성의 심상을 지닌다. 언젠가는 필연적으로 낙화하면서 생을 마감해야 하는 꽃은 삶의 덧없음 혹은 존재자의 죽음을 은유한다. 이러한 두 원형적 심상을 연결하면, 꽃이 맞는 개화의 아름다움의 절정은 낙화의 순간에 완전히 소멸한다. 결국 꽃의 아름다움은 개화와 낙화 사이에서 생성과 소멸의 순간을 맞게 된다. 누가 부르지 않아도 꽃은 피고 지듯이 우리네 삶 또한 그런 대자연의 운행 법칙에 따라 생과 사의 섭리가 자연스레 이루어진다. 『꽃이여, 떠나지 마라』에서 작가의 이런 인식은 여러 작품에서 드러난다.

> 아픔이 없는 삶은 없다. 슬픔이 때로는 너무 크고 깊어서 시간이 멈추어 주길 바란 적도 있었다. 아프다는 것은 살아 숨 쉬고 있다는 증거인 동시에 더 강하게 자신을 달구는 일이다. 모든 것이 휘어지고 부러지고 떨어져 나갈지라도 뿌리를 내린 땅에서 살아가야 한다. 끝없이 방황하며 척박한 땅에서 뿌리를 내리고 꽃을 피우는 민들레처럼 나의 삶도 강철로 거듭 태어날 수만 있다면 얼마든지 아파도 좋다. 하늘과 푸르게 눈 맞춤을 할 수 있는 것은 희망을 포기하지 않았기 때문이다.
> ―「민들레 홀씨 되어」에서

화자는 매우 경건한 태도로 민들레의 삶을 바라본다. 어떤 존재자의 삶에도 가벼움과 무거움이 별개로 있는 것은 아니다. 화자는 민들레의 삶에 깊은 연민을 보내는 동시에 그의 거룩한 생명력에 외경을 보낸다. 꽃은 잠시 피어나는 존재이지만 마지막 순간까지 자신의 존재를 위해서 아픔과 슬픔을 감내한다. "끝없이 방황하며 척박한 땅에서 뿌리를 내리고 꽃을 피우는 민들레"이지만 길거리에 핀 이 꽃이 얼마나 거룩한 생명의 아름다움을 지니는 존재인가를 작가는 상징적으로 보여준다. 작가가 보여주는 민들레의 작은 생명과 소멸의 과정이야말로 덧없는 우리의 삶을 여실하게 보여주는 과정이 아닐 수 없다.

이렇게 꽃이 피고 지는 모습은 삶의 가장 경건한 은유로 현시되고 있다. 오금자의 눈에 포착되는 개화와 낙화는 순차적이고 단선적인 생물적 과정이 아니라 우주의 순환적인 생명 질서 안에서 서로를 존재케 하는 특성을 보인다. 개화와 낙화는 무수히 반복되는 생성과 소멸의 현상이고, 이것은 곧 인간의 삶과 죽음의 과정을 보여주는 것이기도 하다. 작가의 이런 세계관은 많은 작품에서 나타나고 있다.

> 바람이 분다. 흔들리지 않으려고 몸을 꼿꼿이 세워 보았다. 날아가지 않으려고 옷깃을 여미어 본다. 바람 앞에서는 언제나 속수무책이었다. 아무리 몸부림을 쳐도 바람은 사정없이 나를 흔들어댔다. 그러나 바람은 바람일 뿐, 결국 고요해지고 사라질 거다. 흔들릴지언정 떨어져서는 안 된다. 절망에 빠지고 어둠 속을 헤매어도 가라앉지는 않아야 한다. 바람 부는 산그늘 속에서 저물어갈지라도 더는 슬퍼하거나 절망하지 말자. 속속들이 아픈 상처를 이겨내는 꽃, 아픔이 큰 꽃일수록 더욱 곱고 향기가 나는 법이다. 아픔 속에서 사랑과 행복은 피어난다.
> ―「복수꽃 피던 언덕」에서

 작가는 복수꽃을 통해 자연의 생명 현상과 순환 과정으로서의 꽃이 피고 지는 풍경을 아름답게 그려낸다. 꽃이 피고 지는 것은 외따로 떨어져 나타나는 현상이 아니라 반복적이고 순환적인 자연 질서 속에 함께 이어지는 삶의 모습이며 과정이기도 하다. 또한 거칠고 모진 세상의 바람에 떨지 않으려고 옷을 두텁게 입거나, 바람에 흔들리지 않으려고 몸을 숙이고 큰 나무를 힘껏 붙잡고 선다. 아무리 자신을 흔드는 바람일지라도 한낱 바람일 뿐, 끝내 그 바람은 지나가고 말 것이어서 화자는 이 세상의 풍파를 이겨내고 말 것이라고 다짐한다(「돌아온 제비꽃」). 여기서 우리가 주목할 것은 오금자의 작품에서 거듭 나타나는 '바람'의 이미지이다. 작품에서 '바람'은 거칠고 험난한 '인생'의 다른 이름이라 할 수 있다. 모든 꽃은 자신의 화려함과 아름다움을 과시하며 살아가지만, 삶과 세상의 아픔과 슬픔을 다 삼키고 있다. 꽃이든 인간이든 거친 세상의 풍파에 시달리면서도 자신의 삶을 영위해야 할 운명을 지니고 있다. 그리하여 작가는 꽃이 피고 지는 것을 보면서 인생의 한 장면을 보는 듯하게 느낀다.

> 모든 꽃은 자신의 화려함과 아름다움을 과시하며 살아가지만, 세상과 인생의 아픔과 슬픔을 다 삼키고 있다. 아무리 화무십일홍花無十日紅이라 하지만 꽃이 피고 지는 것을 보노라면 인생의 한 장면을 보는 듯하다. 그들은 제 삶을 다 마치고 나면 아무리 이름을 불러도 뒤돌아보지 않고 사라진다. 힘들게 피던 순간과 서럽게 떨어지는 영원 사이에서 배회한다. 아무리 손을 잡으며 따라가도 대답하지 않는다. 밤하늘에서 유성이 덧없이 사라지듯이 꽃에는 세상의 아픔과 상처가 잉태되어 있다. 언제나 떠나는 저녁노을처럼 사람도 떠나고 꽃들도 하나둘 떨어진다. 그래서 법정 스님도 "살아있는 것은 아픈 것, 아름다운 것은 어지러운 것"이라고 하지 않았던가.
>
> ―「꽃이여, 떠나지 마라」에서

바람과 함께 오금자 수필에 등장하는 또 다른 주요한 이미지는 '노을'이다. "언제나 떠나는 저녁노을처럼 사람도 떠나고 꽃들도 하나둘 떨어"지듯이, 노을은 꽃이 지는 것과 등가의 의미를 갖는다. 작품에 수시로 등장하는 노을은 여러 의미로 해석될 수 있으나 노을은 소멸하는 것에 대한 사랑의 표현이다. "지는 석양을 말없이 바라보다 살아온 시간이 순간임을 알게 된다. 인생길에서 밝음과 어둠이 자리를 바꾸며 나타나고 사라졌다"(「들국화 지는 자리」). 마침내 작가는 말한다. 그 어떤 시련이 닥쳐오더라도 삶은 아름답다는 사실, 살아있다는 사실 자체만으로도 삶은 축복이라는 것을.

『꽃이여, 떠나지 마라』에 등장하는 여러 꽃은 형태적 이미지로는 어떤 결실을 향해 나아가는 과정 중인 '꽃'에 불과할지 모르지만, 작가가 발견한 '꽃'의 의미는 세상의 상처와 결핍이 잉태한 하나의 결과물로 존재한다. 작품에서 꽃은 단순히 관조의 대상으로서의 꽃이 아니다. 작품에 등장하는 꽃의 실체는 영원을 향해가는 존재의 지향, 상처를 이겨내고자 하는 슬픔, 결핍에서 새로운 잉태를 이루고자 하는 일종의 결과물인 셈이다. 그래서 오금자의 작품에서 꽃은 더욱 화려하고 새로운 구원을 향한 간절한 표현물로 드러난다. 작가가 펼쳐낸 꽃의 상상력은 있는 그대로를 드러내는 묘사에 멈춰 있지 않다. 묘사를 넘어서며 나온 꽃의 상상력은 꽃이 갖는 색채와 모양과 향기를 통해 삶과 세상의 이미지를 일구어내고 그들의 관계망 안에 연결해 독자적인 문학적 세계를 구축하고 있다. 그러면서 작가는 화양연화의 시절을 꿈꾼다.

3. 화양연화의 시절을 꿈꾸며

꽃이든 인간이든 모든 존재는 가장 아름다운 시절의 화양연화를 꿈꾼다. 삶이 아무리 힘들고 어려워도 언젠가는 다시 화려하게 꽃 필 날이 온다. 그래서 한 송이 꽃을 피운다는 것은 위대한 일이다. 오금자에게는 인생에서 가장 아름답고 행복한 날은 바로 꽃과 만나는 시간이다. 아름다움과 생명력을 지닌 꽃과의 만남은 가장 행복하고 살아있는 시간이다. 작가에게 꽃을 만나는 시간은 삶이 꽃이 되는 순간이고, 꽃이 삶이 되는 순간이다. 꽃으로 제시된 은유는 감춰진 것을 조심스레 알려주고 내밀한 흔적을 비유적으로 표출한다.

오금자에게 꽃은 삶의 아름다움과 생명력을 동시에 보여주는 도구이다. 우리가 꽃의 심상을 생각할 때 가장 먼저 떠오르는 것은 꽃이 지닌 아름다움과 생명력이라고 할 것이다. 청년 나르키소스가 죽어 환생한 수선화의 이면에는 아름다움에 대한 관념이 선명하게 담겨 있다. '장미' '수선화' '벚꽃' 같은 꽃이 아름다움의 상징으로 적극 쓰이고 있는 것도 이러한 사실을 잘 말해준다. 그런데 여기서 자연은 완전하고 아름다운 외관으로써의 미뿐만 아니라 그 내부에는 생성과 소멸이라는 정연한 질서가 내재되어 있다. 자연이 가진 깊은 아름다움 속에는 생명이 지닌 신비로움과 그에 대한 끊임없는 동경의 마음이 담겨 있는 것이다.

오금자는 꽃의 아름다움과 생명력을 지닌 화양연화의 시절을 통하여 자신의 존재와 삶을 새롭게 인식하고자 한다. 작가는 꽃을 통하여 좀 더 의지적으로 아름다움과 생명력을 지닌 자아로 거듭 깨어나기를 소망한다. 그는 꽃과 나무의 향일성을 주목하면서 식물이 가진 견고한 생태적 원리를 포착해 이 세상과 결합시키고자 한다. 꽃이 이 세상을 더욱 아름답고 생명력 있게 만들기 위해서는 꽃에 대한 새로운 인식이 필요하다. 작가에게 숲과 꽃과의 만남의 시간은 긍정의 시간이다. 작가는 꽃과의 만남, 숲에서의 체험을 이렇게 이야기한다.

> 세상에서 가장 믿음직스럽고 소중한 것은 무엇일까? 인생을 살면서 우리는 마지막 순간까지 누군가를 기다린다. 기다림이 없는 삶은 곧 절망을 의미하는 것이다. 기다림은 지루하고 초조하게 정지된 시간이 아니다. 과거와 미래를 넘나들며 꾸는 꿈이고 희망이다. 새로운 만남과 시작으로 통하는 디딤돌이며 건너야 할 다리이다. 기다림은 더 많이 참을 수 있게 하고, 더 먼 것을 볼 수 있게 한다. 캄캄한 어둠 속에서도 빛을 가져올 수 있게 하는 마음과 같은 것이다.
>
> ─「달의 요정 달맞이꽃」에서

숲으로 가보았는가. 몇백 년 묵은 아름드리나무들이 서 있는 숲에 가보라. 건장한 외모와 푸른 모습들, 이 세상에 생명을 불어넣어 준 어머니의 품이다. 푸름을 통해 적층의 세월을 본다. 봄이 오는가 싶더니 세상은 연두색으로 변했다. 지난겨울의 잿빛을 물리치고 봄비가 내리고 산천에는 온통 연두가 밀려왔다. 연두는 어둠과 슬픔을 이겨낼 수 있게 하는 위안의 색이다. 어둠을 넘어선 연두 덕분에 숲은 푸르게 물들어 초록의 시간을 맞이한다. 초록으로 살아 술렁이는 생명의 움직임을 만져본다. 나는 얼마나 살아야 저 연두와 초록의 시간을 함께 나눌 수 있을까.

— 「聖 숲 俗」에서

「달의 요정 달맞이꽃」에서 작가는 기다린다는 것은 힘들고 고달픈 일이라는 사실을 보여준다. 과거와 미래를 넘나드는 시간의 기다림은 꿈이고 희망이다. 새로운 만남과 시작으로 통하는 디딤돌이며 건너야 할 다리이다. 기다림은 더 많이 참을 수 있게 하고, 더 먼 것을 볼 수 있게 한다. 「聖 숲 俗」에서 숲은 성스러운 곳이면서 세속적인 곳이다. 자신을 일렁이게 하던 사랑의 순간도, 모든 욕망도 시간의 기억 저편으로 사라질 것이다. 숲을 두근거리고 수런거리게 하는 화자의 물음은 숲을 향한 새로운 존재의 질문이다. 그러면서 화자는 꽃이 피고 새가 울고 초록이 무성한 숲이 될 때까지 새로운 삶을 기다릴 것이라고 다짐한다.

작가는 꽃의 이미지를 빌어 우리의 존재를 은유적으로 표현하기도 하고, 꽃과 함께 그 너머에서 살아 꿈틀거리는 꿈을 꾸기도 한다. 작가는 "죽어가던 겨울나무에도 마침내 잎이 무성해지고 꽃이 피고 새들이 지저귈 것"이라는 믿음을 간직하고(「겨울나무 곁에서」), 수선화를 바라보며 새로운 "생명의 길을 열고 태어난" 존재와 시간의 경로를 따라가고(「수선화의 시간」), 이팝나무를 통해 우리에게 생명과 희망을 주는 '밥'의 의미를 읽고(「이팝나무의 밥상」), 들국화를 통해 노인복지관 급식센터에서 본 노인들의 슬픈 생존을 생각한다(「들국화 지는 자리」). 꽃과 숲을 통하여 이루어지는 이런 작가의 믿음과 공감은 곧 인간과 세상에 대한 사랑으로 이어진다. 그러나 이 세상에서 이런 연민과 사랑의 마음이 갈수록 사라져 간다는 사실이 작가를 슬프게 한다.

　오금자의 작품들이 우리에게 던져주는 가장 중요한 메시지는 무엇보다도 우리에게서 꽃을 사랑하는 마음이 사라져 가면서 이 세상을 위한 화양연화의 꿈도 사라져간다는 사실이다. 과거의 시간에만 매달려 현재와 미래에 다가올 더 찬란한 순간을 놓친다면 이보다 안타까운 일은 없다. 진정한 화양연화는 인생과 세상에 대한 깨우침을 통하여 우리의 삶에 대한 꿈을 새롭게 이루는 데 있다. 과거의 삶을 교훈 삼아 다가올 새로운 화양연화의 시절을 만들 수 있다면 그 시간이 바로 꽃길이 될 것이다. 작가가 꽃과 나무를 통하여 생각하는 것은 어제보다 오늘이, 오늘보다 내일이 더욱 찬란하게 될 것임을 믿는 긍정의 마음이다.

4. 꽃이여, 떠나지 마라

　아름답게 피어났던 꽃은 어느 순간 허무하게 떨어진다. 작가는 우리에게 찬란한 봄이 자꾸 사라지고, 꽃이 우리 곁을 떠나고 있다는 사실에 절망한다. 해마다 봄은 쉽사리 오지 않고 조심스레 멀리서 눈치를 살피며 다가온다. 봄꽃들도 숨어있다가 조금씩 숨결을 고르며 어느 날 갑자기 피어났다가 갑자기 사라진다. 그리하여 "우리를 황홀하게 만들던 모든 꽃은 한순간에 떠나 버리고 없다. 초봄에 만난 매화와 진달래, 가을에 피는 국화에 이르기까지 너와 더불어 피고 지던 시간, 노을이 저물어 오는 영마루에 서서 아무리 불러도 대답이 없어라"(「꽃이여 떠나지 마라」)고 슬퍼한다.

이런 현상들은 인간과 자연의 거리로 인하여 생긴 삶의 위기를 말해주는 것이다. 인간의 욕심과 이기심으로 인해 생명체가 살아남기 어려운 세상이 되어감으로써 생겨난 일들이다. 작가의 말대로, 이 세상이 온통 꽃과 같이 되어 서로를 그리워하고 꿈꾸며 살 수 있다면 이 세상은 얼마나 평화롭고 아름다울까.

세상 모든 일이 그렇듯이, 꽃다운 것은 모두 아름답게 피었다가 허무하게 떨어지기 마련이다. 작가 오금자는 사라져 가는 것들에 대한 마지막 구원을 꽃과 나무에 대한 사랑에서 찾고 있다. 이것은 갈수록 삭막하고 힘들어가는 세상을 위한 작가의 깊은 열망을 말해주는 것이다. 그리하여 작가는 애타는 목소리로 인간과 세상의 생존을 위한 필연적 사유로서의 '생성'과 '소멸'의 의미를 추적고자 하였다.

이 수필집의 마지막 장을 덮으면서, 우리는 작가가 꽃과 나무들과 주고받은 언어가 단순히 자연 사물과의 대화를 위한 것이 아니라, 보다 깊이 있는 마음과 정신을 교류함으로써 다른 존재와 다른 세상으로 나아가기 위한 길을 찾고자 한 것임을 알게 된다. 꽃과 나무를 만나는 아침의 일출과 저녁의 일몰, 삶의 희망과 절망의 끝자락에서 인생과 세상의 의미에 대한 희미한 후광과 같은 깨달음을 경험하게 된다. 이러한 문학적 체험과 성취는 오금자 문학의 미래를 밝고 희망차게 하는 동력이 될 것임이 분명하다.

꽃다운 시절은 영원할 수 없다. 그렇지만 작가는 인생에서든 세상에서든 꽃다운 시절이 영원히 이어지기를 소망한다. 그리하여 절규하듯 외친다. "꽃이여, 떠나지 마라."

몸 철학의 구현을 위한 삶과 글쓰기
－고한철의 수필 세계

1. 몸과 마음을 위한 삶과 글쓰기

몸이란 무엇인가. 그리고 그에 대비되는 정신과 영혼은 무엇인가. 인간에게 중요한 것은 몸인가 정신인가. 어느 것 하나 답하기 쉽지 않은 물음들이다. 그래서인지 이런 의문에 답을 얻기 위해서 많은 철학자와 작가들은 고민해 왔다.

첫 수필집을 상재하는 고한철 작가의 고민도 이러한 맥락에 닿아있다. 고한철에게 가장 중요한 몸의 모티브의 하나인 '마라톤'에 대하여 작가는 "마라톤은 누구와의 경쟁이 아니라 자신과 싸움이다. 앞서 뛰는 사람을 부러워할 필요가 없는 운동이다. 먼 길을 뛰다 보면 불필요하게 쌓여있던 생각들이 바람에 하나하나 날아가고 새털처럼 가벼운 몸이 된다. 상쾌한 기분에 긍정적인 생각이 머리를 채운다."(「책을 펴내며」)라고 말한다. 이쯤 읽으면 작가에게 몸과 머리(정신 혹은 생각)가 하나의 선상에 놓여 있다는 것을 우리는 인식하게 된다.

오랜 세월 동안 인간이 진정으로 인간다워지기 위해서는 육체를 무시하고 정신적·윤리적 요구가 중요시되어 왔다. 그러나 육체를 경시하며 인간에게 육체란 빈껍데기에 불과한 것이어서 정신과 영혼이 중요하다는 사상은 현대에 이르러 무너지기 시작했다. 영혼은 고귀하고 몸은 가벼운 것이라는 관념에서 벗어나면서 현대의 많은 작가와 철학자는 비로소 몸의 소중함을 강조하고 영혼만큼 몸이 중요하다는 인식을 하기에 이른 것이다.

실제로 현대에 이르러 인간에게 몸과 육체는 정신과 영혼 못지않게 중요한 것으로 여겨진다. 현대의 대표적인 철학자인 니체의 철학은 한마디로 몸 철학이다. 그는 『차라투스트라는 이렇게 말했다』에서 "나는 전적으로 몸이며, 그 밖의 아무것도 아니다. 그리고 영혼은 몸에 속하는 그 어떤 것을 표현하는 말에 지나지 않는다."고 했다. 니체에게 인간은 그저 몸에 불과하다. 당연히 삶 또한 몸이다. 몸에서 시작해서 몸으로 끝나는 것이 그의 삶이며 인간이다.

고한철의 삶과 문학은 몸의 관점에서 이루어진다. 작가는 일차적으로 몸의 은유, 즉 신체가 은유하는 세계로서의 글쓰기를 우리에게 보여준다. 말하자면 삶에서 체득된 몸의 인식이 삶과 정신의 선線을 넘어 글쓰기로 나아가는 경로를 취한다. 작가에게 선을 넘는 것은 육체와 정신의 세계를 종합해서 일상생활에서 삶의 선을 올바르게 걸어가고 있는지 성찰하는 의미를 갖는다. 작가는 운동경기에서와 같이 나름대로 기준을 정해 놓고 그 선을 지키려고 노력하고 있다. "선은 지키라는 기호다. 선이 그어지면 넘어가지 말라는 경계이고 규칙을 위반하면 처벌받게 된다는 고지이다. 흔히 선을 넘었다 함은 부정적인 이미지를 떠올리게 한다."(「선」)

작가에게 선을 넘는 것은 마라톤에서 출발을 의미하는 동시에 인생에서 올바른 길을 걷는 길이기도 하다. 이런 삶의 태도는 그대로 이어져 자신이 책을 펴내는 의도이기도 하다. "책을 펴내며 삶의 마지막 선은 황혼 길이었으면 하는 바람"(「책을 펴내며」)이다. 우리가 생각하고 말하고 행동하는 모든 것은 신체화된 마음에 의존한다고 하지만, 고한철의 수필에 나타난 몸의 철학은 좋은 전범을 보여주고 있다. 이것은 "경험된 몸은 정서적으로 언어 속에 둘러싸이고 그 대가로 언어는 몸을 만든다."라는 라캉의 주장과도 맥락을 같이 하는 것이다. 우리가 이해하는 이 세계의 모습은 적어도 우리의 감각 기관, 특히 몸으로 인해 이루어지고 몸으로 인해 우리의 문화와 삶의 환경이 규정된다. 나아가 글쓰기도 그런 신체화된 이해와 사고에 의존한다.

어쨌든 우리가 강조해야 할 것은 몸과 마음의 건전한 '건강'임이 분명하다. 건강한 몸을 가진 자는 건강한 정신을 생산할 것이고, 그 반대도 마찬가지이다. 몸과 정신, 이 두 가지는 서로 분리되거나 경외될 수 없이 일정한 선을 건널 때에야 비로소 건강한 존재를 유지할 수 있게 된다. 마음은 몸의 그림자라고 해도 지나친 말이 아니다. 온전한 정신을 다스리는 것도 중요한 일이지만 건강한 몸을 유지하는 것은 더욱 중요한 일이다. 고한철의 수필은 이러한 몸과 마음을 위한 몸철학을 잘 구현하고 있다.

2. 몸철학, 몸의 실재화

인간을 형성하는 가장 중요한 영역인 몸은 우리가 알 수 없는 무엇인가로 가득 차 있다. 그래서 몸은 자신의 것이면서 타자의 것이어서 고정된 틀을 허용하지 않는다. 새로운 기운을 받으며 새로운 존재로 다시 서고자 한다. 그러기 위해 몸은 쉼 없이 주위의 다른 물체들과 교섭을 하고 다른 분위기 속에서 즐거워하기도 하고 괴로워하기도 한다. 말하자면 몸은 충전적充塡的이고 개방적으로 열려 있고 세계 속에서 또 다른 존재로 변화하고자 한다. 고한철이 마라톤 완주의 꿈을 버리지 못하는 이유는 쉼 없이 운동을 통하여 몸이 외부 세계와 접촉함으로써 자신을 정신적 육체적으로 새로운 존재로 거듭나고자 하기 때문이다. 작가는 마라톤을 하는 이유를 다음과 같이 밝힌다.

> 그렇게 뛰어야만 하는 이유를 지금도 알 수 없다. 살다 보니 즐거운 시간보다 힘들고 고통스러운 시간이 더 많았다. 왜 그렇게 힘든 길을 마다하지 않고 달리느냐고 물으면 대답할 수가 없다. 그렇다고 아무런 생각 없이 무작정 뛰기만 하는 것도 아니다. 107리가 넘는 길을 뛰다 보면 많은 긍정적인 생각들로 머리를 채운다. 종심을 바라보는 세월까지 만났던 좋은 생각과 고마운 마음을 길 위에 펼쳐 놓으면 그 맛이 여간 아니다. 복잡하게 얽힌 사회생활을 하면서 지켜야 할 선을 제대로 지키고 있는지 뒤돌아보는 시간이 된다. 나름대로 기준을 정해 놓고 그 선을 지키려고 부단히 노력하고 있다.
> ― 「선線」에서

고한철의 경우 마라톤이라는 신체적 활동은 왼손에 찾아온 육체적 장애를 극복하기 위해서였으나 그보다는 점점 약해져 가는 정신과 영혼과의 싸움을 하기 위함이다. 자신의 정신을 채찍질하고 영혼의 빈구석을 채우기 위해서 뛰고 싶을 뿐이라고 진술한다. 끝까지 달릴 수 있게 도와주는 두 다리가 고맙게 생각되고 힘차게 고동치며 뛰어주는 심장이 있어 감사하게 느낀다. 42.195m를 4시간 가까이 달리면서 많은 생각이 떠오르지만, 그 순간 다시 힘을 얻는다. 그 힘든 거리를 포기하지 않고 발끝에서 심장 그리고 머리끝까지 온몸으로 느끼며 달릴 수 있는 행복감은 달려본 사람만이 느끼는 스릴이다(「마라토너의 꿈」).

화자의 말대로 마라톤은 누구와의 경쟁이 아니라 자신과 싸움이다. 앞서가는 사람을 부러워할 필요가 없는 운동이다. 그동안 달리면서 수없이 맞이한 고통과 괴로움이 있었다. 골인 지점이 보이기 시작하면서 느끼는 환희와 성취감이 오늘을 있게 했는지 모른다. 그러한 것들이 다시 무대에 서게 이끌었다. 마라톤은 마치는 날까지 건강을 지켜주는 파수꾼이 되고 또한 마음 근육을 강하게 단련시켜 주기를 기대한다.

고한철에게 마라톤은 자신과의 싸움인 동시에 굴곡과 산길을 걸어온 삶을 극복하기 위한 방편이었다. 마라톤을 하면서 작가는 달려온 인생길에서 넘나든 세월을 되돌아본다. 어려움이 닥칠 때마다 스스로 극복하고 헤쳐 나가며 꿋꿋하게 성장한 지난날이 있기에 지금은 든든한 뿌리가 되었다. 작은 태풍에도 흔들리지 않는 나무는 곱게 물들어 가고 있다. 힘든 과정을 겪어 보아야 값진 삶이 되었다. 그리고 오늘 맞이한 고통을 끝까지 이겨냈기에 진한 추억을 선 위에 뿌려 놓았다. 그러면서 이 나이까지 큰 고장 없이 달릴 수 있음은 축복이라고 생각한다(「선線」).

그래서 작가는 2005년 10월부터 오늘에 이르기까지 국내의 조선일보춘천마라톤, MBC국제평화마라톤, 중앙서울마라톤, 서울국제동아마라톤을 위시해서 보스턴마라톤, 도쿄마라톤, 베를린마라톤 대회와 같은 유명한 국제 마라톤 대회에서 풀코스의 완주 기록을 쌓게 되었다. 작가는 반복해서 묻는다. 왜 이 힘든 마라톤에 미련을 버리지 못하는 것일까. 그는 스스로 "마라톤을 완주하면서 키운 인내력과 정신력이 일으켜 세웠다. 신은 인간에게 참을 수 있을 만큼만 고통 준다고 했다. 고통 뒤에 오는 쾌감을 찾으려는지 모른다. 힘든 상황을 겪으며 사람을 더 성숙하게 만들어 주는 것이 아닐까."(「동경 도심을 누비다」)고 답한다.

마라톤뿐만 아니라 작가가 몸철학을 구현하기 위한 또 다른 방편은 등산이다. 마라톤에서와 같이 작가는 등산에서도 온갖 고통을 감내하면서 삶에 대한 새로운 깨달음을 얻기 위해 고행한다. 산행의 의미를 작가는 다음과 같이 밝힌다.

> 왜 힘든 새벽 등반을 마다하지 않는가. 위험을 등에 업고 함께 걷는다. 그 정상에 희망봉이 있을까. 3,500고지를 넘으면서 한두 사람씩 고산증세로 구토하며 길옆에 주저앉는다. 각자의 인생길에는 숱한 사연이 있다. 나의 인생길도 평지보다 거칠고 험한 길을 걸었지 싶다. 이젠 정상에서 내려오는 하산 길을 걷고 있다. 그간 몇 차례의 닥친 고난 길을 굳은 의지로 개척하다 보니 단단한 길이 되었다. 남은 하산 길에도 예기치 않은 돌길을 만날 수 있을지 모른다. 건강이 지켜줄 때 어떤 길도 두렵지 않게 걸을 수 있을 거다. 새벽에 보았던 수많은 별빛은 내가 걸어가는 길에 밝은 등불이 되고 있다.
>
> — 「새벽을 열다」에서

작품의 화자가 정상에서 맛보는 쾌감은 늘 새롭다. 세계 최고의 산 안나푸르나(「안나푸르나 가는 길」), 백두산 천지(「천지에 몸을 담다」), 한라산 산행(「역경」)(「하얀 세상」), 강원도 인제군의 진산, 기룡산(「산이 말하다」)을 산행하면서, 산과 자연은 말없이 자연 앞에서 순응하고 겸손하라고 일러준다고 느낀다.

마라톤과 산행뿐 아니라 작가는 많은 여행을 통하여 삶의 의미를 체득하고자 한다. 고한철은 국내의 여러 지역은 물론, 러시아 제2수도 상트페테르부르크(「보물을 만나다」), 베트남의 다낭(「젊음의 도시」), 몽골(「지나간 자리는 길이 되었다」), 중국 장가계(「협곡에 빠지다」) 등을 두루 여행하면서 인생과 세상의 의미를 살피고자 한다. 마라톤에서와 같이 산행과 여행을 한 후 "목적을 달성한 얼굴은 고생한 흔적이 아니고 승리자의 밝고 건강한 표정이었다. 인생의 값진 모습이다. 차량은 한두 차례 언덕길을 넘으며 달린다. 우리가 걷는 길은 아름다운 꽃길만이 아니다. 언덕길과 자갈밭도 있었다. 마지막에는 평탄한 길이었다."(「지나간 자리는 길이 되었다」)

인간 존재는 결국 '몸'에 의존해서 살아가게 되고, 몸과 세계가 이질적인 것이 아니라 동질적이라는 사실을 알게 되면서 새로운 삶의 의미를 깨닫게 된다. 또한 그렇다는 것이 밝혀지는 지점에서 우리는 삶의 고통과 분열을 극복할 수 있게 될 것이다. 삶의 분열과 대립과 충돌을 이겨내고 생생하게 살아 움직이는 존재가 될 때에야 비로소 하나의 통일된 삶을 구가하게 될 수 있다. 인간이 완전한 존재로 나아가는 과정인 '몸'에 대한 인식은 나와 타인의 관계에서 적극적인 존재성을 밝히는 것이고, 다른 하나는 몸과 정신의 조화로운 관계를 이루는 것이라고 할 수 있다. 몸을 통한 존재성을 실재화한 고한철은 몸과 정신의 관계를 조화롭게 이루기 위해 노력하게 된다.

3. 몸의 경계를 넘어서는 마음

인간은 사고하는 동물이다. 사고와 마음이 없는 삶이란 인간에게 존재할 수 없다. 인간 존재의 개념체계는 몸에서 비롯되기 때문에 존재 의미는 일차적으로 몸에 근거하고, 그 바탕 위에 사고와 마음이 형성된다. 이 말은 고한철 수필의 경우, 신체화된 몸의 감각에서 체득된 언어들로 구성되어 있다는 점을 보여주는 중요한 근거가 된다. 그렇지만 인간 삶의 활동은 몸을 통해서 이루어지지만 그러한 몸철학을 가능케 하는 바탕에는 사고와 감정, 즉 마음에 따라 세계에 대한 작가의 인식은 바뀔 수 있다는 사실이 중요하다. 작가란 마음에 대한 인식으로 진리와 아름다움에 대해 깊이 있게 고민하고 성찰하는 사람이다. 따라서 인간의 감정과 감각이 세계를 어떻게 매개하느냐 혹은 어떤 마음으로 세계를 바라보느냐 하는 문제는 작가의 문학을 결정 지우는 중요한 영역이 된다.

몸철학의 구체적인 구현을 위해 고한철은 몸의 경계를 넘어서서 마음의 영역에서 다양한 활동과 인식을 이루기 위해 노력하고 있다. 그 구체적인 예는 작가의 취미활동에서도 잘 나타난다. 그가 취미로 삼고 있는 서예 활동은 단순한 여가를 위한 활동을 넘어서는 것으로 보인다. 작가는 벼루 앞에 앉으면 마음이 경건해지고, 먹을 갈기 시작하면 묵향은 온몸에 스며들며 맑은 정신이 샘솟는다고 느낀다. 방 안 가득 퍼지는 은은한 향기는 오래전부터 친숙한 냄새다. 새가 목이 말라 찾아와 쉬고 가는 샘물터처럼 묵향이 번지는 공간은 늘 고요함이 머문다. 그래서 휴일에도 서실에 나가는 일을 일상화하고, 고요히 붓을 잡고 화선지와 씨름하다 보면 모든 잡념이 사라지며 혼과 마음이 하나가 된다고 느낀다(「혼을 담다」). 작품집의 서두에 자필의 '상선약수上善若水'라는 좌우명을 담고 있는 것도 이러한 이유에서이다.

이런 서예의 정신은 불교에 심취하는 작가 의식과 맞닿아 있다. 삶으로부터의 아픔과 고통을 이겨내려고 새벽예불에 참여하여 정신적 믿음을 얻고, 일요 법회에 참여하여 마음 근육을 튼튼하게 만들고 있다고 이야기 한다(「책을 펴내며」). 몸의 충실에 이어 '마음 근육'을 키우고자 하는 작가의 마음은 바로 몸과 마음의 조화와 종합을 통하여 진정한 '깨달음'을 얻고자 하는 작가의 노력으로 보인다.

은은하게 들리는 목탁 소리가 새벽을 연다. 종소리와 목탁 소리는 잠들어 있는 뭇 생명을 깨우는 소리다. 참회 진언을 외우며 한 마음 내려놓고 떠난다. 내려놓을 짐이 많아 하루아침에 모두 실천하기는 힘들어 보인다.

수행의 길을 걸을 때마다 깨달음을 캐어 본다. '비우라. 내려놓으라. 존경하고 베풀라.'는 내용을 매번 들으면서도 실천하기가 쉽지 않다. 욕심과 아집이 사회생활을 하며 쌓이고 쌓여서 마음을 병들게 하고 있다. 사회가 복잡하고 다양해지면서 이기주의가 팽배해짐이 안타깝다. 이를 극복하고 내려놓기 위하여 오늘도 맑은 정신으로 가방을 메고 수행 길에 나선 일이다.

ㅡ「성지를 향하여」에서

위 인용에서도 드러나듯이 개인적 욕심과 아집을 내려놓을 때 사회와 집단의 안녕을 가져올 수 있다는 작가의 인식은 예사롭지 않다. 고한철은 불교에서 이야기하는 이른바 하심下心의 마음을 실천하고자 노력한다. 그리하여 "사찰에서 기도할 때마다 욕심을 내려놓으려는 마음으로 예불을 드린다. 그러다 보니 하는 일도 잘 되는 것 같다. 부처님을 향해 정성을 다하다 보니 모든 것을 긍정적 시각으로 바라보게 된다. 40여 년의 공직생활을 무사히 마칠 수 있는 행운도 얻게 되었다. 부처님과의 특별한 인연으로 인해 얻어진 결과이다."(「기도하는 마음」)고 여긴다. 그래서 '인과응보', '자업자득', '일체유심'과 같은 고사성어와 법어法語들을 가슴에 간직하며 이제 모든 욕심을 내려놓고 버리고 비우는 삶을 살아가고자 한다(「비움을 찾아서」).

이렇게 고한철의 신체화된 실재는 마음과 연결이 된다. 작가의 마음은 외롭게 살아가는 노인들이나 병든 장애인들에게까지 눈길이 닿게 된다. 그래서 자발적으로 무보수의 봉사활동을 한다. 봉사활동이란 필요한 사람을 위한 일이기도 하지만, 봉사자 자신이 위로받는 면도 크게 작용한다. 깨끗하고 맑은 영혼을 만나면 봉사를 하는 사람의 마음도 편안해지기 때문이다(「천사들」). 고한철의 수필에서는 생의 여러 부면에서 형성되는 순수하고 선량한 마음의 정조情操가 곳곳에 드러난다. 우리가 살아가는 이 세상은 비극적일 정도로 어둡지만, 이를 극복하기 위해 사랑과 희망을 일구어내어야 한다는 정신을 작가는 보여주고 있다. 이런 정신은 보다 나은 삶과 세상을 위하여 우리가 반드시 실현해야 할 정서이다.

인간과 세상을 위한 사랑과 연민의 마음이 가장 극명하게 드러나는 곳은 바로 '어머니'에 대한 작가 의식이다. 작품집의 많은 내용의 수필은 어머니에게 바쳐지고 있다. 그만큼 어머니에 대한 작가의 그리움과 사모思母의 마음이 간절하다는 것을 보여준다. 어머니에 대한 애절한 작가의 정서를 작품의 여러 곳에서 우리는 잘 읽을 수 있다.

> 수월봉 너머로 곱게 번지기 시작한 노을이 어머님 산소 주변을 덮는다. 어머님은 하늘나라에 계시지만, 지금도 자식을 위해 자비를 베풀고 있다고 믿는다. 일찍 가신 원망보다는 삼 남매를 보살펴 주셨기에 무탈하게 자립할 수 있었던 것 같다. 그 노을은 우리 뒤를 따라오며 마을 전체를 물들인다. 노을처럼 고우셨던 어머님의 모습을 오늘 밤에는 뵐 수 있으려나.
>
> ─「어머니의 노을」에서

「어머니의 노을」은 '노을'이라는 전경만으로도 그 의미는 상징적이다. 작품에서 수월봉을 곱게 물들인 '노을'은 곧 '어머니'로 환치되면서 마을 전체를 물들이고 자식들을 물들인다. 화자는 어머니가 시집올 때 혼수로 마련해 온 느티나무 궤를 지금도 소중히 간직하고 있다고 한다. 그 안에 보관된 어머님 사진을 가끔 꺼내 보면서 사모의 정을 일구어낸다. 고아나 다름없었던 남매가 억센 인생의 파고를 맞을 때마다 끈기와 정신력으로 이겨낼 수 있었던 것은 어머니의 강인한 유전자가 흐르고 있기 때문이라고 회상한다.

당연한 이야기이지만 수필가들에게 수필은 일상을 살아내는 삶의 기록이다. 수필가는 삶 속에서 끊임없이 좋은 수필을 찾아내려 한다. 수필가 고한철은 자신이 살아야 할 삶의 전범을 선량하고 어진 어머니로부터 얻어질 수 있다고 생각한다. 인간들에게 있어서 중요한 삶의 실재는 신체화된 인식에서부터 몸과 마음을 넘어서는 삶의 온전한 바탕 위에서 경험하게 되는 것이라고 할 수 있다. 고한철은 이러한 인식을 자신의 글쓰기에서 구현하고자 한다.

4. 맺으며

여태 살핀 대로 고한철의 수필은 육신을 지배하는 몸의 서사와 고통을 감각하는 마음의 본질에 대한 질문으로 이루어지고 있다. 고한철의 작품에서 나타난 몸과 마음의 의미를 살피는 것은 인간 존재와 세상에 있어서의 몸과 마음의 조화와 종합이 어떠한 형태로 나타나야 할 것인가를 살피는 거와 다르지 않다. 작가는 삶 속에서 자신의 몸에게 끊임없는 질문을 한다. 마라톤, 등산, 여행과 같은 활동을 통하여 자기 몸에 대한 실재적 체험을 이루며 살고자 한다. 고한철의 삶과 수필에서 몸이란 신체에 지배되는 감각이 아니라 이런 몸의 감각은 그 경계를 넘어서 마음의 감각으로 발전한다.

인간의 사고는 무의식적으로 신체를 통해 발화한다. 고통과 인식의 경계에서 발화된 몸의 언어는 때로는 고도로 승화된 형태의 마음의 언어로 발전하여 표현된다. 고한철의 수필에서 나타나는 몸의 감각은 종교(불교), 어머니, 봉사활동과 같은 마음의 상징으로 표출되어 나타난다. 결국 신체의 감각을 통과하는 몸의 발화는 마음과 이성이라는 정신에 의해 조화로운 모습을 이루게 된다.

요컨대 고한철 수필이 잘 보여주듯이, 인간으로서의 우리의 삶을 지배하는 것은 높은 이상이나 이성적인 마음의 문제인 것임은 물론, 그것을 가능하게 하는 일상적 활동과 신체로 지각되는 몸의 문제이다. 이러한 몸철학은 우리의 삶과 문학을 이루면서 중요한 존재론적 인식으로 작용한다. 고한철의 수필은 바로 이러한 몸철학의 구현을 이룬 문학이라고 할 수 있다. 몸이 어떻게 마음과 맥을 잇고, 또한 그러한 사유가 어떤 방식으로 삶과 문학으로 이어지는지를 잘 보여주고 있기 때문이다.

오래 사는 것 자체가 축복인 시대는 지난 것 같다. 노년의 삶을 건강하고 복되게 사는 것이 오늘날 노년의 가장 중요한 화두가 되었다. 나이가 들면 몸과 마음을 동시에 걱정해야 하는 단계에 이르게 된 것이다. 고한철 작가는 건강한 몸에 따뜻한 마음을 동시에 지닌 작가로 성장할 일만이 남은 것으로 보인다. 앞으로 건강한 신체를 바탕으로 글쓰기의 꿈을 더욱 활기차게 펼치기를 기대한다.

영원의 모성성, 구원의 글쓰기
- 강순지의 수필 세계

1. 어머니, 그 영원한 그리움의 세계

　작가들에게 '어머니'란 주제는 가장 친숙하면서도 어려운 주제의 하나이다. 강순지의 첫 수필집 『지상의 정원』에서도 이런 사실은 잘 나타난다. 작가는 작품의 「책머리에」에서 "어머니의 삶의 역사는 결국 내 삶의 기록이며 치유와 성장의 기록이기도 했다. 그것이 한 권의 수필집으로 모습을 갖추게 되었다."고 밝힌다. 작가에게 어머니는 '바다'이고 '바람'이었다. 언제든 달려가 바라보며 울 수 있는 바다이었고, 언제든 내 곁에서 떠나지 않고 지켜주는 바람이었다. 자신의 삶과 문학은 어머니 없이는 존재할 수 없는 것이어서 글쓰기의 근원도 어머니에게서 시작되었다고 한다.
　실제 강순지의 어머니에 대한 사유는 삶의 경험 속에서 솟아난 순간적이고 우발적인 감정들이 아니라 그의 삶과 문학을 통하여 일관되게 관통하는 균일한 정서로 드러난다. 이러한 서술은 개인적 체험을 바탕으로 내밀한 이야기를 제약 없이 할 수 있는 수필이라는 문학 형식을 통해 표현될 수 있다는 데에 일차적 의의를 갖는다. 더 나아가 우리 시대에 사라져가는 진정한 모성성母性性의 의미가 왜 필요한 것이며, 어떻게 부활해야 할 것인가에 대한 당위성을 새롭게 생각게 한다. 강순지 작가가 생각하는 모성의 의미와 모성적 글쓰기에 대한 진술을 좀 더 구체적으로 들어보자.

> 어머니 안에 있는, 내 안에 있는, 자연 속에 있는 모성母性에 대해 쓰려고 했다. 모성은 모든 생명을 움직이는 힘을 가졌다. 나를 만들어 내고 우주를 창조해 낸 것은 모두 어머니의 힘에 의한 것이다. 세상에는 영원히 모성이라는 힘이 필요하고 존재할 것이다. 그 불멸의 생명력에 의해 인간과 삶이 영위될 것이기 때문이다. "모성은 모성을 모르는 자가 만든 단어"일 것이라고 누군가 말한 적 있지만, 모든 것이 사라져 가는 이때 우리에게 무엇보다 필요한 것은 어머니의 마음과 정신이다.
>
> ― 「책을 펴내며」에서

이 험난하고 어두운 세상에서는 영원히 모성이라는 힘이 필요하고 존재해야 한다고 작가는 역설하고 있거니와, 강순지 수필에서 모성성의 발현은 어머니에 대한 사랑과 그리움을 자극하는 것임은 물론 여성 주체에 대한 새로운 사유를 제공한다는 의미가 있다. 다시 말해 강순지 수필은 여성적 글쓰기를 통해 어머니와의 연대감을 끌어내고 있으며, 그동안 타자로서 억압받고 소외된 여성 주체가 스스로 경험한 삶의 기억을 반추하며 글쓰기를 통한 자기 구원에 이르고 있다는 의의를 가진다. 논리의 비약을 무릅쓰고, 강순지는 주체적이고 거시적인 안목으로 변화하는 시대에서 여성이 처한 현실적 위상을 생각하면서 우리 시대의 새로운 모성성이 어떠해야 할 것인가를 생각함으로써 여성적 글쓰기의 한 방식을 보여준다. 그런 의미에서 강순지 수필에서 어머니는 시간과 공간을 넘나드는 존재론적 의미를 지닌다.

어머니는 작가에게 일상적으로 만나서 부대끼는 존재론적 동반자이지만 동시에 공간적으로도 농촌과 고향의 의미를 환기하는 정신적 근원이다. 작가가 자연과 농촌에 있는 시간은 곧 어머니를 만나 원초적인 시간과 공간으로 회귀하는 의미가 있다. 이런 원초의 공간과 시간을 거쳐서야 작가는 조화롭고 평화로운 세계와 만나게 된다. 현상학적으로 해석하자면, 강순지 수필에서 '어머니'는 작가의 시간과 공간 의식이 서로 조화를 이루어 자신의 삶을 새로운 형태와 의미로 구원하게 되는 인식론적 주체가 되는 셈이다. 『지상의 정원』에서 어머니는 삶의 근원을 위한 그리움의 세계임과 동시에 새로운 삶의 진화를 위한 구원적 의미를 갖는다.

2. 사랑과 치유의 모성

심리학자 라캉에 따르면 인간은 잃어버린 최초의 사랑의 대상을 욕망하며 향유하려고 하는데, 이러한 욕망의 원인과 대상을 주로 어머니에게서 찾는다고 한다. 강순지의 수필에서도 욕망의 대상은 주로 '어머니의 유산', '어머니의 향기', '어머니의 발' 등을 통해 다양한 형태로 나타난다. 이런 작가의 욕망의 근원은 『지상의 정원』에 수록된 어머니를 제재로 한 많은 수필을 통해 비추어지고 있거니와, 이는 결코 부끄럽거나 미움의 대상이 아닌 오직 어머니로부터 사랑받고 싶고 사랑하고 싶은 욕망에 의한 것이다. 이런 욕망은 작품 속에서 거울에 비친 얼굴처럼 투영된 채 그리움의 대상이 되어 지속적으로 나타난다.

그리움의 대상을 찾아 헤매는 작업은 일종의 고통스러운 쾌락의 '향유'이지만, 이것은 언어의 도입을 통해 '존재 결핍'을 극복하고자 하는 작가의 의지를 말해주는 것이다. 이런 결핍의 극복 의지는 인간 주체가 상실되어 만날 수 없는 실재를 만나고자 하는 열망의 표현이다. 다시 라캉을 빌어 말하자면, '최초의 완벽한 사랑의 만족'을 기억하며 무의식 속에 각인된 경험을 이루고자 하는 사람은 반복적으로 현실에서 존재의 결여를 충족하기 위해 사랑과 치유를 위한 구원에 시선을 돌리게 된다.

강순지의 작품에서 어머니의 이미지는 늘 정서적 지향점이 된다. 그래서 어머니의 삶은 자신이 물려받고 싶은 유산이 된다. 정서적 지향점으로서의 어머니 이미지는 작가에게 '삶의 흔적'이 되고 신화가 되어 남는다. 어머니에 대한 마음은 「어머니의 유산」 같은 작품에서 극명하게 드러난다. 언니들이 어머니의 궤를 받았을 때, 화자는 항아리를 유산의 선물로 받는다. "된장을 담았던 항아리와 간장 항아리," "갸름하고 손잡이가 있는 항아리에는 파란만장했던 어머니의 세월"이 거미줄같이 붙어 대롱거린다.

> 항아리에는 어머니의 눈물과 한숨이 고스란히 배어있다. 유산 속에는 남긴 자의 삶이 녹아있다. 한때는 보람이었던 것, 땀과 눈물과 한숨 속에 간절히 바랐던 이야기가 지층처럼 켜켜이 쌓여있다. 물건에는 저마다의 이야기가 있다. 물건 속에서 이야기를 찾고 이야기 속에서 삶의 흔적을 찾는다.
>
> 어머니의 푸근한 허리를 감싸듯 항아리를 끌어안는다. 어머니가 그리 아끼던 항아리 속에 담기고 퍼냈을 것들을 생각한다. 어깨에 짊어진 가족의 생계, 밭으로 바다로 내딛던 숨찬 걸음걸음, 가슴을 치는 설

움과 남몰래 흘린 눈물 그리고 자식들이 잘 살아가길 바라던 기도가 섞인 어머니의 시간을 쓸어 안는다.
　항아리들이 멀리 떠나온 날, 저녁 해가 장독대 위로 조용히 내려앉는다. 노곤한 시간을 서로의 어깨에 기대고 항아리들이 긴 그림자를 드리운다.

―「어머니의 유산」에서

　작가는 어머니로부터 받은 항아리에는 눈물과 한숨이 배어 있고, 그곳에는 어머니의 삶이 녹아 있다고 여긴다. 그 속에는 저마다의 이야기가 있고, 고난을 향해 내딛던 어머니의 숨찬 걸음이 담겨 있다. 결국 이 항아리들은 가족을 위한 사랑과 구원의 객관적 상관물이다. 이들은 어머니의 초월적 삶과 현실적 삶을 연결하는 기능을 한다. 어머니의 항아리는 그 속에 담기고 퍼냈을 물과 음식을 긷고 사랑을 긷는다. 물이 생명을 위한 필수조건이듯 사랑 역시 생명의 기본적 조건이다. 이런 항아리들이 멀리 떠나온 날, 저녁 해가 장독대 위로 조용히 내려앉는다. 그들은 노곤한 시간을 서로의 어깨에 기대고 어머니의 긴 삶의 그림자를 드리운다. 그러면서 어머니의 항아리는 사랑과 치유의 모성이라는 정서적 울림으로 우리의 가슴에 울려온다.

　상처받은 마음을 위한 최고의 약은 무엇일까. 그것은 바로 사랑일 것이다. 사랑은 일상생활에서 경험할 수 있는 가장 깊고 강렬한 감정이다. 사랑은 많은 사람을 움직이며, 상처받은 마음을 치유하는 데 도움을 준다. 우리는 삶에서 여러 형태의 사랑을 본다. 자기애, 모성애, 부부애, 연인과 친구 사이의 사랑. 사랑의 감정은 마음을 순화하고 다독여 준다. 특히 어머니의 사랑은 끝없이 깊고 무한하다. 강순지는 인간과 삶의 바른길을 위해서 가장 중요한 것은 누군가를 사랑하는 것, 숭고한 사랑의 마음을 보여주는 것이라고 여긴다. 그것은 바로 어머니가 자식들을 위하여 베푸는 사랑의 모습과 같은 것이다. 이런 사랑의 모습은 작품에서 다양한 형태로 나타난다.

> 어머니는 너른 땅을 가져본 적이 없다. 보잘것없다고 외면한 땅에 돌을 고르고 거름을 주고 잡초를 뽑아 곡식의 씨앗을 뿌렸다. 토갱이 밭 두 개에서 수확한 것으로는 한 해 먹고 살기가 빠듯했다. 밭에서 자란 곡식을 수확하고 등짐으로 지어 날랐다. 어머니는 자식들을 굶기지 않는 게 소원이고 바람이었다고 한다.
> ─「토갱이 밭」에서

> 하루가 저문다. 아! 봄날이 간다. 봄 햇살이 어머니 깊은 주름에 스며드는 동안에도, 내게 당신 품을 내주며 사랑한다고 말하는 사이에도, 아무도 오지 않는 빈 올레 어귀를 바라보는 시간에도 어머니의 봄날은 간다. 숭숭한 뼛속 마디마디에 아린 바람 소리 내며 봄날이 간다. 박제되지 않은 흥을 따라 봄날이 가고 있다.
> ─「봄날은 간다」에서

> 아버지의 삶은 자식들의 삶에 무늬를 만든다. 부모와 자식 간에 사랑과 행복으로만 이루어지지 않는다. 더러는 부모를 향한 미움과 원망과 증오를 하며 되레 자신에게 깊은 상처를 만든다. 아버지의 삶과 마주하면 그도 상처받고 흔들리는 사람이라는 것을 알게 된다. 모든 아버지는 저마다 다른 모습으로 살아간다. 사는 형편이 다르고 삶도 제각각이라 자식들의 마음속에 '아버지'라는 이름은 만 개의 꽃으로 핀다.
> ─「첫눈의 기억」에서

「토갱이 밭」에서 작가는 비록 보잘것없는 땅에서나마 돌을 고르고 거름을 주고 잡초를 뽑아 곡식의 씨앗을 뿌리는 어머니 모습을 본다. 여기에는 오직 자식들을 굶기지 않고 키우고자 하는 소원과 바람을 간직하면서 살아가는 어머니의 삶의 의지가 담겨 있다.

「봄날은 간다」에서 봄날의 의미는 "짧은 봄날에 따스한 봄볕 같다. 눈 가늘게 뜨고 손바닥으로 그늘을 만들면서 밖으로 나가고 싶게 하는 봄볕이다." 봄볕은 주저앉은 이를 일어서게 하는 힘을 가졌다. 작품에서 화자는 오늘도 봄볕을 기다린다. 기다림이란 모든 것이 수용될 수 있기를 바라는 가능성의 시간이다. 어머니는 그 기다림의 가운데 서 있다.

「첫눈의 기억」에서 작가의 사랑과 치유의 마음은 단순히 어머니에 대한 감정으로만 나타나는 것이 아니다. 아버지로부터도 이런 감정은 나타난다. 이런 감정은 "사는 형편이 다르고 삶도 제각각이라 자식들의 마음속에 '아버지'라는 이름은 만 개의 꽃으로 핀다."고 진술하게 한다. 이것은 바로 "자식에게 부모는 인연의 시작점이다. 세상에 태어나 처음 만나는 인연"이기 때문이다.

이렇게 세상의 자식들은 자신의 상처를 돌보느라 부모의 아픔은 외면하면서 스스로 자란다고 생각한다. 그렇지만 그 모든 기억 속에는 어머니의 사랑이 있고 희생이란 사랑 없이는 생겨날 수 없다는 것을 뒤늦게야 깨닫게 된다(「오래된 기억」). 마침내 작가는 어머니를 요양원에 보내기 전, 몸을 씻겨드리면서 '어머니의 향기'를 오랫동안 간직하기를 원한다(「엄마의 향기」). 고난의 시간을 살아낸 부모님 얼굴에는 푸르른 생명력이 있으며, 그들의 걸음은 자신의 삶을 포기하지 않고 지켜나가는 푸른 담쟁이와 같은 연대의 행렬(「담쟁이 발걸음」)을 이루게 된다.

강순지 수필의 저변에는 생명성의 발현과 그를 통한 실존의 모습을 확인코자 하는 의지가 강하게 드러난다. 그러한 생명성의 절정은 어머니의 모성성을 찬미하는 형식으로 구현된다. 어머니의 모성성은 작가가 몸 담고 있는 농촌과 시골, 그리고 자연의 풍경으로 환치되면서 더욱 구체화된다. 작가는 자연과 농촌의 풍경 속에서 거의 신적神的인 모성을 발견하게 되고 이것은 삶의 화해와 구원의 이미지로 작동한다.

3. 자연과 농촌, 화해와 구원의 이미지

강순지 수필에서 자연과 시골은 단순히 물리적 공간으로서의 장소가 아니라 모성의 정신으로 이루어진 세계이다. 시골과 농촌에서 어머니는 일상적 삶의 대상으로 존재하지만, 그 존재는 만물의 근원으로써의 모성이다. 육친으로서의 어머니의 모성은 생명의 터전인 자연과 농촌에서 작가의 문학적 상상력을 통하여 원초적인 세계로 회귀하게 된다. 작가는 농촌과 자연 풍경 속에 꿋꿋이 서 있는 어머니의 모습을 떠올린다. "낯설고 약한 것들을 품어 안은 숲에서 어머니의 사랑을 본다. 자연 속에 있는 모성을 느낀다. 지구가 품은 정원, 숲은 지상의 정원이다."(「지상의 정원」) 우주의 생명체인 숲이 지닌 모성은 어머니의 너른 품과 같아서 더욱 그립다. 그리하여 자연에 대해서와 마찬가지로 시골집에서 모성이 베푸는 검소와 평화를 느낀다.

> 집 좁은 건 살아도 마음 좁은 건 못 산다는 옛말이 있다. 농와당에 살면서 자연이 주는 지혜와 품을 닮아 겸손하고 검소하게 살아갈 수 있으면 좋겠다. 가족과 이웃들에게도 좀 더 품이 넓은 사람으로 살아가야지. 사람이 집을 만들고 집도 사람을 만든다는데 기대해 볼 일이다.
> 남편은 농사일을 끝내고도 마당과 울타리를 꾸미느라 손길이 바쁘다. 돌담 주변에 감나무와 먼나무를 심는다. 평화를 쟁취한 남편은 흙 묻은 손을 털며 고양이를 안고 환하게 웃는다. 구릿빛으로 그을린 그의 얼굴 위로 붉은 저녁노을이 은은하게 스며들고 있다.

노을빛을 닮은 기와에도 붉게 물들고 있다.

― 「농와당農瓦堂」에서

위 작품의 제목은 '농와당農瓦堂'이라는 시골집의 이름이다. 작가는 농와당에 살면서 자연이 주는 지혜와 품을 닮은 겸손하고 검소한 삶을 꿈꾼다. 이 집에 살면서 가족과 이웃들에게도 더 품 넓은 사람으로 살아가고 싶다는 마음을 가진다. 힘든 농사 일을 하는 남편의 모습을 통해 하루를 마감하고 지는 붉은 저녁노을을 본다. 자연과 시골과 하나로 이루어 살아가고자 하는 작가의 마음은 문학적 상상력을 추동하는 중요한 부분이 된다. 그래서 고향 공간은 작가가 체험하는 사건을 통해 폭넓은 삶의 의미를 구현해 내게 한다. 작가의 고향과 농촌은 장소의 정체성을 통해 인간의 다양한 삶의 가능성을 열어주는 서사의 장으로 기능하게 되는 것이다. 말하자면 서사 공간으로서의 시골과 고향은 작가의 상상력을 통해 공동체적 삶의 공간으로 재인식된다. 더 나아가 해체되어 가는 고향 공간이 다시금 복원되어야 한다는 고향에 대한 애틋한 마음이 발현되면서 고향의 의미를 새롭게 만들어 낸다.

작가는 고향이 인간의 근원과 맞닿아 있는 곳이라는 점에서 삶의 터전을 보여주는 적합한 공간이라고 여긴다. 도시 생활에 익숙한 현대인들이 각축과 경쟁에 의해 힘들어한다면 시골과 자연으로부터 화해와 구원의 삶을 이룰 수 있다. 따라서 강순지의 작품세계에서 농촌과 시골은 모든 것이 하나로 화해되고 구원을 얻을 수 있으며 삶의 본질적 의미를 보여주는 곳이다. 시골과 자연에서 함께 사는 동물들과의 공동체의 모습에서도 작가의 이런 정신은 잘 드러난다.

「이랑이에게」「고양이 목화」「젊은 수탉」「반이의 연애담」「반딧불이의 사랑」 같은 작품에서 나타나는 동물들에 대한 연민과 사랑의 감정은 바로 작가의 공동체적 삶에 대한 인식을 잘 드러내고 있다. 작가는 단순히 특정한 주제나 소재를 위해서 동물 이미지를 활용하고 있는 것이 아니다. 자연 속에서 살아가는 '동물'과 '곤충'에 관심을 보여주면서, 이는 곧 자연과 시골의 삶에 대한 총체적 관심이면서 동시에 자연 친화적인 삶의 태도를 드러내는 것이다. 예컨대 '반딧불이'를 바라보는 작가의 시선을 살펴보자.

> 숲이 바람에 일렁인다. 오래된 나무들이 낯선 이들의 발소리에 경계하듯 나직이 뒤척인다. 밤에 보는 숲은 언제 보아도 낯설다. 문명의 빛이 차단된 숲에선 작은 소리에도 상상력이 더해져 한층 긴장하게 된다. 촉촉하게 젖은 숲에서 흙 비린내가 난다. 오래 묵은 시간의 냄새다.
> 초여름 밤, 반딧불이를 보려는 사람들이 숲으로 모여든다. 반딧불이 나오는 시기가 되자, 조용하던 마을이 그들의 발길로 바쁘다. 축제를 열며 요란을 떠는 게 되려 곤충의 생태를 방해하는 것은 아닌가 하는 의문이 든다. 사람들이 관심이 없을 때도 반딧불이들은 태어나고 반짝이고 죽기를 반복했을 텐데 말이다
>
> ― 「반딧불이의 사랑」에서

위 작품에서 잘 시사되고 있듯이, 인간의 근원적 삶을 가능케 했던 '숲'은 '문명의 빛'에 의해 차단되어 가고 있다. 그로 인해 반딧불이를 위시한 곤충들마저도 그들의 생태를 방해받으면서 숲의 생명은 죽어간다. "풀도 나무도 곤충도 새도 어딘가에서 와서 터를 잡고 가족이 되고 이웃이 되었다"(「지상의 정원」). 그렇지만 인간과 세계, 인간과 자연이 불화하고 부조화하면서 현대적 삶의 환경은 갈수록 악화하여 간다. 이제 자연과 인간과 동물이 모두 하나가 되어 살아갈 수 있는 공동체

적 삶은 오직 모성성의 회복에 의해 이루어질 수 있음을 작가는 강조하고 있다.

4. '잃어버린 봄'을 찾아서

강순지의 수필은 자아와 개인의 차원에서 벗어나 새로운 세상을 엿보고자 하는 이른바 '탈자아적 글쓰기'를 시도한다. 말하자면 강순지 수필은 글쓰기가 도달한 지점이 아니라 그곳을 넘어서는 저 너머의 다른 세상에 당도하고자 한다. 문학작품이 인간과 세계와의 소통에 근거를 두고 있는 이상, 작가가 새로운 삶과 세상을 넘보고 꿈꾸는 것은 당연한 일이다. 그리하여 진정한 작가는 언제나 나를 통하여 타자를 읽고자 하고, 현재를 통하여 과거와 미래의 시간을 꿈꾼다. 궁극적으로 작가는 비록 불완전한 언어일지라도, 시간과 존재를 넘어서는 새로운 세상을 꿈꾸고 그것을 표현할 수 있는 언어를 찾는다. 그것은 바로 인간과 세상을 위한 구원의 글쓰기라고 할 수 있다.

강순지의 삶과 문학은 어머니 없이는 존재할 수 없다고 하고 글쓰기의 근원도 모성에 대한 인식에서 비롯되었다고 이야기했다. 모성을 향한 지향은 바로 타자와 세상을 향한 구원의 꿈꾸기라 할 수 있다. 이런 인식과 전망은 자연과 세상에서 사라져가는 것들에 대한 연민과 사랑을 보여주는 뜻깊은 담론이다. 작가는 연민과 사랑의 주체이자 대상으로서의 어머니와 자연 사물을 작품집에 가득히 풀어놓고 있다. 이들은 때로 어머니에 대한 그리움의 마음으로 혹은 생태적 인식과 사유로 드러나고 있다. 작가의 시선이 가닿는 숲, 나무, 동물, 곤충 같이 작품에서 허다하게 등장하는 생물과 사물의 목록은 존재와 세계에 대한 문학적 표현인 동시에 더 나은 인간 삶의 현실을 구원하고자 하는 작가의 염원이기도 하다.

> 우리의 처지라는 게 숲에 떨어진 종려나무 씨앗 같을지도 모른다. 예고도 없이 그저 낯선 곳에 던져지기도 한다. 하지만 생명이란 게 얼마나 이기적이던가. 끈질기게 때로는 영악하게, 살아남기 위해 몸부림친다. 빛을 찾아 더 높이 고개를 쳐들고 몸피를 불린다. 시기하고 질투하고 싸우고 미워도 한다. 그러다가도 용서하고 화해하면서 함께 나아간다. 어깨를 겯고 오늘을 살아간다. 어린나무도 그렇게 살아남았으면 좋겠다. 늙은 나무가 내어준 자리에서 빛을 받고 양분을 먹으며 숲의 식구로 살아가면 좋겠다. 생명은 죽은 것 위에서 태어나 자란다. 그리고 살아있는 것 사이에서 죽는다. 탄생과 소멸의 순환 속에 크고 작은 존재들이 모여 숲의 이야기를 만든다.
> ― 「지상의 정원」에서

생명의 탄생과 소멸의 순환, 그것은 우주의 질서를 이루기도 하고 수필 문학의 서사를 이루기도 한다. 작가는 숲에 떨어진 한 톨의 종려나무 씨앗을 통하여 영원한 모성의 교훈을 읽고 인간과 세상의 전망을 제시한다. 작가가 이야기하지 않더라도 지구에 사는 모든 생명체는 생태계라는 사슬로 이어져 있다. 그러나 인간 욕망의 탑이 갈수록 거대해지면서 자연은 파괴되고 무너지는 상황에 놓였다.

자연을 파괴하고 생명을 죽이는 인간은 자신들의 이기심과 욕망에 따라 행동하고 사고한다. 대자연에 사계절의 질서가 있듯이 생명체에도 태어나서 자라고 늙고 죽는 엄연한 법칙이 있다. 생명의 법칙에서는 어느 부분 하나도 필요치 않은 것이 없으며 모든 부분이 전체를 이룬다. 이런 순환의 법칙에 따라 우리는 곁에서 사라지고 있는 '잃어버린 봄'을 회복하지 않으면 안 된다. 상실된 인간성과 파괴된 자연의 복원은 진정한 모성성의 회복으로부터 이루어질 수 있음을 작가는 역설한다.

이제 작가 강순지의 갈 길은 어디일까? 앞서도 이야기했듯이 문학은 세계와 사물의 본질을 깨우치고 자신의 존재에 근거를 마련하기 위한 역할을 해야 한다. 그러기 위해 작가는 『지상의 정원』에서 보여준 바와 같이 모성성이라는 생의 근원과 본질을 향한 서사를 위하여 더 높은 비상을 준비해야 할 것이다. 그것은 더 좋은 작가로 성장하기 위한 원심적 확산일 수도 있고 구심적 결집일 수도 있다. 앞으로 강순지의 문학이 더욱 깊고 다정한 어머니의 목소리로 이 세상에 퍼져나가길 기대한다.

촛불 그리기, 인생 사랑하기
- 이금미의 수필 세계

1. 들어가며

한 작가의 삶의 모습을 이해하는데 수필보다 훌륭한 문학 장르는 없을 것이다. 중요한 서사문학 장르 가운데 하나인 수필은 작가가 바라본 인간과 삶의 모습에 대한 진솔한 표현을 그 이상으로 삼고 있기 때문이다. 다시 말해 수필은 진정한 자아가 생성되고 욕망 되는 장소인 개인의 내면을 효과적으로 그려낼 수 있다는 점에서 작가의 세상과 삶에 대한 인식과 태도를 가장 잘 보여주는 장르이다. 이런 의미에서 우리는 수필을 통하여 있는 그대로의 작가의 삶에 대한 투명한 마음과 태도를 특권적으로 읽을 수 있게 된다.

수필가 이금미가 17년여 동안의 창작 활동을 결산하는 수필집 『촛불을 그리다』를 펴낸다. 그의 수필을 두루 읽으면, 이금미는 그야말로 '삶 자체를 수필처럼' 살기를 바라고, 그의 수필 속에는 진정한 삶의 모습이 담겨있다는 것을 느끼게 된다. 수필집의 제목을 『촛불을 그리다』로 한 것은 "평소 내 삶에 관계되는 사람, 사물, 자연, 환경 등 주위의 모든 것에 감사하면서 그 마음을 촛불로 담아내고자 하는 뜻"(「머리말」) 이라고 말한다. 그동안 자신의 삶에서 사유하고 체험했던 시간의 흔적을 책으로 발간하는 감회가 어찌 예사로울까. 그야말로 모든 작가가 그렇듯이 뒤늦게 새로운 자식 하나를 잉태하는 마음이 아닐까 싶다. 자신의 삶을 성실하고 진지하게 살아온 사람이 좋은 수필을 쓸 수 있다는 말은 수필가 이금미에게 잘 어울리는 것이라고 하지 않을 수 없다.

철학자 F. 헤겔은 인간적인 성숙과 자기실현에 필수적인 자질은 자기를 넘어선 또 다른 세상을 수용할 수 있는 인간적 성실성을 획득하는 것이라고 강조한 바 있다. 마찬가지로 문학의 힘은 이 세상과 삶에 대해 깊고 넓은 사유와 진정성을 보임으로써 새로운 세상과 자아를 대면하게 된다. 진정한 문학적 사유의 본질에는 어떠한 인공적 조작물로 대체할 수 없는 세계와 삶의 근원적인 아름다움과 풍요로움에 대한 인식이 내재해 있는 것이다. 작가는 바로 세상의 근원적인 아름다움에 예민하게 반응하면서 그 진실한 모습을 보여주기 위해 헌신하는 사람들이다. 이금미의 수필 세계도 여기서 크게 벗어나 있지 않다.

이금미의 수필세계는 보편적인 인간 실존과 삶의 모습을 성실하고 진지하게 보여주고 있다. 그의 수필은 현란하고 정교하게 가공된 아름다움보다 삶에 대한 작가의 성실성과 진정성을 여실히 드러내고 있다. 말하자면 그의 수필을 통하여 우리는 인간과 세상에 대한 요란한 수사와 교훈적 내용보다는 삶에 대한 성실하고 진지한 작가의 마음을 읽을 수 있게 된다. 오늘날과 같이 온갖 소음과 번잡이 지배하는 현대사회에서 때로 인간과 삶의 존재성은 침묵 속에서 더욱 강렬해질 수 있다는 사실을 이금미의 수필 세계는 실증적으로 보여준다. 그의 수필은 텅 빈 듯하면서도 꽉 차 있다. 텅 빈 공간 속에 자신의 모든 것을 꽉 채우고 있다. 그것은 오히려 완전하게 현존하며 자신의 문학 공간을 풍요롭게 만든다.

이는 바로 작가가 대면하는 삶과 세상을 인간적 성실성과 진정성으로 바라보기 때문일 것이다. 자신이 바라보는 세상과 인생, 즉 이는 흡사 이금미의 수필에서 허다하게 나타나는 어머니와 꽃과 봄과 같은 자연의 만물들에 대해 보내는 긍정적 마음처럼 그의 문학을 살아 있게 만든다. 그럼으로써 그는 우리에게 이 세상과 삶의 진실이 무엇인가를 깨닫게 해준다.

2. 긍정적 생의 인식

작가의 글쓰기는 언제나 변화와 새로움을 추구한다. 작품의 진정성을 얻기 위해 작가는 세상의 소리에 귀를 기울인다. 그럼으로써 자신에게 새로운 목소리를 들려주는 타자를 발견한다. 작가의 자아는 자신과 마주하고 있는 타자와 끊임없이 대면한다. 이 세상에서 우리와 대면하고 있는 타자는 일상에 간섭하고 그의 정신을 지배하는 기제로 작용한다. 이런 과정에서 작가는 세상과 삶에 대하여 긍정적이고 호의적인 태도를 가지기도 하고, 부정적 인식을 하기도 한다. 이금미는 그의 삶에 대하여 언제나 긍정적 인식을 이루고자 노력하는 작가이다.

> 시어머니의 며느리가 된 것이 기쁘고, 며느리가 나의 며느리가 된 것 또한 기쁨이다. 이 모든 것이 소중한 인연이고 행복이다. 시어머니의 얼굴에 늘 미소가 번지고 며느리의 얼굴에도 늘 미소가 번지는 삶

이 되었으면 하는 간절한 소망이다. 삼대三代의 미소가 모아져서 우주의 불빛이 되고 세상을 밝히는 등불이 되리라는 믿음이다.
- 「삼대三代의 미소」에서

복을 받는다는 것은 먼저 상대방을 생각하고 배려하는 마음이란 생각이다. 배려하는 것은 쉬운 일인 것 같지만 어려운 일이다. 자기중심적인 풍조가 팽배한 요즘은 더 그렇다. 쓰레기를 함부로 버린 그 사람은 마구 버린 쓰레기 봉지 속에 받았던 복도 쓰레기와 함께 고스란히 버려지지 않았나 하는 생각이다.
- 「복을 받는 것은, 복을 짓는 일」에서

'사랑합니다'라는 이 말은 여느 때보다도 요즘 자주 하게 되고 많이 듣는다. 직장이나 집안에서도 사랑한다는 말을 자주 한다. 사랑한다는 것은 쉬운 말이 아니란 생각이 든다. 어떤 대상을 진정으로 존경하고 좋아하다 보면 사랑한다는 말을 저절로 나오게 되는 것은 아닐까. 어떤 일이든지 내가 선택한 일은 사랑한다는 마음이 들 정도로 몰입하고 열정을 쏟는다. 그 속에서 희열을 느끼고 행복을 찾는다.
- 「아이들의 정성」에서

위 작품들에서 잘 드러나듯이 작가의 삶에 대한 태도는 긍정적 사고에 기초해 있다. 「삼대三代의 미소」에서 "시어머니의 며느리가 된 것이 기쁘고, 며느리가 나의 며느리가 된 것 또한 기쁨이다. 이 모든 것이 소중한 인연이고 행복"(「복을 받는 것은, 복을 짓는 일」) 이어서 우리가 "복을 받는 것은, 복을 짓는 일"이라고 여긴다. 또한 작가는 「아이들의 정성」에서 보듯이, 직장이나 집안에서도 '사랑합니다.'라는 말을 자주 함으로써 희열과 행복을 찾는다. 누군가를 진심으로 사랑한다는 것은 쉬운 말이 아니다. 작가의 삶에 대한 태도는 기본적으로 "사소한 일도 남을 배려하는 마음을 잊지 않고 상대방의 관점에서 헤아리고 어루만지는 복을 짓는 하루가 되겠노라 생각"(「복을 받는 것은, 복을 짓는 일」) 하는 마음에서 출발한다.

　작가의 생에 대한 긍정적 마음은 어머니에 대한 마음에서 충분히 확인된다. 누구에게나 어머니는 삶을 가능케 하는 모태이면서 동시에 긍정적 삶을 가능케 하는 근원이다. 작가는 우리들 삶의 근원이며 생명의 근원인 어머니에 대한 끊임없는 그리움의 정서를 그려낸다. "인생의 시작은 어머니의 자궁 속에서부터 시작된다는 큰 깨달음을 얻었다. 태내기 모습을 보면서 어머니의 마음 상태를 느낄 수 있었고 어머니에게 감사하는 마음이 솟구침을 알았다. 지금은 어머니를 어머니라 부르고 싶어도 대답할 수 없는 먼 곳으로 가셨지만, 어머니와 교감을 나누면서 나누었던 많은 느낌은 아직도 생생하다"(「촛불을 그리다」). 어머니는 새로운 생명을 탄생시킨다는 점에서 모든 사물의 시원을 상징하는 의미이기도 하고, 자녀들을 위해 자신이 아무리 힘들고 아파도 언제나 헌신하고 자애를 베푸는 인자함을 상징한다. 어머니에 대한 사랑의 마음은 작가가 가장 중요하게 여기는 삶의 덕목으로 보인다.

　이금미의 긍정적 삶의 태도는 사람에 대해서 뿐만 아니라 자연을 사랑하는 마음에서도 잘 드러난다. 그는 만나는 꽃과 계절의 풍경과 바람까지 초대하여, 그들과 교감하면서 소통하고자 한다. 이금미에게 자연의 만물은 어머니와 같이 존재의 자궁이며, 자연과 교통함으로써 좌절의 현실을 벗어나 구원을 얻게 된다. 말하자면 작품에서 삶에 대한 긍정적 마음은 자연에 대한 사랑으로 확인된다.

　　화분을 음지에서 양지로 옮겨 보았다. 따뜻한 햇볕이 들어오고 통풍
　　이 잘되는 창가이다. 그런데 며칠이 지나자 시들어가던 줄기에 물이

오르고 떨어진 잎자국에 새로운 잎이 돋아나서 자라는 것이 아닌가. 신통했다. 죽은 줄 알았던 자식이 살아서 돌아온 기분이 이럴까 싶다. 외근을 마치고 사무실로 돌아오면 소진해진 에너지를 이 꽃에서 충전이 되었다. 나를 보고 웃어주는 착각마저 느꼈다.

―「의사화疑似花」에서

피어 있는 꽃을 유독 좋아하지만 그중에 연꽃을 무척 좋아한다. 꽃의 꽃말은 '당신이 아름다운 것처럼 마음도 아름답다'이다. 연꽃은 불가에서는 속세에 살아가면서도 더러움에 물들지 않고 '고결한 성스러움'을 상징하는 꽃이라고 들었다. 어쩌면 지금 나의 모습도 속세의 밑바닥에 한 알이 씨앗으로 떨어져 연못 깊은 곳 진흙 속에 묻혀 있지만, 그 속의 환경을 탓하지 않고 언젠가 피워낼 한 송이 꽃을 생각하려 한다. 홍련이든 백련이든, 나의 삶을 사랑하는 사람들에게 보여주고 싶다.

―「연꽃」에서

위의 작품 「의사화疑似花」와 「연꽃」은 물론 「스티로폼을 재활용하다」, 「작은 우주」, 「화초의 수난」 등의 많은 작품에서 작가의 자연에 대한 관심은 인간과 자연의 동일체를 위한 염원으로 나타난다. 이는 곧 타자와의 교통을 통하여 그 고통과 슬픔을 이해하고자 하는 깊은 연민의 표현이기도 하다. 엄밀한 의미에서 문학은 이 세상에 존재하는 모든 것들에 대한 공감과 연민을 표현하는 것이라 할 수 있다. 다시 말해 문학은 바로 내 안에서 타자를 키우고 나의 기쁨과 슬픔을 타자와 공유하고자 하는 공간이다. 특히 수필은 나의 삶을 타자의 삶과 동행시키고자 한다. 그리하여 우리는 나의 삶과 타자의 삶에 동참한다. 또한 수필 속에서 나와 타자의 사고와 감정을 공유하면서 인간과 세상에 대한 또 다른 구원과 초월의 가능성이 열리는 것을 경험하게 된다.

이금미 수필이 놓인 자리가 아름다운 점은 여기에 있다. 작가는 말하지 못하는 식물의 아픔에 대해서도 한없는 연민을 보낸다. 그러면서 그들의 고통과 공감한다.

> 말을 하지 못하는 어린애를 데려다 놓고 마음을 헤아리지 못하여 아프게 만든 것 같아 마음이 편치 못하다. 나머지 한 촉도 건강을 잃으면 어떡하지. 불안한 마음에 난분의 위치를 바꿨다. 나무와 나무 사이 숲속 같은 공간, 통풍이 잘되고 양지바른 창가로 옮겼다. 남은 한 촉은 나의 마음을 자꾸 식물의 무리 속으로 끌어들였고 시간만 되면 대화를 했다. 눈을 맞추면서 주인을 잘못 만나서 힘들게 하는 것 같아 미안했다. 차를 마실 때도 찻잔을 들고 그곳에서 마셨다. 모두가 퇴근하고 텅 빈 사무실 저녁, 시詩낭송을 하고 싶을 때도 식물이 모인 옆에서 나직이 낭송을 하면 식물들이 박수와 웃음소리가 들렸다.
> ─「춘란의 친구」에서

위 작품에서 잘 보여주고 있듯이, 작가가 바라보는 자연의 모습은 단순한 객관적 상징물이 아니다. 이금미는 자연을 통하여 내면의 자아를 확인하고 그 정체성을 밝히며, 이를 자신의 글쓰기 서사 방식으로 취한다. 자연을 비롯한 세상의 만물을 통하여 존재의 비밀을 탐구하고 삶의 모습을 드러내고자 하는 것이다. 그런 점에서 이금미 수필에서 나타나는 자연 묘사는 작가의 내면과 교감하고 소통하는 상징적 교호작용으로 기능한다고 할 수 있다. 이 작용은 작가의 무의식의 심층으로부터 돌연하게 솟아오르기도 하고, 어둠의 심연에서 주문처럼 나직이 울려 퍼지기도 한다.

이금미 수필에서 세상과 타자의 목소리는 인간과 자연 사이를 자유롭게 넘나들며 현실과 환상의 경계를 무너뜨린다. 또한 빛과 어둠, 희망과 절망 사이를 넘나들면서 작가는 삶의 고통과 아픔을 극복하고 행복과 희망을 추구한다. 작가의 내면적·외면적 삶의 환경과 경험은 언제나 우호적이고 긍정적이다. 그러한 경험들은 결국 하나의 스펙트럼으로 조화되고 결합된다. 이금미 작품에서는 인간과 그들이 만든 삶은 자연 속에서 함께 용해된다. 이러한 과정에서 이금미의 수필에서 작가의 내면과 세상의 타자는 공명하여 더욱 새로워진다.

3. 타자와의 공존, 거듭나는 인생

작가는 이 세상으로부터 실종되거나 도피 되는 타자라는 이름의 또 다른 자아와 대면하게 된다. 때로 세상과의 대립이나 갈등 속에서 자아는 타자와의 통합이나 조화가 불가능하다는 것을 알게 된다. 자아와 타자가 대립하고 갈등하는 상황에서는 더 온전한 자아가 존재하기 힘들다. 이 세상과 갈등하는 자아는 떠도는 존재가 될 수밖에 없다. 그리하여 오늘날 많은 문학 작품에서도 타자와의 갈등에 대면하면서 잃어버린 자아를 찾아가는 여정을 쉽게 볼 수 있다.

이금미의 작품에서도 우리가 가장 눈여겨 볼 수 있는 것은 자아와 타자가 맺는 관계에 대한 작가의 고뇌이다. 그러나 이금미 작품은 언제나 타자와 이웃의 삶을 보살피고 공존하고자 하는 태도를 보인다. 예컨대 그의 작품 「손으로 빚은 꽃」을 살펴보자. 이 작품은 비행기에서 바라보이는 세상의 풍경을 통하여 세상과 존재의 의미를 새롭게 사유한다.

> 비행기 안에서 보이는 이 광경들은 아마도 천상의 나라의 모습인가 싶다. 파란 하늘, 하얀 구름, 따사로운 햇볕 사이로 화려한 꽃들이 톡톡

피어나는 모습을 보는 착각을 일으켰다. 제주에 전시하고 있는 꽃들이 바로 저 모양인 듯하다.

　천상에서의 하늘, 구름, 고요함에 어울릴 것 같은 꽃이 바로 지상에서의 손으로 빚은 지화이다. 언뜻언뜻 보이는 구름 사이로 화려한 꽃들이 보이는 듯하다. 그 속에서 어린아이 웃음소리, 노인의 평온한 미소, 어머니의 따뜻한 얼굴, 듬직한 아버지의 모습, 꽃밭을 사이에 두고 어린이들이 뛰노는 모습을 상상하기도 한다. 나비와 벌들도 보이는 것만 같고 새들의 노랫소리도 아름답게 들려오는 것만 같다.

－「손으로 빚은 꽃」에서

　작가가 천상에서 바라보는 파란 하늘, 하얀 구름, 따사로운 햇볕을 통하여 인간에게 진실한 마음과 타자를 향한 그리움이 얼마나 소중한 것인가를 잘 인식하고 있다. 작가는 이 천상의 풍경 속에서 노인의 평온한 미소, 어머니의 따뜻한 얼굴, 듬직한 아버지의 모습, 꽃밭을 사이에 두고 어린이들이 뛰노는 모습을 상상한다. 이렇게 그의 작품에서 나타나는 인간을 사랑하는 마음은 꽃과 봄과 나비를 사랑하는 마음과 다르지 않다. 이런 작가의 마음으로 인해 "꽃이 주는 행복은 돈으로 살 수 없는 행복이다. 작품마다 꽃술, 꽃잎, 꽃받침, 줄기, 잎사귀들은 사람의 손으로 탄생하고 손으로 만지면 만질수록 종이꽃은 더 화려하게 변신하고 생명이 있는 것처럼 보인다"(「손으로 빚은 꽃」). 그리하여 그는 늘 긍정의 힘으로, 웃음 가득한 얼굴로, 따뜻한 가슴으로 살아가고자 하는 '꽃마음'을 간직하고자 한다.

　꽃을 구경하고 그림을 그린다는 건 그로 인하여 내 몸속에 좋은 에너지가 생성된 것이다. 활짝 피어있는 꽃을 보면 나도 모르게 미소가 번지고 그림으로 피우는 꽃을 보면 그 꽃으로 하여금 마음이 마구 설

렌다. 꽃을 좋아하는 나는 그 묘미에 매력을 느끼는지도 모른다.
　이 세상 사람들과 더불어 살면서 꽃은 꼭 필요하다. 축하의 자리에서는 꽃이 있어서 기쁨이 더 크게 나타나고 화해의 자리에서도 꽃이 있어서 더 부드러울 수가 있다.
- 「봄꽃을 그리다」에서

　밤하늘에는 별들이 빛나고 있다. 바람 한 점 없는 고요함 가운데 세 개의 풍등은 서로 다른 위치에서 올렸는데 한곳으로 모이면서 높이 올라간다. 고개를 쳐들어 보니 밤하늘에 빛나는 별과 같이 풍등도 빛나고 있었다. 두려움 없이 올라가는 풍등처럼 인간 세상에서 어떠한 일도 두려워하지 않고 내가 필요한 곳이라면 어디든지 달려가서 불 밝히는 일에 정성을 들일 것이다.
- 「내 마음은 봄」에서

　「봄꽃을 그리다」에서 꽃을 사랑하는 마음, 「내 마음은 봄」에서 별을 향해 달려가고자 하는 마음은 모두 작가의 이 세상의 모든 타자와 공존하고자 하며 이것은 곧 자신의 삶을 새롭게 세우고자 하는 노력에 다름 아니다. 그리하여 작가에게 "꽃은 언어가 없어도 사람을 불러들이고, 노래가 없어도 사람들을 즐겁게 만들어 준다"(「벚꽃이 가득한 봄에」)고 느낀다. 그러한 생각은 더불어 사는 이웃과 조건 없는 향기를 나누며 그들을 얼마나 따뜻하게 맞이했느냐는 물음에 깊은 사유를 하게 만든다.
　이금미의 수필에서는 인격적인 주체와 자연적인 주체가 거의 동질의 의미로 나타나고 있다. 물론 이것이 반드시 철학자 들뢰즈가 강조하는 바의 '주체의 의미'와 동질의 개념이라고 말할 수는 없지만, 이금미의 경우 분명한 것은 타자의 발견을 통해 '자아의 객관화'가 이루어지고 있다는 사실이다. 타자의 모습을 통하여 작가는 자아의 현현을 이루고 있다. 이런 사실은 작가의 인간과 자연에 대한 지극한 사랑의 표현으로 더욱 잘 나타나게 된다.

이금미의 수필에서 이루어지고 있는 이런 사랑의 의미 찾기가 우리들의 삶과 문학에서 흔히 볼 수 있는 단순한 미학적 자율성에 기대고자 하는 태도는 아니다. 이것은 오늘날 우리들의 삶과 문학에서, 더는 불가능한 것이 되어버린 삶의 본질에 대한 소중한 의미 찾기와 다르지 않다. 지금 이 세계는 삶과 인간에 대한 억압적인 지배 관계가 이루어지고 있으며, 그리하여 진정하게 인간적인 자아와 타자의 관계는 사라지고 없다. 이 과정에서 억압과 지배가 보편화된 자리는 사랑의 부재와 비인간화의 모습을 보인다. 이금미가 꿈꾸는 세상은 언제나 자아와 타자 사이의 사랑과 소중한 관계가 공존할 수 있는 공간이다.

4. 촛불을 그리는 마음

좋은 수필은 작가가 열어놓은 창작의 공간에 독자들을 개입시킴으로써 우리가 미처 체험하지 못한 불가능한 체험을 공유하게 된다. 이런 의미에서 작가의 본령은 세계가 유보한 것들을 다시금 꿈꾸게 하는 데 있다. 삶의 상징계에서 더 존재하지 않는 것이라고 규정된 것들, 그러나 규명 불가능한 것이라고 여겨졌던 것들에 대한 새로운 가능성들. 수필은 바로 삶과 인간에 대한 예외적이고 내밀한 모든 것을 밝혀내고자 하는 서사적 고백이다. 이는 흡사 누군가를 위한 '촛불 그리기'와 같은 것이다.

> 고마운 사람에 대한 촛불을 그리다 보면 그때의 기억을 떠올리게 되고 고마운 감정이 일어난다. 촛불을 그리는 동안은 오롯이 그 사람

을 생각하면서 그리기 때문에 잡념이 들지 않는다. 촛불을 통해 그 사람을 위한 기도가 되는 것 같기도 하다. 지속해서 그리다 보니 지금까지 살아오면서 내가 받았던 고마움이 이루 말할 수 없이 많다는 것을 깨달았다. 그들이 조용히 나를 위해 도움을 주었기 때문에 오늘의 내가 있지 않았나 싶다.

－「촛불을 그리다」에서

고마운 사람들을 위해 촛불을 그리다 보면 마음이 따뜻해지고 긍정의 에너지가 일어나게 되고, 그로 인해 마음은 모든 것을 수용하고자 하는 태도를 가지게 된다고 작가는 말한다. 이러할 때 작가에게 촛불 그리기는 자신의 '존재 그리기'이며 동시에 '인생 그리기'이다. 이금미의 수필 세계에서는 이 세상에서 실현될 수 없는 절망을 희망으로 만들고자 하는 노력으로 가득하다. 그래서 그의 수필만이 지닌 특유한 긍정과 사랑의 힘으로, 절망 속에서 희망을 일구어내는 데 성공한다.

이금미의 삶을 바라보는 긍정적이고 열린 마음은 이 고단하고 힘든 세상에서 밝고 따뜻한 사랑과 희망을 볼 수 있게 한다. 이런 의미에서 이금미의 수필은 새로운 삶과 세상을 위한 문학적 가능성으로 활짝 열려 있다.

제4부

체험의 현상학
생명의 글쓰기를 위한 모색
여성의 삶, 여성의 글쓰기
거미학hyphologie, 해석의 여백
어둠의 미로에서 길 찾기
인간과 세상의 관조

체험의 현상학
― 류현서·하창수·심선경의 수필

1. 들어가며

문학작품의 다양한 양상들은 기본적으로 작가의 체험에서 우러나는 것이라고 할 수 있다. 체험은 작가의 물리적 삶의 환경이나 대상에 대한 인식과 경험으로부터 이루어지는 것이지만, 이런 체험은 대상과 관계를 맺고 그에 대한 의미를 부여하면서 의식적이든 무의식적이든 문학작품의 바탕이 되기 때문이다. 그런 의미에서 작가가 경험하는 매 순간의 체험들은 궁극적으로 진정한 '작가의 모습'이기도 하고 '작품의 생명력'이 되기도 하다. 따라서 작가가 어떠한 삶의 환경에서 어떻게 대상과 관계를 맺고 체험을 이루었는가를 밝히는 것은 문학작품에 대한 수용적 심미 체험을 위해서도 대단히 중요한 의미를 갖는다.

체험은 일차적으로 작가에 의해 이 세상 만물과의 관계 맺음으로부터 이루어지는 현상이다. 그러나 세계 내에서 사물과의 독특한 관계 맺음을 통해 작가들의 일차적 체험은 형성되지만, 이것이 문학작품으로 다시 태어나기 위해서는 사물이나 대상으로부터 초월적 의미를 보는 것, 즉 즉자적卽自的 초월을 경험해야 한다. 말하자면 사물을 그냥 바라보는 차원에서가 아니라 동일한 차원에서 감정 이입의 과정을 이루면서 그들과 조우해야 하는 것이다. 작가는 때로 무욕과 무념의 자세로 사물을 관조하고, 그를 바탕으로 사물을 자신의 용도로 전환해야 한다. 이러한 의식적 변형을 통해 유보적 잠재적 상태로 존재하던 사물들은 새롭게 재탄생하게 된다. 작가의 의식과 눈을 통해 원래의 용도로부터 자유로워지고 역할을 부여받은 대상은 새로운 의미를 부여받는다. 다양한 변형을 이룬 대상들은 작품 전체로 혹은 작품 속의 중심적 이미지나 상징으로 채택되는 것이다.

결국 체험은 문학에서 물리적 측면에서뿐만 아니라 의식적 측면에서도 대단히 중요한 역할을 한다. 원래 인간 존재에게 있어 의식과 물질은 반드시 이분화되거나 이중적인 구조로 이루어져 있지 않고 유기적으로 연결된 하나의 전체이다. 그런 의미에서 존재의 두 가지 측면인 의식과 물질, 영혼과 육체가 온전히 '지금 여기'에 참여할 때 체험은 온전하고 진실하게 된다. 그것은 니코스 카잔차키스가 추구했던 육체와 영혼, 물질과 정신의 경계 상태 저 너머에서 일어나는 변화, 즉 '메토이소노(Metoisono, 거룩하게 되기)'를 경험하는 단계이기도 하다. 메토이소노란 육체와 영혼의 합일 단계, 절제와 본성이 어우러진 삶의 태도에서 나오는 체험으로서 유한한 인생을 살아가는 우리에게 진정한 행복의 실천이라는 삶의 언어를 가능케 한다고 카잔차키스는 말한다. 예컨대 포도가 포도즙이 되는 것이 물리적인 변화라면, 포도주가 사랑의 '성체'가 되는 것이 바로 '메토이소노'이다(이윤기, "작가론-20세기의 오뒷세우스", 『그리스인 조르바』). 그 과정에서 의식과 물질, 영혼과 육체는 동등하게 자리 잡아서 동시에 중요하고 거룩하게 된다.

'메토이소노'의 개념에 입각한 체험은 사물과 만남을 통해 이루어지는 의식적·물리적 변형으로 만물을 자유롭게 포섭할 수 있는 정신을 가능케 한다. 이런 정신이란 관념이나 지식이나 목적을 내려놓은 텅 빈 '초월'의 상태와 같은 것이다. 관념이나 목적을 내려놓은 지금 여기에 '과거'와 '현재', '영혼'과 '육체'는 별개로 존재하지 않는다. 비유컨대 그것은 마치 춤을 추는 거와 같다. 춤을 추는 동안 나는 사라지고, 지금 이 순간의 행위로서의 춤만이 남는다. 문학작품은 오로지 지금 이 순간에 존재함으로써 이루어지는 체험의 산물이며, 끊임없이 진행되는 과정의 어떤 순간들에 대한 현상이다. 이는 해체주의적 관점에 빗대면, 자크 데리다가 미의 순수화를 위하여 탈구축을 시도한 '파레르곤Parergon'의 개념과도 상통한다. 파레르곤이란 텍스트의 바깥이면서도 부단히 안으로 영향을 미치는 주변부의 현상이라는 뜻이다. 데리다는 안으로 영향력을 행사하는 바깥의 담론들을 지적하면서, 이는 곧 한편의 텍스트에 담긴 안과 바깥이 지닌 교호적 기능을 의미하는 것이다.

수필은 다른 어떤 문학 장르보다도 체험의 힘에 의해 이루어지는 '체험의 문학'으로 알려져 있다. 수필에서 이러한 체험의 힘이 어떻게 문학적으로 형상화되어 나타나는 것이 바람직할 것인가. 수필이란 궁극적으로 자기 삶의 체험에 대한 기억을 통하여 현재의 나의 삶을 재현하는 문학 양식이다. 그런 점에서, 좋은 수필은 체험적 묘사의 기능과 가능성을 재확인시켜 주면서 그 절실함과 진정성을 보여준다. 위에서 이야기한 대로 인간은 삶의 과정에서 자신의 의도에 상관없이 끊임없이 무언가를 체험하게 되고 그 체험에 의미를 부여하여 이야기를 만든다. 성장 과정에서부터 다양한 경험을 통해 가치관이 형성되고 자아와 타자를 아우르면서 세계에 대한 인식에 이르게 된다. 이것은 인간이 체험을 통해 언술하는 서사적 존재이며, 더 나아가 이런 서사적 행위를 통해 자기 존재를 확인하고 삶을 영위해 나간다는 사실을 말해 주는 것이다. 이런 의미에서 "궁극적으로 인간의 삶은 이야기될 필요가 있고 그럴 만한 가치가 있기 때문에 우리는 이야기를 한다."(폴 리쾨르, 『시간과 이야기 1: 줄거리와 역사 이야기』). 더 나아가 이야기할 내용이 풍요로운 사람은 그의 삶 자체도 풍요롭다고 할 수 있다.

그러나 인간이 자기 삶의 체험을 이야기하는 것이 단지 과거에 겪은 일을 이야기하는 차원에서 머무는 것만은 아니다. 폴 리쾨르는 이야기와 정체성의 문제를 연결 지으며, 이야기 행위의 본질적 기능에는 우리 자신의 정체성 탐구가 담겨 있음을 지적한다. 인간이 이야기하는 보다 근본적인 이유는 자아 정체성의 모색에 있다는 것이다. 이를테면 삶의 일상에 존재하고 있는 허다한 체험의 이야기가 작가들에 의해 문학작품으로 형상화될 경우, 그것은 서사화 과정을 거치면서 작가의 정체성 탐색을 위한 과정이 된다. 지나온 과거의 체험을 소환함으로써 현재를 성찰하는 계기를 만들기도 하며, 그러한 과정을 통하여 자아 정체성의 정립에까지 나아갈 수 있게 되는 것이다. 궁극적으로 인간은 한편으로 자신의 주체를 서사화하고자 하는 욕망에 사로잡히고 있으며, 다른 한편 서사 속에는 글쓰기 주체의 실천적 모습이 담기게 된다. 이 같은 글쓰기의 양상을 우리는 수필과 같은 고백체의 산문 양식에서 흔히 찾아볼 수 있다.

이런 의미에서 류현서의 「기억 지우개」, 하창수의 「드므」, 심선경의 「지네와 군화」을 읽어본다.

2. 류현서의 「기억 지우개」

　기억은 살아있는 개인들의 구체적인 정신적 표현이다. 추억이나 기억은 현실과 다르다. 현실은 외적인 물질적 세계와 그 사건에 대한 절대적이고 객관적인 사실이다. 따라서 현실은 일련의 자명한 사실들이며 거기에는 오직 하나의 정확한 관점만이 있다. 반면에 기억은 사람이 현실에서 경험했던 것이 어떤 형태로 간직되었다가 나중에 일정하게 재생 또는 재구성되어 나타나는 현상을 말한다. 기억은 일반적으로 우리가 생각하는 것과 달리 선택적이다. 사람들은 자신들에게 아름답고 소중한 기억은 잘 간직하고자 하지만 고통스럽고 힘든 기억은 잊어버리고자 한다. 인간만큼 망각과 회복, 상실과 복구의 과정을 되풀이하면서 살아가는 존재는 드물 것이다. 자신이 살아가는 삶의 현실 속에서 사람들은 망각하고 상실한 것을 회복하고 복구한다. 그래서 슬픔 속에서 절망에 빠지기도 하고, 절망에서 일어나 희망을 얻기도 한다.

　류현서의 「기억 지우개」는 '지우개'로 상정되는 인간의 기억과 망각의 의미를 깊이 사색하는 작품이다. 인간의 삶은 잊어야 할 것은 잊지 못해 힘들고, 잊지 않아야 할 일은 잊어버려서 난감하기도 하다. 정작 잊어버려도 무방할 크고 작은 아픔과 상처들을 마음에 담아둔 채 고통의 밤을 지새우기도 하며 소중한 삶의 에너지와 시간을 허비하게 된다. 인간은 감정의 동물이기 때문에 온갖 불필요한 감정에 사로잡혀 세상을 힘들어하고 사람을 보기 싫어하기도 한다. 그럴 때 우리는 잘못 쓴 글씨를 쉽게 지울 수 있는 지우개를 생각한다. 잘못 쓴 글씨를 쉽게 지울 수 있듯이 인생살이에서도 잘못되거나 어긋난 부분을 마음대로 지울 수 있다면 얼마나 좋을까. 작가는 이렇게 말한다.

때로는 연필이 부럽다. 연필에는 반드시 지우개가 달려있다. 잘못 썼을 때 지우는 도구이다. 지우개가 존재한다는 자체가 사람이 하는 일엔 실수가 있을 수 있다는 거다. 잘못 쓴 글씨는 지워야 하듯이, 인생살이에서도 어긋난 부분은 지워야 한다는 것인가. 생의 여정에 있어 부끄러운 일이나 가슴 시리던 일은 기억지우개로 지워버려야 자신에게 이로울 터이다.

인생의 여정에서 부끄러운 일이나 남으로부터 섭섭했던 일들을 쉽게 지울 수 있는 지우개가 있다면 삶은 훨씬 단순해질 수 있을 것이지만, 그렇지 못한 것이 우리의 인생이다. 특히 "용서하는 능력은 벌을 주는 능력보다 천 배 만 배 위대하고 성스러운 일일 것"이지만 우리의 마음에 담겨 있는 맺힌 마음은 쉽게 풀리지 않는다. 동물들과 달리 잊지 못하고 용서하지 못하며 사는 것이 인간이다. 그러나 때로 앙리 베르그송의 말대로 기억의 힘은 단순히 과거를 반복하고 재현하는 데 있는 것이 아니라 적절한 망각과 선별을 거쳐 과거를 현실화함으로써 현재를 변화시키는 창조성이 있다. 베르그송이 말하는 '기억'은 상기하느냐 안하느냐에 관계없이 그 불가분적 연속성에 있어서 현재의 의식 속에 보존되어 있는 과거의 의식이 시간의 전체를 구성하기 때문이다. 말하자면 과거를 수축하여 현재로 연장하는 기억의 강도에 따라 과거는 상이한 정신적 수준에서 반복되면서 현재적 삶의 질적 변화를 낳는다. 이런 점에서 동물이나 미물들은 망각하면서 상처도 집착도 걱정도 없는 삶을 살아가지만, 인간은 이런저런 관계와 인연에 설키고 얽혀 희로애락 속에서 살아가게 된다.

동물이나 미물들은 잊어버림으로써 살아가는데 오히려 득이 되기도 한다. 숲속에 사는 다람쥐도 도토리를 겨울 양식으로 땅에 묻어 놓고 묻은 장소를 잊어버린다. 그 땅속에 묻힌 도토리가 움이 트고 싹이 나서 상수리나무들이 번식한다. 금붕어가 작은 어항에서 헤엄쳐 노니는 것도, 지나간 길에 대한 기억력이 없기 때문이다. 그 길이 그 길인데 밤도 낮도 없이 신선한 길인 줄 알고 즐겁게 놀고 있지 않은가. 이 미물들은 과거의 아픈 상처, 현재의 집착, 미래에 대한 걱정 등 모든 기억의 굴레를 벗어놓는다고 한다.

동물들과 달리 사람들에게 과거의 흔적들은 고스란히 기억 속에 보관되어 있으며, 기억은 과거를 불러내 재현할 수 있는 생각의 저장고 역할을 한다. 그러나 기억의 다른 한편에는 망각이라는 무의식이 작용하고 있으며, 무작위적인 기억의 재현이 불가능하게 되기도 한다. 흔히 인간에게 망각은 축복이라고 하고, 사람들에게 안 좋은 일은 망각하는 것이 보약만큼이나 좋은 것이라고 말한다. 우리가 잊고 살았던 아주 소중한 경험들은 때로 단절된 기억의 회로를 복원시키는 감동의 원천이 되기도 한다. 그러나 기억하기 싫은 아픔을 복원해내어 회상하게 된다면 그것은 오히려 큰 고통이 될 수도 있다. 이렇게 인간은 기억하는 능력과 함께 망각하는 능력을 동시에 갖추고 있으며 그렇기 때문에 인간은 살아갈 수 있는지 모른다.

따라서 신이 우리에게 부여한 기억지우개는 잘 써야 한다. 「기억 지우개」에서 작가가 이야기하는 대로 나쁜 일은 지워버리고 좋은 일은 지우지 말라고 신이 주신 기억지우개는 함부로 남발하지 말고 절체절명에만 쓰라고 주신 선물임에 틀림없다. 이것이야말로 누구에게나 평등하게 하나씩 우리에게 준 조물주의 하사품이다. 우리가 모두 하사받은 이 기억지우개는 전혀 사용됨이 없이 반납되는 것이 가장 좋은 일일지 모른다. 화자는 "기억이 사라지면 만족이든 불만이든 행복이든 사랑이든 다 사라지고" 말 것이기 때문에 "사랑했던 기억도 사랑받던 기억도 나의 머릿속 연결망에 그대로 저장되어 있기를 바란다."고 말한다. 그리하여 자신의 기억지우개는 이 세상 소풍 끝날 때까지 쓰일 일 없이 원품으로 반납하게 되기를 바란다.

「기억 지우개」에서 기억은 지나가 버린 과거의 체험으로부터 무화된 시간이 아니라 기억의 방식으로 환기되어 현재에 개입하는 실재적 시간이라고 보아야 할 듯하다. 그러므로 과거와 현재의 행복과 사랑은 구체적인 체험의 재현 기억을 통해 그 이미지를 떠올리는 것을 의미한다. 중요한 것은 과거의 삶의 기억을 현재적으로 생생하게 되살려서 지금의 삶을 보다 구체적이고 긍정적으로 되살리는 의지를 보이는 것이다. 마찬가지로 「기억 지우개」에서 우리가 읽어야 할 것은 과거를 기억하거나 이야기하는 과정에서 과거가 현재로 정당화되는 과정, 다시 말해 기억의 영역이 현재적 담론의 영역으로 변환되어 가는 의미화의 과정이라 할 것이다.

3. 하창수의 「드므」

'드므'는 어린 시절에는 '물더무' '더무'라 불렀지만, 원래의 우리말은 '드므'라 불린다. 시골에서는 이 드므를 통해서 식수를 저장했고, 사람들은 여기에 담긴 물을 먹고 성장해 왔다. 따라서 사람들은 드므를 굉장히 소중하게 여겼고 신성시했다. 아침저녁이면 드므에는 항상 우물을 길어다가 가득 담아 놓는다. 겨울 아침에는 드므에 갓 길어 온 물 위로 김이 무럭무럭 피워 올랐다. 사람들에게 드므 없는 가족의 생존이란 불가능했기 때문에 드므는 가족과 같았다. 사람들은 자연스레 드므를 통하여 물에 대한 소중함을 깨우치기도 했다.

「드므」에서 작가는 드므와의 관계 맺음이라는 체험을 통해서 삶과 인간의 의미를 풍부하게 재현시킨다. 그것은 하나의 사물이 지닌 복합적 관련성에 대한 체험과 연관된다. 모든 사물은 단선적 의미와 속성을 지닌 것이 아니라 여러 가지 속성이 복잡하게 얽혀 있는 복합체로서 존재하는 것이다. 대개 사물은 유용성의 관점에서 파악되기 때문에 사물이 지닌 이 복합적인 성격이 충분히 지각되거나 포착되는 경우는 힘들다. 그러나 「드므」에서 작가는 드므와의 체험을 단순히 유용성의 측면이 아니라 문학적 상상의 체험으로 발전시킨다. 사물이란 원래 그 자체의 구조보다는 그것을 이용하는 사람 혹은 다른 사물과의 관계가 새롭게 정의됨으로써 성질이 더욱 다양하고 분명해진다.

할머니는 물 쓰임새에 대해서는 매우 까다로웠다. 물을 쓰지 않을 때는 아버지가 만든 둥근 나무 뚜껑을 덮어 놓기도 하고, 추위가 매서운 동짓달에는 물이 얼어서 살얼음을 깨뜨려 보리쌀을 끓이기도 했다. 새벽에 일찍 길어 온 맑은 물을 할머니는 정화수로 사용했다. 아버지는 새벽에 일어나면 제일 먼저 물지게를 지고 몇 번이나 왕복해서 드므에 물을 채우는 것이 일상이었다. 화자가 성장하면서 이제 그일을 담당하게 된다. 그는 드므를 길러오는 일을 하면서부터 드므를 통하여 사람의 마음을 읽어낸다.

> 마음도 이와 비슷한 것 같다. 생각이 복잡하고 들떠 있으면 앞이 캄캄하다. 바르게 살고 있는지 모를 때가 많다. 헝클어진 마음도 그렇다. 곱게 감긴 실타래처럼 일이 술술 풀려야 하는데 도무지 그 실마리가 잡히지 않기 때문에 좌충우돌할 때도 더러 있다. 허나 마음이 고요하고 안정이 되면 보이지 않던 길도 보이고 여유와 자유로움이 생겨난다. 순리대로 소통이 이뤄지기도 한다.

화자는 드므의 물을 보며 사람의 마음을 헤아려 본다. 사람은 집에서 키우던 닭이나 개가 없어지면 찾아 나서지만 자신의 마음을 잃어버리고도 찾을 줄 모른다. 삶에서 가장 중요한 것은 바로 그 버린 마음을 찾는 것이다. 마찬가지로 세상살이에서 사람들이 극명하게 대립하는 것은 결국 자신의 욕심대로 한쪽만 보기 때문이다. 독단적 생각에 사로잡히고 휘둘리는 아집은 늘 편협한 하나의 관점에서 나오는 것이다. 그러나 마음이 텅 비고 고요하면 자신의 허물도 보이게 된다. 허물이 보이면 조심하며 참회하게 되고 다시는 같은 잘못을 저지르지 않게 된다. 이런 과정이야말로 우리가 한평생 동안 이루어야 할 수행이라고 작가는 말한다. 넓적한 독에 불과한 드므는 한 가정의 구심점 역할을 한 귀중한 물건이었으며 동시에 사람이 이루어야 할 수행의 의미를 담고 있는 독이었다.

그러나 지금 이 드므는 사람들이 하나둘씩 고향을 떠나가면서 가족과의 인연을 멀리하고 말없이 한쪽 구석에서 옛 주인을 기다리며 서 있다. 언제쯤인지 추석을 바로 앞두고 할머니가 떠나시고 가족이라는 핏줄의 인연을 다하고 어머니와 아버지도 떠나셨다. 시골에 홀로 남은 드므의 모습을 바라보면서 화자는 무상한 삶의 모습을 본다.

> 한 번씩 시골집을 찾으면 단아한 드므 이마에서 허리를 쓰다듬어 본다. 손끝으로 전달되는 잔잔한 울림이 느껴진다. 저 혼자 있을 때는 흥타령을 하다가도 내가 허리라도 쓰다듬으면 아리랑을 부르는 거 같기도 하다. 압축된 세월의 질감들이 가슴속으로 흘러들어 어느새 온몸을 뜨겁게 달군다. 이제 뽀얀 먼지와 함께 철삿줄로 꿰매어 놓은 몸뚱이는 금이 가고 색상마저 바랬다. 무상한 내 삶과 다르지 않다.

화자는 부엌 문지방에 서서 눈을 감고 그동안 익숙했던 모든 것들에서 벗어나 묵언에 잠긴다. 그러면서 "한 번도 떨어진 적 없는, 아무것도 아닌 '살아있는 이것'에 존재의 자연스런 상태를 맛본다. 드므, 드므가 만법귀일의 깨달음을" 얻는다. 작품에서 기억이 작가에게 가장 중요한 역할을 하는 것은 그가 체험한 내용이 아니라 그러한 체험의 기억을 새롭게 재현해 내는 일이다. 재현의 새로움이 사라진 상태에서는 그것이 과거의 사실과 얼마나 일치하는가의 여부는 그리 중요하지 않다. 체험의 기억을 훌륭하게 직조해 냄으로써 현재의 삶보다 아름다웠던 과거가 현재로 침투해 들어오고, 더 나아가 그것이 얼마나 현재적 삶의 고통을 극복하는 긍정적인 에너지로 작용하는가 하는 것이 중요하다.

작가는 어린 시절부터 보아온 드므에 대하여 느꼈던 체험을 통하여 삶에 대한 새로운 인식을 기억해낸다. 지나온 삶의 감정을 기억하고 재현해내는 이차적인 기억을 마르셀 프루스트는 '정서적인 기억'이라고 했지만, 이 기억은 작가들에게 반드시 요구되는 능력이다. 작가들은 정서적인 기억을 통해서 과거를 다시 체험하여야 하며 이를 통하여 과거의 기억을 생생한 삶의 현실로 소환하여 문학화 해내어야 한다. 「드므」는 체험을 현상화 해내어 우리에게 보여주는 능력은 작가에게 반드시 요구되는 덕목이라는 사실을 잘 보여준다.

4. 심선경의 「지네와 군화」

무릇 작가는 자신의 체험을 언어로 표현함으로써 그 체험을 문학 텍스트의 대상으로 객관화한다. 특히 수필과 같이 자전적 성격이 강한 서사 문학의 경우 체험은 작가에게 더욱 중요한 의미를 지닌다. 일반적 정의대로 수필은 삶과 세상에 대한 개인적 견문이나 체험을 문학적으로 형상화하는 산문 형식의 글이기 때문이다. 그렇다고 해서 작가의 주관적 체험에 의한 기록이 곧 문학 텍스트가 되는 것은 아니다. 문학 작품을 위한 언어적 표현은 객관화의 과정을 통하여 이루어진다. 작가의 체험이 객관화의 통로를 거치지 않을 경우 서사 문학의 본질이라고도 할 수 있는 서사성은 주관적 자의에 빠지거나 추상적 관념의 유희로 전락하기 쉽다. 이런 측면에서 수필에서 작가의 체험은 문학적 상상력을 추동하는 중요한 계기가 되어야 한다. 말하자면 작가의 체험에 기반한 문학적 상상은 사실의 세계에 얽매이지 않고 이를 자유롭게 변형시켜 인간과 세상에 대한 더 넓고 깊은 현실적 전망을 만들어낼 수 있는 것이어야 한다.

　심선경의 「지네와 군화」는 지네라는 단순한 미물에 대한 체험을 통하여 선과 악, 아름다움과 추함의 의미를 생각하는 것은 물론, 인간공동체를 파괴하는 편견과 집착 등의 문제를 폭넓게 상상하는 수필이다. 우리는 지네와 같은 생물들을 바라보고 그들에 대하여 혐오감을 느낀 경험을 한 두 번 가진 적이 있을 것이다. 작가의 말대로 왜 같은 생물이 똑같은 행동을 해도 어떤 놈은 귀염을 받고, 또 어떤 놈은 혐오를 받게 되는 것인가. 지네나 뱀같이 외모가 징그럽고 흉물스럽다고 사람에게 반드시 해악을 끼치는 것은 아닐 테지만, 사람들은 그들에 대한 겉모습만으로 편견을 가지고 판단할 때가 많다. 지네도 나름대로 자신의 생존을 위해서 가장 아늑하게 느끼는 사무실 구석이나 군화나 운동화 속에서 웅크리고 있을 뿐이다. 그러나 사람들은 그런 낯선 벌레를 보면 먼저 두려워하고 없애려고만 한다. 실제 인간은 자신과 다른 존재나 환경을 대할 때 대부분 이런 잘못된 판단과 기준에 따라 행동하는 경향이 짙다.

나에게 이로운 것인가, 아니면 해로운 것인가. '좋다'와 '나쁘다'는 구분은 바로 그 잣대로 저울질한 끝에 나오는 것이다. 한번 '나쁘다'는 낙인을 찍어버린 것들에게는 좀처럼 고운 눈길을 주지 않는다. 물론 벌레에게만 그런 잣대를 갖다 대는 것이 아니라 주위의 모든 존재들에 대해서 적용하는 것 같다. 어쩌면 그런 생각들이 벌레와의 관계뿐만 아니라 다른 외부세계와의 관계도 삐걱거리게 만드는 것이 아닌가 싶다.

세상엔 추한 것들과 아름다운 것들이 혼재되어 있다. 추한 것과 아름답다는 기준 또한 사실은 우리가 만들어낸 환상에 불과하다. 뱀이나 지네같은 동물을 공동의 적으로 만드는 우리는 어떤 이념에 지배당하고 있는 것일까. 곤충이 징그럽다는 생각을 본능이라 착각하는 우리는 어떤 본질을 왜곡하고 외면하는 걸까.

작가는 묻고 있다. 추한 것들과 아름다운 것들에 대한 편견과 아집이 이 세상과 인간에게 고통을 주는 것은 아닌가. 심지어 이런 편견은 곧 삶에 있어서의 공동체 의식의 파괴로 이어진다. 사람들과의 이해관계나 의식에는 항상 편견과 독선이 개입되어 있고, 이 같은 심사는 곧 자연 상태의 생태적 삶의 파괴로 이어진다. 아름다운 것과 추한 것이 혼재한 가운데 살아가는 것이 삶의 현실이다. 그러나 옳은 것과 옳지 않은 것, 아름다운 것과 추한 것에 관해서 서로 생각이 다를 때 갈등이 생기고 싸움이 일어난다. 이런 일들에 관해서 사람들은 생각이 서로 다르고 다른 견해 차이를 해소할 생각을 쉽게 하지 않는다. 이 세상과 자연과 인간에 대하여 사람들은 오직 자신의 기준에 따라서 선과 악으로 규정지어 판단하고 독선을 부린다.

진실로 우리가 반성해야 할 것은 이 지상에서 인간이 최고라는 인간중심주의적 사고이다. 인간중심주의란 인간과 자연과의 관계에서 인간만을 가장 가치 있는 존재로 여기고 자신의 이익이나 행복을 우선시하는 관점이다. 이런 생각에서 벗어날 때에야 우리는 물질적 소유와 자기중심적인 이기적 자아로부터 탈피하고 자연과의 합일하에 공동의 삶을 영위할 수 있다. 이 지상에서 인간만이 중심이라는 그릇된 편견과 아집이 버려지지 않는다면 이 세상에 전쟁과 생태적 위기는 끝없이 이어질 것이다. "파리나 모기에 대한 증오심과 북한과 이라크 아이들의 비극을 불러온 증오심이 똑같다는 것을" 우리가 이해하지 못한다면, 세상과 자연과 인간에 대한 증오와 비극은 반복될 수밖에 없다.

> 유일하게 인간만이 편견을 갖는다고 한다. 근거 없는 두려움에서 비롯된 편견의 대물림, 자신의 이익을 위해 이러한 편견을 더욱 부추기는 마음을 버리고 그들과의 새로운 관계를 통해 우리 자신과, 나아가 이 세상과 새롭고 건강한 관계 맺기를 해야 할 것 같다. 자신의 안전을 위해 무턱대고 자신과 '다른' 존재를 파괴하기보다 그들을 이해하고 평화롭게 공존할 수 있는 길을 만들어가야 하지 않을까. 나와 똑같지 않다는 것을 차별과 경멸의 근거로 삼고, 당연히 자신과 다를 수밖에 없는 상대방을 적으로 간주하는 세상에서 권력을 독점한 자와 세계관, 생활양식이 다르거나 심지어 생김새가 다른 자는 생명의 위협까지 감수해야 한다.

오늘날 우리가 당면하고 있는 환경문제와 인종차별, 민족문제와 신식민주의, 젠더와 계급이라는 문제들은 진정한 인류 정의를 위해서 미해결의 상태로 세계 곳곳에 드리워져 있다. 지금 우리가 서 있는 벼랑 끝에서 어떻게 돌아설 수 있을까. 그에 대한 답은 진정으로 어디에서 찾을 수 있을까. 세상을 아름답게 꽃피우는 최선의 방법은 편견과 독선을 버리고 "이 세상과 새롭고 건강한 관계 맺기"의 마음가짐을 갖는 일이다. 개인의 고통에서 집단의 고통으로, 개인적 깨달음에서 집단적 깨달음으로 돌아갈 때 인간과 자연, 인간과 세상의 화해는 가능할 것이다. 그래서 "세상의 변화를 만들어내기 위해서는 사회 시스템을 향해 목소리를 높일 것만이 아니라 나 자신부터 먼저 변화해야 한다." 상대방이 사람이든 곤충이든 그 '다름'이 문제가 아니라 상대방이 '다름' 때문에 받는 고통에 무관심한 것이 바로 우리의 '죄'이다.

「지네와 군화」는 지네의 이미지를 빌어 현대적 삶과 세상의 문제점을 바라보고자 하는 작가적 '전망'이 돋보이는 작품이다. 작은 대상의 모습을 통하여 삶과 세상의 문제를 폭넓게 재현하려는 노력은 바로 작가가 대상을 바라보는 넓은 시각에 의해서 가능하다. 우리가 당면하고 있는 역사적·사회적인 현실이 어떠한 것인가에 대한 깊은 인식이 있을 때 이 같은 전망은 가능하게 되는 것이다. 모름지기 진정한 작가란 현실을 단순하게 모사하는 것이 아니라 새롭게 재구성해야 하며 그러한 과정에서 진정한 삶과 세상의 의미를 보여주는 자이어야 한다. 다시 말해 작가의 현실과의 살아 있는 체험의 재현은 체험의 구체성과 진정한 의미의 상상이 결합하게 될 때 가능해지는 것이다. 심선경의 「지네와 군화」에서 우리가 주목하게 되는 것은 원체험 자체의 실제성이 아니라 그것을 재현하는 작가의 인식과 상상력의 힘이다.

5. 나오며

그동안 수필 문학은 일상의 작은 대상에 대한 체험을 통하여 인간과 세상에 대한 진실을 규명하는 데 주력해 왔다. 문학에서 일상적 삶의 체험이 중시되고 사람의 정서적 체험이 주목받게 되는 것은 당연한 일이다. 그러나 일상적이고 개별적인 체험을 통하여 보편적이고도 특수한 체험을 이루어낸다는 것은 더욱 중요한 일일 것이다. 실제 우리 수필의 가장 큰 문제점 중의 하나는 상상력의 부족으로 인한 미적 감동의 부재 현상을 꼽을 수 있다. 수필에서 상상이 소홀한 것은 수필이 허구의 문학이 아니라 체험의 문학이라는 의미를 지나치게 편협하게 이해하기 때문이다. 따라서 좋은 수필은 작은 제재를 통하여서도 자유로운 상상의 체험을 촉발하는 작품이다.

흔히 이러한 성공을 우리는 문학적 형상화나 전형화를 잘 이루었다고 표현하고 있거니와, 수필 문학에서 성공적인 형상화에 도달하기 위해서는 일상적이고 개별적인 체험을 통해 보편적 체험으로 나아가는 것이어야 한다. 이런 의미에서 앞으로 우리 수필 문학은 작가들의 더욱 깊은 차원의 인식과 체험을 위한 노력이 요구되어 진다고 하겠다.

생명의 글쓰기를 위한 모색
— 려원·박주희·차하린의 수필

1. 들어가며

문학적 글쓰기란 글쓰기 주체가 타자와 이루는 소통의 과정이라 할 수 있다. 따라서 작가는 더 넓은 인생과 세계와 교통을 이루면서 진정한 문학적 성취를 이루고자 하는 것은 당연한 일이다. 이를테면 오늘날 시인과 작가들이 인간과 세상, 인간과 자연이 당면하고 있는 고통과 슬픔을 함께 나누고 공감할 때 문학적 인식과 글쓰기의 지평은 더욱 넓게 열리게 될 것이다. 지금 우리는 거칠고 사나운 한 시대를 관통하고 있다. 이 암울한 시대 앞에서 인생과 세계를 보는 기존의 방식과 가치들은 그 적실성을 상실하고 있으며, 또 다른 문학 이해와 글쓰기의 방법이 요청되고 있다. 혼돈의 시대에는 그것을 이겨낼 수 있는 전복의 문학적 사유와 인식을 이루어야 한다. 그리하여 우리는 신화로 가득 찬 지난 시대의 성전聖殿을 붕괴하고 새로운 삶과 글쓰기를 위해

경배해야 한다.

고도 정보와 자본의 원리에 의해 영위되는 삶의 양태는 갈수록 인간 영혼과 정신을 압도하는 상황이다. 우리 시대의 문학이 직면하고 있는 부정적 정황은 안개 속의 항해같이 한 치 앞을 내다볼 수 없는 현실이다. 물신화나 기술화에 의해 지배되는 상황에서 지루한 일상성과의 싸움은 더욱 미래를 예측하기 힘들게 한다. 그러나 언제나 문학은 기술과 물신의 위세에 예속한 적이 없기 때문에 그러한 삶의 상황에 비판적으로 맞서 저항할 수 있는 것도 문학적 상상력과 정서의 힘이다.

이런 상황에서 무엇보다 절실히 요구되는 것은 원초적인 자연의 운행원리를 표상하는 생태적 삶의 질서와 가치를 새로운 시각으로 바라보는 일이라고 할 것이다. 또한 이같은 문학적 상상력과 정서는 생명 가치의 구현을 통해 새로운 삶의 출구를 찾기 위한 노력에 다름아니며, 이는 곧 반생명적인 문명 질서를 극복함으로써 새로운 미적 가능성을 제시하는 것이라 할 수 있다. 이런 노력은 영국의 시인이며 평론가였던 T.S. 엘리엇 같은 사람에 의해 이미 오래전에 이루어진 바 있다.

엘리엇은 1920년에 출간된 첫 평론집 『거룩한 숲The Sacred Wood』에서 문학의 생태적 기능과 역할을 이야기 한 바 있다. 20세기 문학 비평의 '성서'(the sacred book)라고 불린 이 책의 재판 서문에서 엘리엇은 시(문학)의 본질적인 유기체론을 주장하고 있다. 엘리엇은 시는 그 자체로서 생명을 가진 것으로 보아야지 다른 어떤 실체로 보아서는 안 된다고 강조한다. 시는 다른 도구나 이용 대상이 아니라 그 자체로 존재하는 하나의 생명체이다. 이 말은 시가 도덕과 정치, 혹은 종교와 사회를 위해 봉사하는 것이 아니라 생명을 지닌 유기적 개체로 인정되어야 한다는 것이다. 말하자면 엘리엇에게 시는 식물과 같은 살아있는 유기체이다. 우주의 에너지를 받아 대지의 뿌리와 줄기를 만들어 내고, 물과 양분을 끌어 올리고 광합성 작용을 통해 모든 생명체의 먹이인 엽록소를 만들어 낸다. 이는 흡사 한 편의 시가 언어를 통해 창조되는 과정과도 유사하다는 의미에서 문학작품은 하나의 생명체라고 해도 과언이 아니다. 이렇게 하나의 생명체인 문학을 통해 사람과 자연은 서로 소통하고 교류하게 된다(T. S. Eliot, The Sacred Wood: Essays on Poetry and Criticism, 참조).

엘리엇의 주장에 기대지 않더라도 문학은 자연 속 하나의 생명체와 같이 그 책무는 생태적 상상력과 교육을 통해 인간과 세상을 구원할 수 있게 된다. 자연과 생명을 주고받으면서 상호침투적이고 소통하면서 관계의 망을 형성하는 동식물과 같이 문학은 바로 자연의 생태학적 존재 방식과 다르지 않다. 인간과 자연은 별개의 것이 아니고 언제나 하나이다. 인간은 문학을 통해 자연과 소통하고 조화를 이루면서 화합하게 되는 것이다. 이런 의미에서 진실하게 살아있는 문학은 곧 자연에 이르는 길이며, 자연은 문학을 통해서 문학은 자연을 통해서 그 본질적 모습을 드러내게 된다.

문학의 일차적인 요건은 사람의 마음을 움직이는 힘을 가져야 한다는 것이겠지만, 이런 힘은 메마른 논리적 이성적 진술로써는 결코 생겨나지 않는다. 그러므로 문학에서의 자연과의 교감의 체험이 중시되고 자연으로부터 작가의 정서적 경험이 이루어지게 되는 것은 당연한 일이다. 오래전 어느 평론가는 "눈 내리는 밤의 아름다움을 말할 수 없고 비 오는 날의 서정을 말할 수 없게 된 시대에 눈과 나무, 비와 숲의 아름다움을 노래하는 시 작품들을 쓰고 읽고 가르친다는 것은 적절한 일인가? 아니, 그것은 도대체 가능한 일이기나 한가?"(도정일,「시인은 숲으로 돌아가지 못한다」)라고 물은 바 있다. 실제 오늘과 같이 도시 문명이 황폐하게 만든 삶의 상황에서 우리가 백석의 「나와 나타샤와 흰 당나귀」와 로버트 프로스트의 시 「눈 오는 밤 숲에 머물러」를 읽으며 감동하거나 그러한 문학교육을 한다는 것이 얼마나 가능할 수 있을까?

> 이 시대의 시인들은 숲으로 가지 못하고 아이들은 눈을 겁내고 문학교사는 텍스트의 부적절성 앞에 고민한다. 별빛 사라진 밤하늘은 아이들에게 가장 '흐리멍덩한 것'의 경험적 표본이다. 그러나 사람의 삶과 자연 사이에 일어난 이 모순과 괴리를 직시하게 하고 아름다움이 박탈된 세계의 궁핍을 보게 하는 일이야말로 문학교육의 과제다. 오늘날의 문학교육은 불가피하게 궁핍과 박탈, 괴리와 모순에 대한 교육이 돼야 하고, 자연의 고통이 어떻게 사람 자신의 고통이 되는가를 가슴으로 '느끼게' 하는 교육이 돼야 한다.
> — 도정일, 「시인은 숲으로 가지 못한다」

우리 시대의 작가와 독자는 잃어버린 세계의 아름다움을 환기시키는 글을 쓸 수도 읽지도 못한다. 우리는 시대와 세상의 상실과 아픔을 느낄 수 없는 세상에 살고 있기 때문이다. 이 상실과 아픔을 향한 작문과 독법의 전환, 이것이 우리 시대 글쓰기와 글읽기의 과제이다. 오늘의 시인과 작가는 숲으로 가지 못한다. 아니 숲이 시인과 작가를 외면하고 있고 숲도 그들을 배제하고 있는지 모른다. 그렇지만 우리 시대의 시인과 작가는 그리고 독자는 마지막 순간까지 숲으로 가야 하고 숲에서 인생과 세상을 이야기해야 한다.

이런 의미에서 려원의 「숲의 시간이 흐른다」, 박주희의 「흐르는 강물처럼」, 차하린의 「철새는 날아가고」를 읽어본다.

2. 려원의 「숲의 시간이 흐른다」

문학의 표현 대상이란 눈앞의 현실이라기보다는 현실 너머의 보이지 않는 본질을 언어로써 그려내는 노력이라 할 수 있다. 「숲의 시간이 흐른다」는 제목대로 숲에서의 시간과 명상을 다룬 작품이다. 그러나 작품에서 작가가 이야기하고 있는 것은 숲의 현실이나 현상이 아니라 숲에 숨겨진 본질과 실재이다. 작가의 일차적 관심은 숲속에서 바라보는 대상의 움직임이나 모습들이 아니라 그들이 간직하고 있는 꿈이다. 숲속의 나무들을 통해 작가는 그들이 간직했던 그러나 사라진 꿈을 이렇게 바라본다.

> 멈춰있는 것처럼 보이는 나무들은 날마다 움직이는 꿈을 꾸고 있다. 숲에서 흩날리는 것들, 흔들리는 것들, 속삭이는 것들, 꿈틀거리는 것들은 모두 나무가 꾼 꿈이다. 휘어지고 등 굽은 나무들의 몸 어딘가에는 아주 오래전 이곳에 살았던 숲 사람들의 꿈, 목소리와 몸짓, 열망과 좌절의 흔적들이 남아있으리라. 숲 사람들은 나뭇가지로 은신처를 만들고 네발로 달렸으며 나무줄기를 끌어안고 타올랐을 것이다. 숲의 몸짓과 언어를 유전자에 새기며 숲에 대한 감사와 두려움, 외경심을 품은 채 살아갔을 숲 사람들. 그들이 꾸던 꿈은 모두 어디로 흘러갔을까.

숲에서 살아가던 숲 사람들, 그들이 꾸던 꿈은 모두 어디로 갔을까라는 표현에서 작가는 숲과 나무의 깊은 심연을 읽어낸다. 언어라는 존재의 사슬에 얽매인 채 언어 너머의 심연을 들여다보고자 하는 이런 태도는 문학을 통하여 또 다른 세상을 바라보고자 하는 태도이다. 또한 자신이 바라보는 대상에 대한 생의 신비와 우울 사이에서 배회하는 방랑자의 그것이 아닐까. 쉽게 도달할 수도 이해할 수도 없지만, 그럼에도 끊임없이 우리의 삶 속으로 개입해 들어오는 저 매혹적인 심연의 깊이를 응시하고자 하는 것이 작가의 길이 아닌가. "숲에 대한 감사와 두려움, 외경심"의 마음은 숲의 심연을 이해할 수 있게 해준다.

그러나 도시의 삶에서는 그 같은 심연의 깊이에 도달할 수 없다. "깊은 땅속에서 뿌리로 소통하던 초록의 연대는 사라지고 회색 소음들, 끝을 알 수 없는 회색의 번짐, 회색의 무심한 표정만이 거리에 가득하다." 회색의 거리 속에서 사람들은 세상의 모든 끓어 넘치는 것들 사이에 더욱 가까이 다가서며 "태양이 녹아내린 아스팔트, 욕망의 용광로처럼 보이는 길을 걷고 있다." 반면 숲에서는 도시와는 다른 새로운 세계가 펼쳐진다.

> 큰 것, 작은 것, 풍성한 것 빈약한 것, 눈에 잘 띄는 것, 잘 띄지 않는 것들이 숲에서는 저마다의 질감과 색채, 향기로 존재한다. 살아있는 것들, 더 이상 살아있지 않은 것들이 꾸던 꿈들이 모여 있는 숲은 꿈들의 자궁이고 사라진 꿈들의 무덤이다. 숲은 어디로든 열려 있고 모든 것들은 숲의 속도에 맞춰 흐르고 있다. 숲의 시계에 내 몸의 시간을 맞추자 초록이 온몸으로 스며든다. 회색 한 조각을 더 움켜주기 위해 초록을 밀어낸 시간은 어설픈 변명과 자기 합리화, 기만과 위선의 시간이었다. 숲의 심박동 소리는 오직 마음으로만 들을 수 있는 태고의 북소리다.

그렇지만 사람들은 숲의 목소리를 잊어버린 채 마음은 닫혀있고, 도시의 소음에 익숙한 사람들의 귀는 숲의 소리를 들을 수 없다. 숲에 존재하는 누군가의 모든 꿈은 상실되어가고 심지어 자신의 꿈도 식어감을 느낀다. 수필은 나로부터 세상을 향한 낯선 모험을 거듭하는 문학 양식이라 할 수 있다. 관심의 대상과 표현방식은 조금씩 다르지만,

시선은 항상 자신 안에서 웅성대는 '나'로부터 동시에 타자를 이해하기 위한 곳으로 나아간다. 「숲의 시간이 흐른다」에서 잘 드러나고 있듯이, 작품에서 화자는 숲과 숲의 나무와 하나로 동화同化됨으로써 나와 외부의 목소리가 공명되어서 하나의 인식과 사고가 되는 경험을 이루게 된다.

내 안의 것들을 비우고, 일상에서 묻어온 삶의 분진들을 털어내기 위해, 오래전 언젠가 숲에서 잃어버린 꿈의 파편을 찾기 위해, 끊임없이 나를 부르는 숲의 소리에 응답하기 위해 순례자가 되어 나무와 나무가 만들어 낸 신전으로 들어간다. 앞사람의 보폭에 맞춰 천천히 걷고 뒤따라오는 이를 위해 길을 내어준다. 뒤처지지 않기 위해 서둘러야 할 이유도 조바심을 낼 필요도 없다. 숲의 침묵 속에 누군가의 들숨과 날숨이 뒤섞이고 바람과 염원이 뒤섞인다. 숲에는 여전히 숲의 시간이 흐르고 있다. 지나간 시간과 다가올 시간은 오직 '지금'에서 '지금'으로 이어져 있다.

작가는 숲을 '신전'이라고 표현하고 있거니와, 숲은 바로 사람들의 정신과 마음을 모두 품어주는 성스러운 공간임이 틀림없다. 숲에서는 굳이 누군가와 보폭을 맞추어 걸을 필요도 없이 서로를 위해 길을 내어준다. 뒤처지지 않기 위해 서둘러야 할 이유도 시기하고 질투할 필요도 없다. 작품의 화자는 타자의 삶을 나의 삶으로 전화轉化시켜 하나가 되고자 하며 우리가 쉽게 닿을 수 없는 타자의 세계와 나의 존재의 경계를 넘나들게 된다. 「숲의 시간이 흐른다」에서는 세상의 모든 경계에 서 있는 "들숨과 날숨이 뒤섞이고 바람과 염원이 뒤섞"이고 "지나간 시간과 다가올 시간은 오직 '지금'에서 '지금'으로" 이어진다.

「숲의 시간이 흐른다」에서 작가의 숲의 풍경 만들기는 단순히 관찰력에만 기대어 숲의 풍경을 그리고 있는 것은 아니다. 그의 낯선 풍경은 끊임없이 떠도는 주체가 겪는 꿈과 시간의 의미에 대한 추적에 뿌리를 두고 있다. 시인은 사라져가는 꿈과 흘러가는 시간의 의미를 동시적으로 바라보거나, 그 대립항에서 대립을 혼효시킴으로써 존재의 풍경을 새롭게 만들어 내고 있다. 숲에서 "햇살 한 조각을 등에 업고 본래의 나를 만나는 시간 초록은 어느새 가슴에 푸른 꿈을 심어놓았다. 갑옷처럼 두르고 있었던 위선과 부질없는 욕망이 각질처럼 길 위로 떨어져 내리고 있었다."는 실존적 발언은 작가의 글쓰기 전략이 바로 존재와 세상에 대한 깊은 생태적 인식이라는 사실을 보여준다.

3. 박주희의 「흐르는 강물처럼」

동일한 질료로 이루어지지만, 물의 모습은 다양한 모습을 연출한다. 이를테면 분수와 강물이 그렇다. 분수는 위로만 치솟아 오르고, 강물은 흐르는 대로 흘러가며 자신을 내맡긴다. 분수는 끝없이 분출하는 인간의 욕망을 보여주는 듯하며, 강물의 흐름에는 어떤 욕망도 이기심도 없다. 분수와 강물은 저마다 다른 모습을 보이면서 흡사 우리의 다양한 삶과 존재의 양태를 보여주는 듯하다. 「흐르는 강물처럼」에서 화자가 바라보는 분수의 모습은 이렇다.

> 분수가 멈춘다. 사람들의 관심이 떠나자, 자취도 사라진다. 그것이 쏟아지던 자리는 어둡고 탁하다. 온통 누런빛의 흙탕물이다. 한 치 앞을 내려다보는 것도 힘들다. 보이지 않는 밑바닥에는 무엇이 자리하고 있는 것일까. 다가서는 것이 조심스럽기만 하다. 모든 것이 제자리를 찾아가기까지 한참의 시간이 걸린다. 고요해진 물결. 이제 그 속내가

환히 드러나 보인다. 움켜쥐고 있던 가증스러움과 탐욕스러움이 얼굴을 내민다. 자기만의 기준도 없이 특별함만을 탐내던 분수의 민낯이 떠오르는 순간이다.

분수는 외견상 크게 무언가를 욕망함이 없이 자기만의 기준도 없이 그저 남에게 보여주기 위해 자기 모습을 드러내는 듯하다. 그렇지만 그 내면에는 가증스럽고 탐욕스러운 얼굴을 감추고 있다. 그야말로 분수는 언제나 자신을 꾸며주고 돋보이게 하는 장신구처럼 물을 뿜어대면서 속으로는 특별한 무언가를 욕심내면서 그것을 감추고 살아가는 모습이다. 이는 흡사 화자에게는 어린 시절부터 자기를 위장하며 살아온 '착한 언행'의 모습과 같은 것이 아닐까 하는 의문을 갖게 한다.

반면에 분수와 대조되는 강의 모습은 어떠한가. 분수와 달리 강은 자신의 흐름과 힘을 역류시키며 흐르지 않는다. 낮은 곳으로 자신의 몸을 낮추고 자기가 옳다고 생각하는 기준에 따라 흘러갈 뿐이다. 강은 불평도 불만도 없이 높은 산을 만나면 돌아가고 "너른 평지를 만나면 자기가 가진 것을 내어주고 홀연히 사라진다". 그리하여 바다와 하나가 된다. 강의 막바지에 이르도록 우리는 강이 얼마나 깊은지, 그 속에서 무슨 일이 일어나고 있는지 모른다.

깨달음은 언제나 마지막 순간에 오는 것이다. 사막에서 "사람들은 오아시스가 지평선에 보일 때 목말라 죽는다."고 한다. 강은 바다에 이르러 마침내 소멸한다. 자신의 이름을 누군가에게 전해주고, 지나온 아픔을 어딘가에 기록하고, 영광과 오욕의 역사를 다 내려놓고 소멸한다. 인생만큼 강도 허무하다. 살아있다는 것은 한순간일 뿐, 결국에는 어딘가에 당도해서 모든 것을 버리고 사라질 뿐이다. 홀로 가는 강물을 통해 작가는 인생을 보고 우주를 바라본다.

강은 오래전부터 사람들의 생활터전이 되어왔다. 우리 몸의 칠십 퍼센트가 물이라서 끌렸을 수도 있지만, 그것은 우리 생활에서 떼려야 뗄 수 없는 존재다. 흘러가는 자체만으로도 살아있는 모두에게 이로운 존재가 된다. 누군가의 박수를 받고자 애쓰지 않는다. 특별한 무언가가 되는 것도 마다한다. 흐르는 강물은 오직 한 가지에 집중한다. 내가 뭇사람에게 무엇을 줄 수 있을까. 어떤 보탬이 될 수 있을까. 아낌없이 줄 수 있는 것에 관심을 가지며 끊임없이 끄집어낸다.

우리가 서 있는 땅 어딘가에서 강이 시작되었듯이, 그렇게 강은 끝난다. 강은 그곳에서 끝나지 않고 다시 시작되고 싶은 듯 자꾸 뒤돌아보면서도 앞으로 나아간다. 지나간 시간도 다시 되돌리고 싶고, 떠나간 사람도 다시 만나고 싶다. 언제 다시 그 시간과 사람들을 만날 수 있을까. 그러나 가버린 물에 손을 씻을 수 없듯, 지난 강을 다시 회귀시킬 수는 없다. 그러면서 강은 자신이 가는 길을 가면서 스스로 특별한 무언가가 되기보다는 누군가에게 무엇을 줄 수 있을까, 어떤 보탬이 될 수 있을까를 생각한다. 아낌없이 누군가에게 무엇을 줄 수 있을 것인가에만 관심을 가지며 끊임없이 흘러간다. 작품에서 화자는 낮은 곳으로 흐르는 강물의 모습을 가슴에 새기면서 강물처럼 메마른 가슴을 흠뻑 적실 수 있을 시간을 기다려 본다.

작품에서는 분수라는 수직과 강이라는 수평이 직조된 삶의 모습이 선명하게 드러난다. 화자는 강물을 바라보면서 마음속의 평화와 희망의 수평을 낳고자 한다. 강의 수평 속에는 자신을 새롭게 되돌아 보고자 하는 성찰과 고요와 희망의 마음이 담겨 있다. 그것은 바로 세계의 흐름의 원리에 참여하는 일이기도 하다. 수직과 수평은 서로가 서로를 밀어내지만, 서로가 서로를 품고 있는 삶의 원리이기도 하다. 사람들은 분수가 되어 자신의 욕망을 드러내면서 또 강이 되어 세상과 존재의 모습을 되돌아본다. 그리하여 화자는 "비로소 나의 마음에도 강물이 흐를 수 있기를" 바란다.

물과 같이 인간도 삶의 상황에 따라 이리저리 흘러가는 것이야 어쩔 수 없는 현실이지만, 그와 함께 자연과 우주를 바라보며 삶과 존재의 모습을 동시에 읽어내려는 의도는 중요한 것이라 하지 않을 수 없다. 「흐르는 강물처럼」에서 작가는 물이라는 자연 속 생명의 흐름을 바라보면서 우리가 삶과 존재에 대하여 어떠한 깨달음을 얻어야 할 것인지를 묻고 있다.

4. 차하린의 「철새는 날아가고」

철새 도래지에서 철새들을 바라보는 것은 정겨운 일이다. 수면 위에서 수많은 철새가 모여 큰 잔치를 벌인다. 원앙·청둥오리·물떼새·도요새…. 먹이를 찾기 위해 연신 물속을 드나드는 녀석이 있는가 하면, 어딘가로 떠날 채비를 하는 분주한 녀석들도 있다. 작은 생명들이 만들어 내는 날갯짓은 찬란하고 경이롭다. 「철새는 날아가고」에서 묘사되는 철새들의 모습도 이와 다르지 않다.

"연꽃처럼 앉아있는 부동의 시간들이 새들에게는 물속에 부초처럼 뿌리를 내려서 살아야 하는 제 삶의 궤적을 비추어 보는 묵상일지도 모른다."라고 표현되고 있듯이, 인간과 세상과 동식물의 세상은 저마다 다른 삶의 모습과 궤적을 지니면서 살아가고 있다. 철새를 바라보는 작가의 시선을 좀 더 면밀하게 살펴보자.

천변에 도착해서 그들을 보면 각양각색이다. 대부분은 떼를 이루어 물 위에서 유유자적하거나 마른수초 더미에서 낮잠을 즐긴다. 그런 와

중에도 금슬이 좋은 부부는 바짝 붙어 다니면서 정분을 쌓는다, 까칠한 비오리는 남과 어울리지 못해서 지들끼리만 놀고 청둥오리 흰뺨검둥오리 쇠오리 물닭은 다른 무리들과 개의치 않고 어울리는 무던한 품성을 지녔다. 가끔 청둥오리와 비오리 수컷만 서열싸움인지 암컷을 차지하려는 욕심 때문인지 부리에 거품을 물고 쫓고 쫓기면서 소용돌이를 일으키며 소란을 피운다. 멀리서 보면 평화롭기 그지없는데 실상은 인간 세상과 다를 바 없지 싶다.

다툼과 불화의 삶 속에서도 인간은 자유를 추구한다. 인간의 자유로움의 추구는 새의 자유로움을 위한 그것과 다르지 않다. 자유로움을 추구하는 인간의 노력은 많은 경우 타인들로부터 영향받는 것이지만, 새들은 오직 자신의 자유만을 위해 생존하는 듯하다. 인간은 선과 악을 구별하는 권리와 의지의 자유를 갖고 있기 때문에 이 세상과 우주와 자연의 상관관계와 질서를 무시하기 일쑤다. 그리하여 인간이 자유스럽게 되지 못하는 것은 항상 내적인 충동과 사회적 피동성에서 연유하는 결과이기 쉽다.

그래서 인간은 새처럼 날지 못하는 것인지 모른다. 철새들처럼 가볍고 자유로운 영혼의 힘으로 날지 못한다는 것은 우리의 삶의 짐이 그만큼 가볍지 못하기 때문일 것이다. 진정한 자유란 저 철새와 같이 모든 고통과 슬픔을 이겨내며 날 수 있는 가벼움에서 나오는 것이 아닐까. 우리의 몫으로 지고 가야 하는 영혼의 무게가 너무 무겁기 때문에 우리는 날 수 없는 것이라 할 수 있다.

누군가 철새는 그리움의 힘으로 날아간다고 했지만, 철새가 자신이 왔던 곳으로 날아가려는 의지는 맹목적이다. 날아가다 죽어도 좋다는 듯 한 번도 뒤돌아보지 않고 앞으로 앞으로만 날아간다. 인간의 눈으로 보기에 철새들의 떠남과 귀환은 신비롭기 짝이 없다. 철새들은 저마다 제 갈 길을 찾아 우르르 날아갔다 우르르 날아온다. 무한의 세계를 넘나드는 그들에게는 정처도 없고 경계도 없이 보인다. 여행의 와중에 잠시 머무는 곳이 그들의 집이다. 인간의 눈으로 보기에는 완전한 자유를 누리는 철새가 부럽기 짝이 없다.

인간은 존재에서 부재를 만들고 부재에서 존재를 만든다. 몸과 마음속에 남아있는 부재의 공백을 무슨 수로 메울 수 있을까. 몸과 마음을 존재의 감동으로 살아있게 하려면 우리는 더욱 텅 비어야 한다. 언제나 혼자인 자, 누군가를 한없이 기다리는 자, 맺은 인연을 소중하게 부여안고자 하는 자, 그들이 바로 철새다. 그래서 작가는 "햇살에 어른거리는 물비늘 속에 꽃잎처럼 떠 있던 철새들이 생생하게 떠올랐다 사라"지는 철새를 바라보고 있다. 그들은 다시 돌아오기 위해 떠난다.

> 올해는 텃새로 살던 흰뺨검둥오리조차 따라갔는지 찾기 힘들고 그나마 늦게까지 두어 쌍 남아있던 쇠오리도 아카시아 향기가 진동할 때는 보이지 않았다. 둑길에 서서 하천을 바라본다. 겨울 철새가 떠난 천변에는 뭇 풀이 우거지고 이팝나무 꽃 이파리가 싸라기눈처럼 흩날린다. 무르익은 봄빛만 바람에 흔들릴 뿐 물길이 텅 비었다. 햇살에 어른거리는 물비늘 속에 꽃잎처럼 떠 있던 철새들이 생생하게 떠올랐다 사라진다. 그들은 다시 돌아오기 위해 떠나갔다.

새는 날기 위하여 태어나고 인간은 행복을 위하여 태어났다는 말이 있다. 이 주장은 곧 새와 인간의 각각 다른 본질을 존재론적으로 읽고자 한 노력으로 보인다. 인간 행복이 도대체 무엇을 의미하는가에 대하여는 쉽게 답을 얻을 수 없는 일이지만, 새가 왜 나는가에 대한 궁극적인 답을 얻는 것도 쉽지 않은 일이다. 그렇지만 이 두 가지의 노력에서 궁극적으로 얻을 수 있는 답은 그들이 무한의 무언가를 성취하기 위해 노력하고 있다고 할 것이다. 그 노력은 어떤 구체적이고 실현할 수 있는 과제를 위한 것이 아니라고 하더라도, 우리의 삶과 세상에서 쉽게 성취할 수 없는 무한한 진실과 이상과 꿈을 추구하고자 하는 노력이라 할 수 있다.

이런 의미에서 「철새는 날아가고」에서 작가는 철새가 지닌 생명의 의미와 무한에의 의지를 바라보면서 철새의 운행에 동참하고 있다. 작가는 철새의 창조자이면서 동시에 동반자이다.

5. 나오며

려원의 「숲의 시간이 흐른다」, 박주희의 「흐르는 강물처럼」, 차하린의 「철새는 날아가고」에서 작가들은 나무를 바라보며, 물을 바라보며, 철새를 바라보며 새로운 생명의 세계를 체험하고 존재의 모습을 읽어낸다. 숲속의 나무는 아무것도 하지 않으며 그냥 서 있고, 언덕 아래로 흘러가는 강물과 하늘을 나는 철새도 의미 없이 존재하고 있는 듯하지만, 그들은 저마다 깊은 생의 의미를 지니고 있다. 이러한 대상을 바라보는 시인의 관조의 힘은 이들을 정태적으로 고정시켜 내버려 두지 않는다. 세상의 움직임을 놓치지 않는 사유에 의해 시인과 작가들은 자신이 바라보는 대상과 삶의 동행자가 되고 있다.

자연이 나무와 물과 철새를 둘러싼 소우주의 운행으로 꽉 차 있다면, 문학 텍스트는 작가의 상상력과 사유에 의해 그려지는 사유의 세계이다. 이 같은 사유와 상상력은 숲속에서 자연과의 교감에 의해 생동하며 이루어지고 있다. 나무와 물과 철새 같은 자연의 생명력이 우리들 곁에 있다는 것은 눈물겹고 정겹고 소중한 일이지만, 이들을 알아보고 읽어내는 작가의 눈은 더욱 중요한 것이다.

문학의 세계에서 인간과 자연, 인간과 우주의 유대는 갈수록 파괴되어 가고 있다. 파스칼의 표현을 빌리면, 인간은 자연과 우주를 쳐다보며 그 빈 공간에서 깊은 공허와 두려움을 느껴야 하고, 그러한 외경의 마음이야말로 작가가 느끼고 인식해야 하는 마음이다. 밤하늘의 별들이 신의 축복으로, 그 축복이 대지의 꽃들로 서로 조응하고, 마침내 그것이 인간과 자연의 목소리를 담은 살아있는 문학 텍스트가 되어야 하는 것이다. 한편의 진실 되고 생명 있는 글을 쓰기 위해 우리는 지금 숲으로 가야 한다.

여성의 삶, 여성의 글쓰기
— 고유진 · 배공순 · 강향숙의 수필

1. 들어가며

문학에서의 여성주의는 남성과 여성이라는 성별 위에 덧붙여진 사회적·문화적 성차별의 이데올로기를 문제 삼는 시각으로부터 출발했다. 기존의 남성중심적 삶과 문학에 대한 다양한 반론을 제기함으로써 새로운 문학적 관점으로 부각하게 된 것이다. 이를테면 작가와 비평가는 스스로가 속해 있는 성의 의식적·무의식적인 가치 기준에 따라 텍스트를 설정하고, 그에 따라 작가의 성별이라든가 작중 인물의 성별에 따라 문학작품의 성격을 규정해 온 것에 대한 문제 제기를 하게 된다. 문학에 내재하고 있는 이러한 여러 문제의식을 인식하고 이를 재해석해 내고자 하는 데에서 여성주의 문학은 출발한다(여성주의 문학은 페미니즘 문학, 여성해방문학 등으로 다양하게 명명되고 있으나 이 글에서는 여성주의 문학으로 통일하여 사용한다).

따라서 여성주의 문학은 기존의 남성 중심적 문학에 대한 보완적 혹은 역전적 인식을 이룸으로써 문화 분석의 새로운 틀을 구축하고자 노력하고, 여기서 더 나아가 이 같은 바탕 위에 수립된 성적·계급적 이데올로기의 관계를 무너뜨리고자 한다. "물론 어떤 작품이 인간적이고 따라서 혁명적이기 위해서 반드시 그 내용이 여성해방적일 필요는 없다. 혁명적인 예술은 거짓 이데올로기를 영속화시키기보다는 인간 조건의 본질을 들추어내는 것이다."(Toril Moi, *Sexual/ textual Politics:Feminist Literary Theory*, London, 1985, 7쪽).

최근 우리 수필 문단에서도 두드러진 특징의 하나는 여성 작가들이 대거 등장했다는 점일 것이다. 이 시대는 가히 여성 작가의 시대라고 불릴 정도로 그동안 문단의 주변부에 머물렀던 여성 작가들이 대거 문단의 중심에 등장하게 되었다. 이들 여성 작가들의 가장 중요한 문학적 관심은 전시대의 거대서사가 사라진 뒤 나타나는 여성의 일상성과 성과 사랑 소통의 부재에서 오는 여성의 소외와 고립 등이었다. 더 나아가 이들은 각각의 개성과 독특한 글쓰기로 가부장제하에서 억압받는 여성의 모습을 그려내고자 하였다.

여성 작가들은 전통적인 가부장제하에서의 여성에 대한 무관심과 억압이라는 비윤리적이고 탈정치적인 면과 각각 화해할 수 없는 거리를 유지하며, 새로운 미학적 가치를 구현해 내는 가능성을 이루어왔다. 말하자면 우리 시대의 여성 작가들은 그들의 삶과 글쓰기라는 쉽게 화해할 수 없는 거리를 특별한 사유를 통해 통합시킴으로써 나름의 문학적 정체성을 이루게 되었다. 말하자면 여성 작가들은 여성과 연관된 사회적 모순을 표출하고 자아정체성을 새로운 모습으로 보여주고자 하는 여성성의 실현 의지를 본격적으로 보여주기 시작한 것이다. 여성의 정체성을 문학적으로 표현하고 있다는 것은 어디까지나 자신들의 삶과 존재에 대한 열망을 미학화했다는 의미이며, 이 사실은 여성 작가들이 실존적·정치적 맥락에서 자신들의 위상을 새롭게 수립했다는 사실을 의미하는 것이기도 하다.

따라서 이 시대 여성 작가들의 글쓰기 미학은 전통적인 의미에서의 남성적 강박관념이거나 그 권위에서 탈피하기 위한 시도가 아니라 현재적 의미에서의 남성과 여성이라는 이분법적 현실을 통합하고 조화하는 계기로서 이해되어야 할 것이다. 여성의 글쓰기는 남성중심주의의 이데올로기에서 벗어나 새로운 세계에 대한 비전을 제시하기 위해서 '정신적 현실'에 대한 인식을 이루어야 하기 때문이다(Jean Laplanche 편, *The Formation of Fantasy*, New York, 1986, 8쪽). 요컨대 오늘날의 여성 작가들의 글쓰기는 다양하고 중층적인 인간적·사회적 억압으로부터 끊임없이 해방되고자 하며 여성으로 거듭나기 위한 존재론적 욕망의 추구를 지배적인 특징으로 한다.

이런 관점에서 고유진의 「주인공」, 배공순의 「어머님의 색종이 상자」, 강향숙의 「허물이 허물을」을 읽어본다.

2. 고유진의 「주인공」

현대사회가 모든 부면에서 엄청나게 발달해 있지만, 남녀 간의 평등의 문제는 여전히 해결되어야 할 중요한 과제로 남아 있다. 여성의 삶은 여전히 고달프고 자신들의 성의 정체성이 무엇인가를 의심하고 있다. 본질적으로 여성 의식은 남성과 여성이라는 성의 구분에 대해 반발하면서 성 개념을 새롭게 이해하고자 하는 태도에서 출발하며, 이는 가부장적 사회구조에 대한 부정적 인식에서 비롯되는 것이다. 여성주의자들은 '고뇌하는 의식'으로 사회질서 속의 특정한 모순을 경험하고 이런 형태의 사회적 실재를 더는 참을 수 없는 것으로 여기고 미래를 향한 변화를 요구하게 되었다(S. L. Bartky, "Toward a Phenomenology of Feminist Consciousness," in *Feminism and Philosophy*, New Jersey, 1977).

말하자면 여성주의자들은 자신을 가부장제의 '희생자'로 인식하며, 희생에 대한 인식은 '외부의 낯설고 적대적인 강제력'을 인식한다는 것이다. 희생에 대한 인식은 여성으로서의 '나' 자신을 희생자로 인식함과 동시에 사회적 열패감이나 무기력과 연결되며, 내가 가진 인간으로서의 정체성에 불편해지는 경험이다. 따라서 많은 경우 오늘날에 이르기까지 부부 관계에서조차 여성은 자신들의 정체성에 대하여 명확한 인식을 이루지 못한 채 살아가고 있다. 고유진의 「주인공」에 나오는 다음과 같은 대목은 이 같은 사실을 잘 말해준다.

> 어느 방송에서 상담을 받는 한 부부 이야기는 꽤나 충격적이었다. 그들은 수년 동안 주로 문자로 할 말을 건넸다. 그나마도 기본적인 말만 오갔고, 서로가 존재감 없이 각자 주어진 일만 수행했다. 육아 정도 간신히 공유하며 불만과 불편함으로 포화 상태가 된 공간. 그 숨 막히는 곳이 그들의 집이고 가족이었다. 아내는 아이들이 성인이 될 날만 기다린다. 자유를 얻을 수 있는 마지막 보루였던 거다. 부부가 힘겹게 대화의 물꼬를 튼다 해도 결국 언성이 높아지고, 아이들은 눈치를 보았다. 싸움이 아니고 대화라 우겨도 모를 리 없었다.

「주인공」에서의 진술대로 남녀 관계에서는 단순히 화법의 문제라든지 상대방 입장을 고려하지 않고 배려하지 않는 태도들이 모여서 갈등을 이룬다. 모든 것을 자기중심적으로 생각하고 생활하면서 상대방을 살필 도량이나 여유가 없어지는 것이다. 여기서 더 나아가 여성들은 사회적 실재는 믿을 수 없고 기만적인 것으로 본다. 여성들은 성차별적 사회에서 희생자로 살아가고 있고 가부장제에 완전히 노출되어 있어서 항상 상대방에 의해 공격당할 수 있다고 인식하는 것이다. 여성들은 생활 속에서 실제로 일어나는 일들이 겉으로 보이는 것과는 상당히 다르다는 것을 잘 알고 있다.

그로 인해 여성들은 '이중의 존재론적 충격'을 공통으로 경험하게 된다. 여성들은 그들의 삶의 경험과 분노가 다른 사람들에게 쉽사리 전달되거나 소통되지 않는 경우를 일상적으로 맞닥뜨린다. 따라서 '지금 일어나고 있는 일'을 어떻게 이해해야 할지 스스로조차 분명하지 않은 경우가 많다. 이로 인해 여성들은 "이렇듯 반쯤 숨겨진 성차별체제의 무기들에 의해 매일 매일 하루에도 수십, 수백 번씩 얻어맞는 것이 어떤 것인지를 묘사하기는 더욱 힘들다"(S. L. Bartky, 같은 책, 433쪽)고 말한다. 그리하여 여성은 가정과 사회에서 관망자가 되고 방관자가 되어간다.

내가 세상의 주인공이고 세상은 나를 중심으로 돌아간다고 여길 때가 있었다. 살아가면서 점점 나는 주인공에서 밀려나고 때론 관망자, 어쩌면 방관자, 혹은 배경처럼 자신의 입지와 위치를 받아들여 간다. 민낯의 두려움을 안고 사는 것, 그래서 이미지 관리하는 게 득이란 걸 충분히 깨닫고도 남을 나이가 되니, 눈치만 는 것 같다.

진심이 버거울 땐 우리 가면무도회를 열자. 어느 싱어송라이터의 노래 가사이다. 삼십 초반의 저 젊은 친구는 뭘 알아 뭘 아는 듯 저런 가사를 썼을까 싶었다. 허나 폐부를 건드리는 드라마 대사, 노래 가사는 분명 괜히 나온 말이 아닐 거다. 알면서도 외면해온 속엣말을 마주하게 만드는 그 힘, 아마도 진정성과 정서의 교감일 거라 생각된다. 중요한 건 내가 중심에 서 있는 것이 아니라, 내가 서 있는 세상과 자신을 알아가는 것이 아닐는지.

「주인공」에서 잘 설명되고 있듯이, 여성은 자신들의 존재와 정체성의 불명확성이 삶을 힘들게 만든다고 여긴다. 여성들은 일상적으로 일어나는 사회적 현실의 기만적 성격과 이를 경험하면서 겪는 차별과 배제, 소외와 억압으로 세계에 대한 갈등과 경계심을 축적한다. 흔한 노래와 드라마 대사에 나오듯 우리는 '가면무도회'를 열고 살아간다는 말이 결코 수사에 그치는 것이 아니다. 우리의 삶에서는 분명히 일정한 '진정성과 정서의 교감'이 필요하지만 우리는 이런 사실을 외면하면서 살아갈 뿐이다. 이런 갈등과 경계심은 이상적이고 냉정하며 합리적인 존재로 인식되는 남성성에 대한 반발이며 적대감이기도 하다. 그리하여 "중요한 건 내가 중심에 서 있는 것이 아니라, 내가 서 있는 세상과 자신을 알아가는" 과정에 있을 뿐이라는 사실을 알게 되면서 괴로워한다. 그러면서 이러한 믿음은 공허한 메아리가 되어 허공에 맴돈다. 여성들은 분노나 괴로움을 느껴도 자신들의 존재를 드러내거나 감수하지 못한 채 감정표현을 억제하거나 자포자기의 심정에 사로잡힌다.

　「주인공」에서 작가가 우리에게 던지는 "결국 자기 인생의 주인공은 자신이 아닌가."라는 질문은 외롭지만 낯설지 않다. 존재하지만 부재하고, 잡힐듯하지만 잡히지 않는, 주인공이면서도 주인공이지 못한 여성 정체성에 대한 회의는 지금도 계속되고 있음을 「주인공」은 잘 보여주고 있다.

3. 배공순의 「어머님의 색종이 상자」

　「어머님의 색종이 상자」는 오로지 오늘에만 충실하며 열심히 살아온 어머니들에게 삶의 의미는 무엇인가, 그리고 과거의 어려웠던 그 시절과 모습을 되돌아봄으로써 현재를 어떻게 살아야 할 것인가를 자성하게 한다. 작품 속에서 작가가 "그 신산했던 어머님의 삶은 늦가을 바람에 떠는 갈색 낙엽" 같은 것이라고 표현하고 있듯이, 우리는 현재의 삶은 과거의 시간과 어우러지며 추억을 되씹는 일이다. 예컨대 지나간 시간이라는 이름 아래 고난의 삶을 살다 간 여성들이 젊음을 제대로 꽃피워보지도 못하고 스러져간 모습이 어떠했는지를 기억하고 있는가.

작품에서 화자가 어머니를 통하여 기억하고자 하는 것은 당대 여성들의 비인간적인 삶에 대한 뼈아픈 공감이며, 동시대에 상실된 여성 정체성의 모습이다. 「어머님의 색종이 상자」의 어머니도 꿈 많은 여성이었으며 넓은 세상과 눈부신 미래를 상상했지만 녹록지 못한 삶의 여정이 이를 가로막았다. 이 땅의 여성들은 삶에 대한 어떤 선택의 여지 없이 "현실 앞에 장독대 항아리에 기대앉아 조각난 꿈을 눈물로" 적시며 고통스러운 삶을 살아야 했다. 지난한 삶의 현실을 화자는 이렇게 설명한다.

> 어머님은 열아홉 살 꽃다운 나이에 결혼했다. 훤칠한 청년의 거듭된 청혼에 백년가약을 맺었으나, 그 행복은 너무도 짧았다. 젊다 못해 어린, 이십 대에 홀로 되고 말았으니…. 장수경찰서에 근무하던 아버님은 지리산에 숨은 공비 색출 작전에 투입되어 산에서 지내는 일이 많았고, 그때 얻은 병으로 서른도 안 된 젊은 나이에 유명을 달리하셨단다. 덩그러니 남은 어린 아낙의 애가 끊어지는 슬픔, 그 막막함과 깊은 상실을 짐작이나 할 수 있으랴. 돈을 벌어야 했고 두 아들을 키워야 했다. 그것만이 어머님의 절박한 꿈이 되었다.

「어머님의 색종이 상자」에는 시간 너머의 시간 속에 존재하는 어머니에 대한 상징적 동일시의 감정이 담겨 있다. 그럼으로써 작가는 주체로서의 여성 혹은 '어머니의 흔적'이 마땅한 실체를 만나지 못하고 유령처럼 떠다니고 있는 것을 목격한다. 어머니의 흔적은 수필 전편에 스며 있다. 이 수필은 어머니의 목소리로 여성으로서의 현존재의 고독을 위무하고 또 모든 차이와 이질성을 감싸 안는 모성성을 획득하고자 하고 있다. 그리하여 작가는 흩어지고 단편화된 어머니의 존재를 한곳에 다시 묶으려 한 것인지 모른다.

우리 사회가 한편으로 가부장적 삶의 질서를 탈각하거나 와해하며 상대적으로 자유롭고 개방적인 삶의 변화를 만들고 있지만, 현대의 자본주의적 삶의 구조는 여성을 더욱 경제적·정치적 삶에 의존적이고 억압받는 존재로 만들고 있다는 사실은 부인하기 힘들다. 그럼에도 불구하고 「어머님의 색종이 상자」는 현대사회의 단절된 인간관계를 통하여 희생된 여성성을 되돌아 봄으로써 여성의 삶에 대한 고뇌를 새롭게 인식해야 함을 강조하고 있다. 다시 말해 가부장적인 사회와 남성중심의 권력에 억압당하며 한 가정에서 고통스러운 삶을 살아온 여성의 모습을 보여줌으로써 여성의 자기 의지를 성공적으로 감싸 안으려 한다. 그럼으로써 이 작품은 여성의 문제를 개인적·사회적으로 어떻게 긍정적으로 극복할 수 있는가에 대한 가능성을 묻고 있다.

다른 한편, 작품에서 어머니의 손재주로 만들어지는 '색종이 접기'는 많은 의미를 지닌 상징 기제로 읽힐 수 있다. '할머니의 추억 상자'에 담긴 색종이 접기의 의미를 작가는 다음과 같이 해석한다.

> 접고 또 접는 어머님의 색종이…. 말로는 다 풀어낼 수 없다던 굴곡 많은 팔십여 성상을 접고 또 접으시는 걸까. 스러져 가버린 것들 위에 당신만의 새로운 꿈을 짓고 계시는가. 애면글면 두 아들을 홀로 키운

억척과 서리서리 맺힌 '청상靑孀의 한, 훌쩍 떠나버린 남편을 향한 애달픈 애증마저도, 색종이 위에서 바람처럼 짙어졌다가 엷어지다가 마침내 담담한 옛이야기로 피어나기를. 어머님의 색종이 상자가 연둣빛 새 꿈들로 물들어 가기를….

어머니의 종이접기는 여성 자신의 딜레마를 다양한 삶의 모습으로 형상화하기 위한 노력이기도 하다. 여기서 우리는 어머니가 종이접기를 통하여 여성의 삶을 읽으며 동시에 여성의 글쓰기와 여성 문학의 의미를 읽을 수 있다. 논리의 비약을 무릅쓰고, 어머니의 색종이 접기라는 행위는 바로 여성들의 글쓰기 행위에 대한 의미를 엿볼 수 있게 한다는 점에서 우리에게 중요한 시사를 준다.

그동안 여성의 글쓰기에서 그려지는 모성은 자기 몸에서 나온 대상에 대한 본능적인 집착으로서의 원초적 모성 자체를 표현하는 것으로 간주되어 왔다. 따라서 모성을 그리는 여러 텍스트 속에 숨어 있는 창조적 상상력과 전복적인 에너지의 근원을 하나하나 따지는 것은 중요한 일이라고 하지 않을 수 없다. 가령 「어머님의 색종이 상자」에서 특징적인 것은 여성과 모성이 상호 모순되거나 적대하는 관계로만 그려지지 않고 한 여성의 육체 속에 병존하는 것으로 때로 갈등하지만 동시에 여성의 정체성을 형성하는 것으로 그려지고 있다는 점이 주목할 만하다. 어머니는 색종이를 접고 또 접으며 "애면글면 두 아들을 홀로 키운 억척과 서리서리 맺힌 '청상靑孀의 한, 훌쩍 떠나버린 남편을 향한 애달픈 애증마저도" 살려내고자 한 것이다. 따라서 작품에서 어머니의 종이접기는 자신의 한 많고 굴곡진 인생을 이런 창조적 행위를 통해서나마 재현하고자 하는 의미를 지닌다.

여성주의 문학은 어떻게 여성의 삶을 반영하는가 보다는 여성을 불

평등의 삶에서 구원해내고 그로 인해 새로운 삶의 가치를 생산해내는 문화적 실천이 그 본질이라 할 것이다. 다시 말해 여성을 어떻게 재현하며 이것이 여성에 대한 어떤 왜곡이나 억압을 해 왔던가를 밝혀냄으로써 그동안 남성 중심으로 이루어진 삶에 관습과 태도에 대한 해체작업을 수행하는 것이다.

그동안 남성 중심으로 이루어진 삶과 문학 텍스트에 대한 재해석은 다양한 편차에도 불구하고 많은 경우 여성의 삶에 대해 왜곡되거나 억압적이라는 결과를 나아왔다. 이런 결과는 여성의 삶과 문학이 남성 작가의 텍스트를 통하여 남성과 삶의 재현이라는 단일한 의미에서 이루어져 왔다. 언제나 남성의 삶과 텍스트는 우선하며 여성의 삶과 텍스트를 분리하고 별개로 존재하는 것으로 취급해 왔다. 이런 의미로 볼 때 「어머님의 색종이 상자」에서 "어머님의 색종이 상자가 연둣빛 새 꿈들로 물들어 가기를" 바라는 화자의 소망은 여성의 삶과 문학에 대한 작가의 희망 의지를 보여주는 것이라 할 수 있다.

4. 강향숙의 「허물이 허물을」

서구 여성주의의 역사는 크게 보아 세 단계로 나누어 볼 수 있다. 여성의 열등감을 수정하기 위해 남성과 여성의 위치를 동등하게 하려던 움직임, 남성과 여성 간의 차이에 주목하여 여성의 우월한 측면을 드러내 보이고자 했던 움직임, 여성들 간의 다양한 차이에 주목하여 다양성과 다름의 스펙트럼을 드러내 보이고자 하는 움직임이다. 그러나 어떠한 경우이든 남성과 여성의 차이를 극복하고 남녀가 공동의 삶을 이루어야 한다는 점에서는 견해를 같이한다. 그렇지만 여전히 남녀 사이에는 건널 수 없는 편견과 정체성의 구별이 있다는 사실을 부인하기는 힘들다. 심지어 라캉은 여성운동은 남성과 여성 사이의 편견과 고정관념을 넘어서고자 하는 역사였다고 말하고 있다.

강향숙의 「허물이 허물을」은 남성에 대한 편견으로부터 출발한다. 작품에서 "남성은 검은 색의 남자가 뱀처럼 똬리를 틀고 앉아 있는" 모습으로 표현된다.

> 징그럽다. 온몸이 작대기처럼 곤추선다. 갈라진 혀를 널름거리며 기어가는 뱀을 피해 까치발을 내딛는다. 들고 있던 주전자 주둥이에서 막걸리가 쏟아졌다. 뱀이 우글대는 갯가 논은 정말 싫다. 둑방을 쏘다니던 남자애들은 무더기로 똬리를 틀고 있는 뱀을 향해 돌팔매질을 해댔다. 모내기꾼들이 자리를 펴고 밥을 먹는 동안 나는 몸을 떨고 서 있었다. 모자와 옷, 운동화, 배낭까지 온통 검은 색인 남자가 뱀처럼 똬리를 틀고 앉아 있다.

남성에 대한 이런 일련의 타자성에 대한 기표적 모습은 여성의 주체 형성과 타자의 형성을 긴밀하게 관련짓는 것이다. 오늘날의 여성 표상이 주체적이고 독립적으로 형성되어 있다고 보기에는 여전히 여성의 모습은 단일하고 비독립적이다. 이런 사실은 많은 문학 텍스트 속에서 여성 표상은 남성 주체의 욕망으로부터 항상 배타적이고 적대적인 모습을 보여주고 있다는 사실로도 잘 나타난다. 그리하여 문학 텍스트의 서사에서 남성의 모습은 지배적이고 여성의 모습은 억압당하고 있는 모습을 보여주고 있다. "남자와 나 사이에는 검은 배낭이 하나 놓여 있을 뿐"이지만, 그 사이의 거리는 천 길 낭떠러지와 같다. 이러한 타자로서의 남성 모습의 재현은 여성 작가들의 텍스트에서 남성 주체의 모습을 절대적인 것으로 독해하게 만든다.

「허물이 허물을」에서와 같이 작가의 인식은 여성을 타자성으로 구축하는 과정을 밝히는 동시에 현실에 존재하지 않는 남성을 소환함으로써 특정한 남성성을 가장하는 방식으로 보여주는 것이다. 남성에 맞선 타자성을 규명하는 것과 동일한 열정으로 여성 정체성의 모습을 밝힐 때 진정한 여성 정체성도 본질적 모습을 드러낼 수 있을 것이다. 타자로서 남성이 재현되는 과정은 동시에 주체로서의 여성이 사회적·역사적으로 재현되는 과정이기도 하다. 이때 주체로서의 여성성은 여성 역할의 수행을 남성성이라는 관점에서 벗어나 올바르게 재해석될 때 가능하게 된다.

그렇지만 어느 사회에서든 보편화된 가부장제의 이데올로기는 여성이 언제 어디서나 남성들에 의해 자행되는 보편적 억압의 수동적인 희생자가 될 수밖에 없다는 신화에서 벗어날 수 없었다. 그래서 여성들은 남성에 대한 편견과 억압에 갇혀 살아가는 모습을 보여주고 있다. 심지어 「허물이 허물을」에서처럼 여성은 "편견의 허물에 갇혀 굳어 가는" 존재가 되었다.

> 아무런 해도 입히지 않은 그녀는 내 편견의 희생물이 되었다. 그녀는 남자라는 대상을 허물로 쓰고 싶었던 걸까. 프랑스의 시인 쥘 르나르는 뱀을 네 글자로 표현했다. 너·무·길·다. 생긴 모양대로 보자면 이보다 더 정확한 표현이 있을까. 인간과 뱀 사이 악연의 역사는 너무 길다. 허물을 벗지 못하는 뱀은 그 속에 갇혀 서서히 죽어간다는데 나는 내 편견의 허물에 갇혀 굳어 가는 건 아닌지. 껍질만 보고 뱀으로 오인한 나는 허물을 벗겨내듯 황급히 자리를 빠져나왔다.

「허물이 허물을」은 전통적인 수필 문법을 거부한 채 내밀한 심리묘사와 이미지 강한 문체로 여성 존재의 모습을 천착하는 특이한 기법을 이루어내고 있다. 여성으로서의 존재의 모습을 감추는 동시에 드러내기 위해 때로는 남성이 두꺼운 옷으로 무장한 틈새를 포착하는 여성의 모습을 드러내야 한다. 작가는 여성성으로서의 글쓰기, 즉 여성 작가라는 범주를 벗어남으로써 진정한 글쓰기를 하는 작가로 존재할 수 있다. 말을 바꾸면, 여성성이란 여성 작가만의 전유물도 아니고, 차별이 아닌 구별로서의 여성성이 존재할 때야 진정한 여성 의식은 가능할 수 있다.

수필은 서사적 사고에 의해 이루어지는 문학 양식이지만 동시에 서정적 사고를 이루어야 한다. 그리하여 언어와 존재의 끊임없는 갈등과 마찰, 이미지와 삶의 조화로움이 이루어질 수 있게 된다. 「허물이 허물을」에서 일어나고 있는 남성성과 여성성의 충돌은 이러한 의미에서 뜻깊은 것으로 읽힐 수 있으며, 이는 곧 가부장제적 남성성의 편견에 대한 극복과 올바른 여성주의의 정립에 기여하는 것이라고 할 것이다.

5. 나오며

여성의 삶과 여성의 글쓰기는 객체에서 주체로 다시 태어나야 한다. 바라보여지는 대상에서 바라보는 대상으로, 어둠에서 빛으로 다시 나와야 한다. 지금 인류가 직면하고 있는 심각한 자연환경의 파괴나 생태 위기와 관련하여 남성과 여성의 문제를 새롭게 인식하는 틀로서 제기된 개념 중의 하나는 에코 페미니즘이다. 이는 오늘날의 생태 위기가 인간은 물론 지구상의 모든 생명을 위협하고 있다는 생태학적 인식과 남성 중심의 가부장적 사회체제가 여성을 착취하고 억압하고 있다는 인식에서 진일보한 관점이다. 남성과 여성 사이에 존재하는 지배와 억압의 구조는 자연과 문명의 관계에도 그대로 적용되며, 이를 진정하게 초월할 때야 여성해방과 인간해방, 더 나아가 이 세상의 모든 억압되고 소외된 생명의 해방이 가능할 수 있을 것이다.

여성들의 삶과 글쓰기에 대한 인식은 거대 담론의 위용이 흔들리고, 새로운 삶의 징후에 대한 면밀한 관찰과 다양한 탐색이 이루어지면서 본격적으로 이루어졌다. 남성은 정치적·경제적 환산법으로 자기 영역을 가속화해 나가고 있고, 여성은 주체적 인간의 삶을 타자인 남성에 의해서 억압당하고 은폐하는 존재로 살아가고 있다. 이제 여성 작가들은 자신들의 존재와 정체성을 근본적으로 회복하는 새로운 삶과 글쓰기를 위해 노력해야 할 시점에 이르렀다.

앞서 우리가 읽은 고유진의 「주인공」, 배공순의 「어머님의 색종이 상자」, 강향숙의 「허물이 허물을」은 그동안 미시적이고 주변적이었던 여성의 자아정체성과 새로운 남녀 관계의 지형을 그리기 위해 적극적으로 고민한 여성 작가의 작품이라고 할 수 있다. 우리의 삶 곳곳에 아직도 엄존하고 있는 가부장적 이데올로기의 구속과 굴레로부터 여성의 삶과 여성적 글쓰기가 진정으로 생명력 있는 것이 되기 위해서는 여성주의적 관점에서 더 큰 파괴와 혁명이 있어야 할 것이다.

거미학 hyphologie, 해석의 여백
- 이형숙 · 황진숙 · 제은숙의 수필

1. 들어가며

문학이란 인생과 세상에 대한 지적인 행위인 이해와 해석을 중심으로 하는 사유의 예술이다. 해석학을 뜻하는 '헤르메노이틱 Hermeneutik'이라는 용어는 그리스어 '헤르메뉴'(해석하다)에서 기원했다. 이 단어는 그리스 신화에 나오는 신의 사자인 헤르메스에서 파생되었다. 헤르메스가 "인간의 이해 능력을 초월해 있는 것을 인간의 지성이 파악할 수 있도록 전환시켜 주는 기능과 관련되어 있다."는 점에 착안한 때문이다. 인간이 어떤 대상이나 사건을 이해하고 그 의미를 파악해서 다른 사람에게 전달할 수 있게 하는 도구인 언어는 날개 달린 헤르메스의 모습으로 환유될 수 있다고 본 것이다(리차드 팔머, 『해석학이란 무엇인가』, 이한우 역, 문예출판사 2011).

전통적으로 해석학은 쓰여진 텍스트의 의미에 관심을 두는 해석이론을 주로 다루었다. 그런 이론들은 저자와 독자 그리고 텍스트 사이에 발견된 관계들에 초점을 둔다. 말하자면 한 텍스트의 의미와 이해는 저자의 의도에 의해서만 결정된다고 보았다. 반면 한스 게오르그 가다머는 텍스트의 의미는 저자를 넘어서, 저자의 지평과 독자의 지평이 만나서 융합하는 지점에 의해 결정된다고 보았으며, 폴 리쾨르는 텍스트는 저자의 의도와 독자들에게만 의존하지 않고 오히려 독자가 텍스트의 의미를 결정한다고 주장한다.

이렇게 의미 인식으로서의 해석은 관념적이고 가치 평가적이며, 텍스트에 내재한 의미 인식은 그것을 새롭게 인식하고 창조해 내는 것을 뜻한다. 의미를 인식하는 인식자의 힘에 의지해 텍스트의 의미가 새롭게 구성된다는 것은 곧 해석이 되면서, 이런 인식은 주관적이고 상대적인 성격을 띠게 된다. 말하자면 의미는 해석자가 만들어내는 것이지, 기존의 의미를 답습하거나 발견하는 것은 아니다. 해석자는 자신이 창조한 의미를 텍스트에 부여하여 새로운 의미 세계를 구성해 낸다.

따라서 현대의 해석학은 기록된 문학적 텍스트와 관련된 문제는 물론이고 해석하는 과정에 있는 여러 요소들, 이를테면 독자의 반응과 이해의 능력들은 모두 포함한다. 이것은 의사소통의 언어적 혹은 비언어적 형식들을 포함할 뿐만 아니라 언어와 의미를 다루는 문학에 내포된 기호학과 같은 의사소통에 영향을 주는 여러 가지 관점이 포함한다. 당연히 현대의 해석학은 이 세계를 자연과학의 방법으로 완벽하게 해명해 내고자 하는 시도를 거부하며, 문학이 지닌 고유하고 독자적인 '진리'가 존재한다는 사실을 드러내고자 한다. 이런 해석학적 태도는 하이데거의 존재론적 해석학, 그리고 지평의 융합을 강조한 가다머에서 꽃을 피운다. 철학적 해석학에 대해 가다머는 『진리와 방법』에서

"과학적 방법론의 지배 영역을 넘어서는 진리 경험을 도처에서 찾아내어 그 고유한 정당성에 관해 물으려는 것이다."라고 했다.

가다머에 있어서 언어는 비도구적 성격이며, 이해와 더불어 규명되어야 할 포괄적인 현상이다. 즉 그는 언어를 도구가 아니라 하나의 매개로 파악한다. 따라서 가다머는 언어의 본질을 사유와 언어, 그리고 이해와 해석의 통일 속에서 찾는다. 즉 "모든 이해는 해석이며, 해석은 대상이 단어에서 나오며, 언어의 매체에서 전개된다." 달리 말하면 언어는 대화를 통해 "대화 속에서 언어는 모든 것을 이해하고, 사유의 과정에서 진행된다. 언어는 해석을 통해 나타날 수 있기 때문에 우리가 언어를 내용으로 전승하는 것을 외면하고 형식적으로 사유한다면 언어의 의미가 아주 빈약하게 되어 버릴 수 있다. 언어는 진정으로 언어가 존재하려는 방식의 길로 나아가야 한다." 이렇듯 가다머는 언어를 해석학의 중요한 요소로서 간주한다. 언어는 단지 도구가 아니라 세계와의 관계에서 파악되어야 한다. 하지만 언어는 세계와 매개하는 단순한 수단은 아니다. 언어는 단순히 도구가 아니며, 우리 자신과 세계에 대한 지식을 얻고자 하는 데 있다고 주장한다(한스게오르크 가다머, 『진리와 방법: 철학적 해석학의 기본 특징들 1, 2』, 이길우 외 역, 문학동네 2012).

이런 의미에서 문학 텍스트는 다양한 해석의 가능성을 위한 여백을 남기고 있는 공간이다. 텍스트는 비결정의 여백으로 남아 있으며 텍스트에는 하나의 중심이 없고 중심은 독자들의 시선 어디에나 존재한다. 구조주의자 롤랑 바르트의 표현을 빌리면 텍스트는 하나의 기의로 닫히지만, 텍스트는 기의의 무한한 후퇴이고 지연이기 때문에 닫힘이 아니라 열림이며 탈중심적이다.

기표의 영역에 해당하는 텍스트는 환유적 연상과 인접, 상징적인 속성으로 인한 의미의 통과이자 분산의 양태를 지닌다. 독서 체험을 즐기는 독자에게 텍스트는 곧 의미론적 언술 행위를 위한 체계를 말한다. 따라서 독서를 즐기는 독자에게 즐거움과 즐김을 위한 '미결정의 여백'이 항상 존재하며 그 여백은 곧 새로운 텍스트 생성의 길을 의미한다. 롤랑 바르트는 『텍스트의 즐거움』에서 자신의 텍스트론을 '거미학hyphologie'이라 칭한다. 텍스트를 흡사 짜여지는 직물에 비유하면서, 의미(진리)가 감추어져 있는 하나의 산물 혹은 완결된 직물에 감추어진 짜임을 통해 텍스트의 의미를 생성해 내고, 이때 직물 텍스트의 짜임새 안으로 사라진 주체는 흡사 거미줄을 만드는 한 마리의 거미와 같이 자신을 해체하면서 사유의 여백으로서 인도된다는 것이다. 바르트에게 텍스트는 하나의 완결된 의미가 아니라 텍스트에 담긴 하나의 기의를 꿰뚫으며 끝없이 의미를 상정하는 공간이다. 결정론적 사유가 아닌 미결정적 사유를 통하여 새로운 의미의 해석을 위한 다양한 글쓰기들이 서로 결합하고 반박함으로써 '해석의 여백'은 열리게 된다. 요컨대 바르트를 위시한 구조주의자들에게 텍스트 혹은 텍스트성은 끝없이 다른 곳을 향하여 이동하는 '언어의 불가능한 모험'이다(롤랑 바르트, 『텍스트의 즐거움』, 김희영 역, 동문선, 2022).

여기서 해석학적 철학과 해체주의 문학의 흐름이 대립하지 않고 새로운 전환과 발전을 이루어 간다는 주장은 '새로운 사유'로 향하는 구체적 조화와 종합의 모습을 가늠해 볼 수 있다는 의미를 지닌다. 이 양자 사이에 선험적으로 주어진 본질과 실체주의를 벗어날 수 있을 때 해석은 감춤과 드러냄의 이중적 행위를 수행해 갈 수 있으며 이런 행위에서 진리가 드러날 수 있다. 또한 이런 텍스트 해석의 즐거움을 통하여 인생과 세상에 대한 다양한 해석의 가능성을 찾을 수 있다는 사실이 중요하다. 특히 고정된 표현과 해석을 넘어서 인생과 세상에 대한 다양한 해석을 통하여 문학적 성취를 이루고자 하는 수필 문학에서 올바른 해석과 인식의 태도는 더욱 필요한 것이라 할 수 있다. 이런 관점에서 이형숙의「대숲을 거닐며」, 황진숙의「소금」, 제은숙의「석종 소리 깨어나다」를 읽어 본다.

2. 이형숙의「대숲을 거닐며」

문학적 해석에 관여하는 일차적인 가치는 그것을 수용하는 수신자와 수용자, 즉 독자에 의한 것이다. 텍스트를 읽는 주체들은 자신의 인생관과 세계관 속에서 약호code를 해독하여 의미작용을 일으킨다. 주체가 자신의 취향과 입장, 인식과 태도에 따라 어디에 더 중요한 가치를 부여할 것인가를 결정하게 된다. 그에 따라 텍스트는 원래의 표현적 가치에서 더 나아가 존재론적 가치를 갖는다.

「대숲을 거닐며」는 대숲을 거닐면서 대나무의 생을 통하여 인생과 세상에 대한 존재론적 의미와 가치를 읽는 수필이다. "마디 굵은 나무에 가만히 기대어본다. 수척한 초록이 차갑게 다가온다. 그 체온이 가까이할 수 없는 서늘함이다. 현실과 타협하며 살아갈 수밖에 없는 인간을 거부하는 몸짓인가."라는 언술에서도 드러나듯이, 이 작품은 일차적으로 화자와 대나무와의 관계를 통하여 문맥적 가치와 표현적 가치가 두드러진다. 그러나 작품의 가치는 여기에 그치는 것이 아니라 "지난날 선인들의 처절했던 역사 속 이야기가 머리를 스친다. 오래전 이곳은 생과 사가 뒤엉키며 나라의 운명을 재단해내던 전장이었다. 소용돌이치던 시대 나라를 지키려 했던 선인들의 삶은 부러질지언정 휘어지지 않는 대쪽 같은 절개와 충절이었음을 되새겨 본다."와 같이 대나무가 함유한 사회 역사적 의미를 드러낸다. 더 나아가 "대나무가 하늘을 향해 오를 수 있음은 오로지 성장과 멈춤을 반복하면서 내딛는 마디의 힘이다. 뼈가 맞닿는 아픔을 견뎌낸 후 그 상처를 딛고 일어서며 조금씩 성장한다. 돌아보면 크고 작은 내 인생의 마디는 나를 둘러싼 사람들과의 관계 속에서 만들어진 상처였음을 깨닫는다."는 존재론적 가치를 표현한다. 그러면서 작가는 대나무의 생존방식과 그 의미를 더 높은 단계로 해석하고자 한다.

나무의 생이 그랬던 것처럼 하고 싶은 말은 언제나 빈 가슴에 욱여넣는다. 어떤 이는 나무라 말하고 어떤 이는 풀이라 말하는 대나무, 풀과 나무의 경계에 서서 두 개의 생존방식으로 살아간다. 등나무나 칡처럼 기댈 곳을 찾지 않는다. 가느다란 몸으로 홀로 서서 사색할 뿐, 마디를 딛고 올라서며 자랄수록 단단해지지만 거대한 몸집으로 살기를 포기한 풀이다. 나무라고 이름 지어 부르지만, 턱밑에 쌓아놓은 나이테도 없다. 그 자리는 늘 비워두었다.

그것이 나무든 풀이든 모든 존재는 나름대로의 생존방식을 갖는다. 「대숲을 거닐며」에서 작가는 대나무에 대한 다양한 사유와 인식을 보이고 있거니와, 인간이 사물을 인식한다는 것은 감각에 의한 외부 세계의 경험이며 이를 실재와 다른 모습으로 해석하여 독자들에게 보여주고자 하는 내부적 구성이라고 할 수 있다. 그러한 해석 과정을 통해 의식의 세계에 내부적으로 재구성되는 삶과 세계의 모습은 새롭게 보이게 된다. 이런 인식은 작가가 사물이나 대상과의 친화와 교감을 통해 이루어지는 것이라 할 수 있다. 사물과의 친화적 공감을 이루는 사람은 그런 의식을 통해 대상과 존재의 의미를 새롭게 해석한다. 이런 의미에서 작가가 바라보는 대상과 사건들은 그의 의식 속에서 존재할 뿐 아니라 그의 의식을 벗어나서 어디에서도 존재한다. 인간의 의식 밖에도 객관적으로 존재하고 인간의 의식 속에서도 존재할 수 있는 인식의 영역이 바로 문학적 상상력의 세계이며, 이 상상적 세계를 대상으로 현상의 이면까지도 인식하고 이해하고자 하는 영역이 바로 문학적 해석의 공간이라 할 수 있다. 그러한 인식과 해석 때문에 작가는 오늘 하루 대숲이 내게 건네주던 소중한 말들을 마음속 깊이 심어 놓으려 한다. 그래서 그것이 삶의 길잡이가 되고 언제나 어느 곳에서나 말없이 자신을 지켜주기를 바란다. 이렇게 사물에 대한 인식과 해석의 영역은 혼합을 이루면서 새로운 단계로 독자들을 이끌어가게 된다.

대나무는 생의 긴 여정이 다할 즈음 단 한 번 꽃을 피운다. 빈 몸으로 소멸의 순간을 맞는 대나무의 살아온 날들이 아름다운 꽃으로 피어나는 순간이다. 주어진 모든 순간을 마지막인 듯 살다가 자신의 지나온 날을 돌아볼 수 있게 몸소 일러주는 듯하다. 영원한 이별은 상상만으로도 가슴이 먹먹해진다. 생의 마지막 꽃을 피워 이별식을 치를 수 있다면 보내는 사람도 떠나는 사람도 슬프지 않을 것 같다. 나의 죽음도 이별과 소멸이 아니라 애틋한 추억으로 남는 이별식이었으면 좋겠다. 여행을 떠나듯 슬프지 않게 사랑하는 이들의 곁을 떠날 수 있기를 기도해 본다.

작가는 나무와의 교감과 상호 침투 과정을 통해 "광대한 우주에 먼지보다 못한 존재임을 일깨우며 차분한 스승처럼 조용히 토닥여 주기"를 기대한다. 또한 이 세상에서 내려놓지 못한 욕망으로 판단이 흐려질 때 호된 죽비로 어깨를 내려쳐 주기를 바란다. 화자는 대나무와의 이별을 이루기 전에 자신의 "죽음도 이별과 소멸이 아니라 애틋한 추억으로 남는 이별식"이기를 바란다. 대나무를 통하여 존재에 대한 자의식을 새롭게 갖게 되고자 꿈꾸는 것이다. 나무에 대한 꿈이란 자신의 존재를 다시 실현하려는 꿈이다. 그 꿈은 푸르름과 서늘함을 통해 자신의 생명을 구현하는 것이다. 나아가 나무는 대지에 뿌리를 내리면서, 자연과의 관계 속에서 생장할 수 있는 존재이다. 이런 측면에서 볼 때, 나무는 삶과 우주의 생태적 질서의 한 중심이다. 다시 말해 우주적인 존재로서의 나무를 통해 자연스럽게 나무의 꿈은 시인의 꿈으로 환치될 수 있다. 이렇듯 이 작품은 객관적 상관물로서의 대나무를 통해 삶의 공동체 안에서 자기실현의 가능성을 꿈꾸는 작가의 열망을 드러내고 있다.

작품의 결미에서 "대나무가 건네주던 말들을 가슴에 담고 되새겨 보는 시간, 오늘 하루만이라도 내 마음에 흐르는 강이 조금이나마 넓어지고 깊어졌기를 바라본다."라는 언명이 잘 보여주듯이, 작가는 사물에 대한 이해와 존재의 의미 천착을 결합하는 독특한 해석의 방식을 이루게 된다. 그는 인간과 사물, 주체와 객체 사이의 의미망을 새롭게 제시함으로써 훼손된 사물성 회복의 가능성을 열어준다. 이는 곧 세계를 구성하고 있는 온갖 사물들이 자기의 기능과 직분을 다하면서 인간과 세상과의 다채롭고 조화로운 화해의 세계를 만들기를 소망하는 태도이기도 하다.

3. 황진숙의 「소금」

인간은 자기 앞의 사물과 대상을 보며 존재와 세계의 의미를 생각하고 그 의미를 지향하며 실천하고자 하는 존재다. 특히 상상력과 정서를 통하여 창작활동을 하는 예술가들에게 가장 중요한 활동의 의미는 대상을 통하여 새로운 의미를 부여하고 해석하는 일이다. 마찬가지로 글쓰기를 하는 작가들의 창조 활동에서 가장 빛나는 부분은 글을 통하여 인생과 세상의 의미를 창조하고 해석하여 그것을 누군가에게 전달하는 능력이다. 흔히 작가들은 어떤 사물의 의미나 특징을 살피면서 상징적 혹은 은유적 기법을 통하여 사물의 의미를 표현해 내고자 한다. 사물의 의미가 존재하는 것은 저마다 이 세계라는 의미의 장에서 진동하는 존재이기 때문이다.

「소금」의 작가는 '소금'의 다양한 의미를 문학적으로 재해석하고자 한다. 우선 작가는 태초부터 존재해 온 소금의 의미와 역할을 이렇게 설명한다.

태초부터 내려왔으니 먹지 않은 자가 없고 취하지 않은 자가 없다. 그러니까 시대를 내려온 가장 오래된 맛이다. 너른 바다를 응축한 한 알로 짠맛을 보시하며 무미건조한 세상에 간을 쳐왔다.

조미란 호락호락하지 않다. 미각을 주름잡기 위해선 어두컴컴한 구석에 내박치는 일쯤은 각오해야 한다. 주둥이가 묶인 자루 속에 갇혀 쓴맛이 빠질 때까지 지루한 시간을 견뎌낸다. 뙤약볕에 몸을 데우고 오가는 바람의 담금질로 맺힌 알갱이의 자긍심을 잊지 않기 위해, 똑똑 떨어지는 간수 소리를 경전 삼아 '나는 소금이다. 나는 소금이다'를 외친다.

옛날부터 소금은 단순한 음식이 아니었다. 소금은 다른 어떤 음식보다도 중요한 음식이었다. 지상에서 먹을 수 있는 거의 유일한 암석인 소금은 과거에는 무기로도 사용되었는데, 적진을 점령한 군대가 적군들이 농작물을 수확하지 못하도록 만들기 위해 경작지에 소금을 뿌렸다고 한다. 그뿐 아니라 소금은 많은 문화권에서 신성시되기도 했다. 소금이 생산되는 곳은 지역적으로 한정되어 있었고, 멀리 떨어진 곳에서 생산되는 소금을 얻는 것은 몹시 어려운 일이었다. 그렇기에 고대부터 동서양을 막론하고 소금을 가진 자는 돈과 권력을 차지할 수 있으면서 그만큼 소금은 인간의 삶에 중요한 역할을 하게 되었다.

소금은 음식의 맛을 위한 용도로는 물론 화폐 대용으로 사용되었다. 고대 그리스에서는 노예를 사고파는 값을 소금으로 치렀다. 만약 노예가 힘이 없거나 가치가 없으면 "소금 값어치가 없다."고 했다. 영어의 '소금salt'은 라틴어 'sal'에서 유래하였다. 샐러리salary라는 단어는 '소금 지불'이라는 뜻의 라틴어 살라리움salarium에서 나온 말이다. 그러나 작가의 표현대로 소금에 대한 세상의 천대는 숙명적이다. 단맛에 밀리고 담백한 맛에 떠밀려 찬장의 구석진 곳에 유배될지도 모른다. 소금이 몸값을 올리는 일은 스스로를 낮추는 일뿐이다. 양념이 아닌 허드렛일도 기꺼이 감수해야한다. 할복한 고등어와 삼치 뱃속에 뛰어들어 부패를 막고 비린내를 잡아내어야 한다. 이렇게 소금이라는 존재의 운명은 기구하다.

어찌 보면 소금에 끌리는 게 당연하다. 소금물에서 태어나 일생 몸 안에 소금을 쟁여놓아야 하는 게 인간의 숙명이기 때문이다. 소금에 절인 오이지로 무서운 여름을 견뎠다는 소설가 김훈처럼 소금이 있어 우리네 생은 드라마틱하다. 생의 염천을 건너고 비린 시간을 가라앉히기 위해선 종종 소금을 쳐야 한다. 거친 세파의 소금기로 대책 없이 쪼그라들기도 하고 머금은 염기를 뱉어내기 위해 하염없이 물에 떠다니기도 하지만 절여지고 내뱉으며 삶의 농도를 맞추는 게 한살이일 터이다.

소금으로 인해 우리의 삶은 때로는 저급하게 때로는 극적으로 이루어진다. 작가에게 소금은 자연의 숨결이면서 삶의 숨결로 읽힌다. 작품에서 소금에 대한 작가의 관심은 소금이라는 사물과의 친화력에 의해 이루어진다. 그 자신이 사물과 하나라는 공감이 바로 그것이다. "거친 세파의 소금기로 대책 없이 쪼그라들기도 하고 머금은 염기를 뱉어내기 위해 하염없이 물에 떠다니기도 하지만 절여지고 내뱉으며 삶의 농도"를 맞추며 살아가야 하는 것이 소금의 운명이듯이, 소금을 바라보는 작가의 시선에는 슬픔을 녹이며 세파를 헤쳐 나가야 하는 의지가 담겨 있다. 작가는 소금이 될 수 없고 그것은 불가능하다. 자신이 묘사하는 대상이 될 수 없다는 사실이 슬픈 일이지만 실은 이런 인식의 지점에서 한 편의 문학작품은 탄생한다. 그 자신이 노래하는 대상이 될 수 없다는 슬픔을 비극적으로 인식하게 됨으로써 그곳에서 문학이 생겨나는 자리임을 깨닫는다. 문자로 이루어진 문학작품은 즉자적으로 세계를 보여주지는 않지만, 언어가 가진 다양한 비유와 묘사를 통하여 텍스트에 인생과 세상의 진리를 드러낼 수 있다. 미술이 눈을 통하여 우리의 시선에 깊이 침투해 들어오는 사물들을 이해하는 데 반해, 문학 작품은 문자를 통하여 단순한 사물 너머의 세계를 해석함으로써 새로운 삶의 세계를 보여준다. 문학 작품, 특히 수필에서 삶과 세상의 모습은 다양하고 쉽게 그려지지만, 그로 인해 수필이라는 텍스트가 가지는 본질적 의미와 해석의 영역이 간과되는 경우가 허다하다. 수필은 무엇보다 인생과 세상에 부유하는 대상을 보다 예민한 눈으로 포착하여 새로운 해석을 시도함으로써 텍스트의 본질에 다가설 수 있다. 「소금」은 그러한 노력에 바쳐지고 있는 작품이라 할 수 있다.

4. 제은숙의 「석종 소리 깨어나다」

인간은 몸과 정신을 통하여 사물과 교감하면서 사물과의 상관관계를 이룬다. 몸을 이용하여 걷고 달리고 일을 하며 도구를 만들고 집을 지으면서 도구적 인간이 되었다. 그러나 인간에게 더욱 중요한 것은 인간일 수 있게 하는 정신과 사고의 역할이다. 정신에 있는 감정과 상상을 통해 자연을 인지하고, 어떤 사물을 통해 다른 사물을 이해하고 경험하면서 또 다른 인식과 해석을 이루게 된다. 따라서 세계와 존재에 대한 우리의 이해는 사고와 인식에 의해 형성된 개념들의 총화라 할 수 있다.

이를테면 어느 한적한 사찰에서 종소리를 들을 때, 종소리가 가져오는 은유를 통해 정신과 몸을 움직여 자기 앞의 세계를 인지한다. 듣는다는 것은 소리를 통하여 무언가를 알거나 이해하는 것이다. 청각을 통해 듣고 받아들이는 소리에 의해 우리는 지고한 깨달음을 얻기도 하고 혼돈과 무질서를 보기도 한다. 소리란 세상을 그저 거울처럼 비추어 준다기보다 대상과 사물을 통하여 새로운 세상 속으로 확장하고 반향하는 것이라 할 수 있다. 우리가 무언가를 인식하고 이해한다는 것은 본질적으로 어떤 것을 새로운 모습으로 보거나 듣는 과정을 의미하며 이를 통해 존재와 세상에 대한 또 다른 모습을 보게 된다. 흡사 「석종 소리 깨어나다」에서처럼 "석심石心에서 퍼지는 종소리"를 들으며 "만어滿魚의 이야기"를 기억하게 된다.

두드린다고 열리는 문이 아니다. 수천 년 세월 동안 고고히 흘러온 돌강은 쉽사리 속을 내보이지 않는다. 전설의 비밀을 푸는 열쇠. 그 뜻을 알아내는 사람에게만 출렁이는 형상을 드러내고 물살을 거슬러 오르는 어신魚身의 실체를 보여줄 터였다. 눈을 가늘게 뜨고 미세한 움직임을 찾으며 물고기의 출현을 기다린다. 세상에서 가장 거대하다는 고래나 전설 속 물고기로 불리는 돗돔, 포세이돈의 마차를 끌었다는 해마와 슬픈 설화에 나오는 인어까지 떠올렸으나 헛수고이다. 돌 고기는 나를 비웃듯 변신할 기미가 전혀 없다. 사람들이 낸 희끄무레한 길을 따라가며 애꿎은 돌덩이만 내려치다 되돌아온다. 텅텅 둔탁한 소리만 울릴 뿐 듣고자 했던 음은 아니다.

진정한 작가는 자기 앞의 세계를 새롭게 해석하여 존재의 의미를 캐어내고 이를 실천적 지향으로 이끈다. 단독자로서, 세계내존재로서 세계를 다시 해석하여 의미를 재구성하게 되는 것이다. 세계의 무질서와 부조리에 맞서기도 하고 적응하기도 하며 세상의 의미를 해석하고자 하는 노력, 그것은 "거대한 자연과 용신에 대한 경외심. 돌에 생명을 불어넣었던 것은 증명할 수 없는 이야기를 진실이라고 여겼던 믿음"과 같은 것이다. 그러한 신념들이 모여 천지간에 물고기를 불러내고, "눈앞에 보이는 검은 돌무덤은 육체요, 생명의 너울로 꿈틀거리게 하는 믿음은 영혼"이 되게 한다. 화자가 듣고 싶은 것은 육신의 소리가 아니라 영혼의 소리다.

인간의 육신은 물질적이며 현상적인 것이다. 흔히 인간은 육신을 통하여 자신의 마음을 드러내고, 상대방의 영혼을 느끼며 교감코자 한다. 그러나 육신은 그것이 인간의 육신인 이상 단순히 살과 뼈, 피는 모두 물질적인 것일 뿐이다. 마음과 영혼을 담지 않은 육신은 찌꺼기로 가득 채워진 창고와 같다. 그리하여 우리는 "채워지지도 비워지지도 않는 욕심들과 싸웠다. 마음에는 날이 섰고 육신은 닳아서 움츠러들었다." 가슴에는 상처가 가득 쌓이게 되고 일상을 좀먹는 욕망은 썩어서 고약한 냄새를 피운다. 작품에서 화자는 "영혼은 나날이 탁해지고 내 안에는 무겁고 시끄러운 소음만 가득"해지고, "증오로 각인된 기억들을 비워내고 묻혀 있던 맑은 옥소리를 듣고 싶었다."고 소망한다.

영혼의 눈이 밝아져 믿음의 눈으로 세상을 보게 되면 이 세상이 더욱 아름답고 생명 있는 것으로 보이게 되리라는 믿음은 사실이다. 그래서 어디선가 들려오는 진실의 소리를 듣게 되면 "보이는 것이 모두 진실은 아니라고 부르짖는 돌의 북소리. 이곳에 와서 세상 너머의 소리를 들으면 내 삶을 위로받을 수 있을 것 같았다."고 화자는 생각한다.

여기에 어리석었던 과거를 버리고 돌탑을 쌓는다. 위로 올라갈수록 가벼운 돌을 얹어야 중심이 바로 서듯 나이를 먹을수록 안을 더 비워야 본심의 목소리를 받아들일 수 있다는 이치를 배운다. 내가 듣는 모든 소리는 내 안에서 나왔다.

고대인들이 믿음 하나로 석신石神을 깨웠듯 내 속에서 튀어 오르는 소리들로 넘어진 현생을 일으켜 세워야 한다. 오랜 후에 돌의 계곡이 풍화되어 자취 없이 사라져도 굳은 마음만은 오롯이 남아 백골석白骨石을 받들 것이다. 사람 또한 소멸될 몸으로 태어났지만 누군가에게 기억될 존재이다. 아무도 지지해 주지 않는 생인들 어떠리.

플라톤 이래 서양 철학자들에게 삶이란 범박하게 규정하여 "이데아를 향한 끊임없는, 고단한 날갯짓"이었다 해도 지나치지 않다. 많은 철학자와 작가들은 이데아, 본질, 진실을 규명하기 위하여 고통스러운 사색을 거듭하였다. '돌'은 돌탑으로 존재하고 있기에 '돌'인 것이고, 스스로 '돌다움'을 지니고 있기에 그에게 가까이 다가가야 내부의 깊은 소리를 들을 수 있었다. 고대인들이 믿음 하나로 석신石神을 깨웠듯 내 속에서 튀어 오르는 소리들로 넘어진 현생을 일으켜 세워야 하고, 오랜 후에 돌의 계곡이 풍화되어 자취 없이 사라져도 굳은 마음만은 오롯이 남아 백골석白骨石으로 남을 것이라고 작품의 화자는 다짐한다.

말의 올바른 의미에서 진정한 문학적 사고는 기존해 온 실체론적 사유를 뒤엎고 새로운 사유와 해석의 지평을 열어야 한다. 돌 안에 돌은 없다. '돌'은 스스로 아무런 의미도, 본질도 갖지 못한다. 돌은 다른 사물과의 차이를 통하여 이 세상에서 의미를 드러낸다. "물고기의 일신은 바람과 비에 깎여 푸석해졌지만 신앙만은 선명하게 살아남아 넋의 소리로 울려 퍼진다. 그 울림을 읽을 수 있는 감각이 신어神魚의 영역을 열고 경돌의 쇳소리를 듣게 하리라." 세상이 없었다면 돌 또한 아무런 의미가 없다. 이 세상의 모든 사물의 의미는 기호 안에 내재하지 않는다. 의미는 모습과 현상에 의해서가 아니라 해석과 인식의 차이에 따라 드러나서 공유되는 의미 작용의 새로운 산물이다. 그러한 해석과 인식이 가능할 때, 우리에게는 어디선가 진실한 '석종 소리'가 들려오게 된다.

5. 나오며

문학은 무엇보다 인생과 세상을 해석하는 사람의 존재론적 의미에 바탕을 둔다. 인생과 세상을 해석한다는 것은 '존재한다'는 것의 의미를 중심에 두고, 존재하는 사물과 사건을 이해하는 것을 의미한다. 결국 인간이 이해하며 해석한다는 것은 다양한 삶에 대한 관점으로 귀결된다. 이런 의미에서 해석학은 본질적으로 존재론적이다.

독일의 철학자 F. 슐라이어마허는 문학작품에서 해석학이란 본문으로부터 의미를 끌어내는 이해의 학 또는 이해의 예술로 정의한다. 여기서 이해는 이해되고 있는 과정이 중요하며, 예술이란 하나의 기술이며 작가의 주관성이 담기게 된다. 따라서 해석학은 이해 자체에 관심을 두고 이해가 일어나는 조건을 분석하고, 그것이 성취될 수 있는 방법을 제시한다. 이해란 작가의 정신적 과정의 추체험으로 규정된다. 객관화된 고정된 표현을 통해 그것이 어떻게 나타나고 진실된 삶에 도달하는 과정인가를 추적한다. 자연과학의 기준에서 보았을 때 그 가치가 정당하게 평가될 수 없는 예술과 문학과 종교 등의 영역은 해석학을 통해 그 자신의 독특한 '진리'를 이야기할 수 있는 이유도 여기에 있다.

오늘날의 수필 문학 작품들이 세계와 인생을 해석하는 도구로서의 지위를 잃어버리고 일상적이고 개인적인 삶의 이야기를 위한 도구쯤으로 치부된다. 인간과 인간을 둘러싼 세계를 온전히 사유하는 문학 본연의 기능을 회복하려면 인간의 지성적 행위가 무엇인지 규명되어야 한다. 인간이 인간일 수 있는 까닭은 인간으로서의 존재와 인생이 무언가를 이해하고 해석하는 행위에 있다. 이해와 해석은 인간의 지성적 행위의 출발점이며, 문학을 이루는 근본 원리이기 때문이다. 따라서 문학 본래의 특성을 위한 사유의 출발점도 인생과 세상에 대한 올바르고 진실된 해석을 위한 행위에서 찾아져야 마땅할 것이다.

앞서 우리가 읽은 이형숙의 「대숲을 거닐며」, 황진숙의 「소금」, 제은숙의 「석종 소리 깨어나다」은 이해와 해석이라는 문학 본연의 특성을 잘 구현한 작품들이다. 이들은 좋은 문학작품일수록 작가와 독자를 위한 해석의 여백은 깊고 넓게 열려야 한다는 사실을 잘 보여준다.

어둠의 미로에서 길 찾기
— 장미숙 · 윤온강 · 최지안 · 장영은의 수필

1. 들어가며

'코로나 19'라는 질병이 가져온 어둠이 전 세계적으로 더욱 확산하고 있다. 정체불명의 질병이 세계를 휩쓸고 있지만, 사람들은 이런 상황에 대한 근원적인 반성을 하기보다는 벌써 '포스트 코로나'를 운위하거나 '백신'이라는 또 다른 과학기술이 모든 것을 해결해 줄 것이라고 믿고 있다. 코로나가 지나가고 나면 이 지구에는 더욱 심각한 질병과 자연재해가 일어날 것이라고 과학자들은 이야기한다. 그러면 또 과학의 힘이 모든 것을 해결해 줄 것인가.

물질적 풍요와 지속적인 과학기술의 발전이 인간 삶의 필수적인 전제조건이라는 고정관념을 떨쳐버리지 못하는 가운데 우리에게 밀려오는 질병과 자연재해 같은 위기가 과연 극복될 수 있을까. 인간의 생존을 위한 터전인 자연 생태계가 대규모로 파괴되고, 또한 지금과 같은 생존 방식이 지속한다면 조만간 이 지구에는 현재보다 더욱 심각한 위기가 닥쳐올 것이 분명해 보인다.

삶이 그런 거와 마찬가지로 어둠 속에 서 있기는 문학도 마찬가지다. 인간성이 상실된 시대에 어찌 올바른 문학을 기대할 수 있을 것인가. 그동안 문학은 항상 시대와 불화하면서 저잣거리로 이리저리 내던져지면서도 근근이 명맥을 유지해 왔다. 문학의 효용론을 따질 것도 없이, 기실 문학은 무엇을 위해 동원되거나 이용되는 것 자체를 거부한다. 흡사 우리의 영혼이 무엇에 이용되기를 원하면서 존재치 않는 것처럼 문학도 무엇을 위해 유용해지기를 원하지 않고 오직 그 자체로 존재하며 호명될 뿐이다.

그러나, 아무리 그렇다고 하더라도 문학이 이 세상의 불편한 진실과 좀 더 치열하게 대면하고 현실 속에서 어떤 윤리적 힘을 지녀야 할 것임은 분명하다. 현실의 어둠에 맞서고자 하는 태도 없이는 고통과 슬픔에 처한 이 세상과 사람들의 마음에 조금도 다가설 수 없다. 우리가 진실로 염려하고 두려워해야 할 것은 삶의 의미에 대한 총체적 상실, 즉 세계에 의미를 부여하는 능력과 영혼의 상실이라는 자포자기적 태도이다. 어느 철학자는 이를 '윤리적 두려움'(폴 리쾨르)이라고 기술했지만, 이는 세계를 사랑하고 공감하며 사유할 수 있는 능력 자체의 상실을 의미하는 것이다. 우리가 세상을 사랑하는 마음을 상실하게 되고 그리하여 무언가를 사유하는 능력을 포기한다면, 이 세상은 갈수록 깊은 어둠의 수렁으로 빠져들 수밖에 없다.

현실을 뒤덮은 어둠은 삶과 문학을 파국으로 이끌어 가고 있다. 이 때일수록 어둠의 세계 속에서 문학은 현실의 부정성을 밝히는 빛이 되어야 하고, 진정한 작가는 어둠의 제단에 자신의 몸을 제물로 바치는 자가 되어야 한다. 억압받은 주체들이 삶의 비정상성을 폭로하는 일, 비일상의 낯선 시간 속에서 희망의 언어를 복구하는 일, 그리하여 어둠의 미로 속에서 진로를 위한 이정표를 제시하는 일이 작가들이 감당해야 할 숭고한 임무이어야 하는 것이다.

소설이나 시와 같은 허구적 문학 양식과 달리 수필은 작가의 삶의 체험을 껴안고 이루어지는 현상적 글쓰기이다. 말하자면 수필은 지금 이 순간에 존재함으로써 이루어지는 체험의 산물이어서 이 세상과 부대끼며 살아있는 '존재론적 글쓰기'(장 폴 사르트르)를 해야 한다. 작가가 작가일뿐이고, 세상이 세상일뿐이라면, 수필이 무슨 소용이 있을 것인가. 따라서 이 어둠의 시대에서 수필을 쓰는 작가는 고독하게 새로운 길을 모색하는 자이다.

이런 점에서 장미숙의 「겨울, 여백으로 깊어지다」, 윤온강의 「창문, 그 오묘하고 신비한」, 최지안의 「놓치다」, 장영은의 「모노톤에 물들다」는 의미깊게 읽히는 작품들이다.

2. 장미숙의 「겨울, 여백으로 깊어지다」

흔히 겨울은 상실의 계절로 표현된다. 겨울은 모든 것을 비우고 버린 여백으로 남는 시간이기 때문이다. 「겨울, 여백으로 깊어지다」는 겨울 풍경을 바라보면서 삶과 세상의 의미에 대하여 깊은 사색을 하는 작품이다. 작품에서 겨울 풍경은 단순히 자연의 경치를 뜻하지 않는다. 작가는 자신이 바라본 겨울 풍경을 삶의 풍경으로 환치한다. 삶의 풍경은 쉽게 요약되지 않는다. 그것은 생의 풍경이자 죽음의 풍경이며, 희망의 풍경이자 절망의 풍경이다.

여백의 겨울 풍경은 새로운 길이 열리고 만물은 초심으로 돌아간다고 작가는 말한다. 그래서 "겨울은 사람의 깊은 마음과 가장 밀접하게 닿아 있다. 눈에 보이는 앞모습보다 뒷모습을 상상하게 하고, 밝음이 어둠을 품는다."는 표현대로 여백은 때로 보이는 것보다 보이지 않는 것에서 더 심원한 의미를 담고 있다. 작품에서 겨울이 담고 있는 여백은 존재의 소멸이 아닌 생성에 기여한다. "떠나버린 것에 연연해하는 것도, 오지 않는 것에 조급해하는 마음도 겨울 안에서는 따뜻함이 된다. 여백이 깃든 마음은 밀침보다 당김에 가까워 관계의 본질을 돌아보게 한다." 여백이 미학적일 수 있는 것은 비움을 통한 생성의 가치 때문이다. 무엇인가로 가득 차 있는 질곡에서 해방시켜 주는 것이 비움의 미학이다. 이것은 '비어있는 충만(노자)과 같은 상태를 의미하는 것이다. 우리는 흔히 텅 비었다는 표현을 사용하지만, 사실 그것은 마음으로 볼 수 없듯이 텅 빈 게 아니라 생명으로 가득 차 있다는 의미이기도 하다.

이런 정신을 작가는 사계절 동안 변모하는 나무의 의미를 통하여 구체적으로 확인코자 한다. 나무는 봄에는 생의 아름다움을, 여름엔 파릇한 활력을, 가을에는 풍부한 감성을, 겨울이 면 깊은 사색을 전해준다. 그렇지만 겨울나무는 계절의 변화에 따라 혹은 사람들의 잔혹함에 의해 아프다. 사람들은 나무의 생명보다 도시의 미관과 사람을 우선하는 마음으로 겨울이 되면 풍성한 나뭇가지를 가차 없이 잘라버린다. 참혹하게 잘린 나무의 상처 사이로 겨울바람이 휘몰아치는 광경을 바라보면서 작가는 나무의 아픔과 슬픔의 서사를 읽는다.

겨울 하늘을 향해 앙상한 팔을 흔들고 있는 나무는 작가의 존재론적 표상이며 고독한 인간의 자화상처럼 보인다. 나무는 존재의 확산을 추구하는 외로운 단독자의 모습을 가시화해 준다. 이 고독한 존재는 생성과 소멸, 절망과 희망을 동시에 소유하고 있어서, 겨울나무 위로 흰 눈이 축복같이 내리며 나무의 아프고 힘든 세월을 소생시켜 준다. 그리하여 겨울나무는 "스스로 몸을 비우고 가벼워지며 여백을 만듦으로써 더 깊어지는 생의 아름다움"을 만들어 낸다. 이러한 과정은 바로 작가가 우원하여 보여주고자 하는 우리의 삶과 문학의 길과 같은 것이다.

작가가 바라보는 겨울 풍경은 주체의 내부 풍경이자 타자와 세계의 굴절된 모습이다. 이것은 삶의 풍경이라는 하나의 궁극적인 풍경으로 수렴된다. 좋은 작가란 고통과 절망으로 가득한 어둠의 세상으로부터 새로운 풍경을 만들어 내는 사람이다. 그리하여 그는 자신이 바라본 체험으로부터 여태 보이지 않던 실재를 끌어내어, 그 속에서 존재의 상처와 부재를 보상받는다. 「겨울, 여백으로 깊어지다」는 겨울의 여백과 부재의 풍경 속에서 존재와 삶의 의미를 새롭게 발견해 내는 의미 깊은 작품이다.

3. 윤온강의 「창문, 그 오묘하고 신비한」

「창문, 그 오묘하고 신비한」에서 화자는 집 근처 사찰 앞 카페의 창밖 풍경을 통하여 세상의 모습을 새롭게 읽어낸다. 창문을 통해 바라보는 바깥세상은 창문 안의 세상과 다르다. 창문 밖의 세상 사물들은 창문을 열고 밖을 내다보는 사람의 관점에 따라 새로운 세상으로 나타난다. "창문은 단순히 공기나 햇빛을 받거나 밖을 내다보라고 벽이나 지붕에 뚫은 구멍이 아니다. 창문은 안과 밖을 이어주는 경계이면서 또 다른 세계로 이어주는 매개체라고 할 수 있다." 또한 창문은 바깥 사물을 우리의 인식 안에 들어오게 하는 중요한 통로 구실을 한다. 창밖의 풍경은 바깥을 내다보는 사람의 의식 세계에 들어옴으로써 그것들은 하나의 새로운 풍경으로 전이되는 것이다.

이렇게 작품에서 '창'은 세상을 욕망하는 존재의 강렬한 메타포로서

안과 밖의 세계와 빛과 어둠의 경계를 이어주는 매개의 역할을 한다. 창문을 통한 바깥세상 보기는 주체와 대상의 진정한 합일을 가져오는 것이다. 창문을 열고 바깥세상을 바라보는 것은 세상과의 단절을 끊고 소통하는 순간이다. 그래서 작품에서 창문의 의미는 일차적으로 이 어둠과 상실의 시대에 바깥세상을 향한 희망과 염원을 표현하고자 하는 것이라 할 수 있다. 창은 고정해 있는 듯해 보이지만 고정해 있지 않다. 창 안에서 바깥을 내다보는 자만이 세상의 살아있는 현장을 바라볼 수 있다. 「창문, 그 오묘하고 신비한」에서 창은 존재와 세계의 간격과 거리를 메우면서 그들에게 새로운 삶의 가능성을 만드는 실존적 공간의 역할을 한다. 마테오 페리콜리라는 건축가의 말을 빌려 이야기하듯이, "창은 원래 창 자체를 구경하라고 있는 것이 아니다. 창으로 바라보는 풍경이야말로 그 창의 존재를 드러내는 실존이다." 삭막한 뉴욕의 풍경도 어떤 창에서 어떻게 바라보는가에 따라 수많은 모습으로 달라질 수 있다. 페리콜리의 말대로 "창문 너머의 풍경은 바깥세상이 아닌 우리 내면의 일부"이며 그 안과 밖의 거리와 균열을 만드는 것은 다름 아닌 인간이다.

  오늘날 우리 사회는 갈수록 경계와 구분이 드리워지고 있지만, 그것을 극복하고자 하는 노력은 없다. 이러한 노력은 삶 자체의 변화가 아니라 세계를 보는 내면적 시각의 변화에 의존하는 것이라 할 수 있다. 현실 속에 존재하는 분열과 갈등이 조화와 화해로 이끌어질 때, 삶은 공감과 사랑으로 충만할 수 있다. 남보다 먼저 창문을 여는 사람은 먼저 경계를 넘는 사람이다. 지금 우리에게 필요한 것은 창문을 열고 경계를 넘어 누군가와 소통하고자 하는 의지이다. 「창문, 그 오묘하고 신비한」에서 작가는 창문을 통하여 안과 밖에 대한 분열과 통합, 고통의 원심력과 화해의 구심력의 상관관계가 어떻게 이루어질 것인가를 묻고 있다.

　추사 선생이 제주 유배 중에 "작은 창문으로 많은 빛이 들어오니 나로 하여금 오랫동안 앉아 있게 하는구나"라고 했듯이, 창은 바로 우리의 마음이다. 창의 안과 밖의 조화, 말하자면 밖의 빛으로 안의 어둠을 밝히려는 혹은 그 반대의 조화에 의해 현실과 이상의 대립적 조화는 가능할 수 있다. 이때 창문을 바라보는 작가의 시선은 바로 이곳과 저곳, 빛과 어둠을 연결시키며 양쪽을 살피고자 하는 관찰자의 마음과 다르지 않다.

　「창문, 그 오묘하고 신비한」에서 작가는 창문을 통한 안과 밖의 창의적인 가름과 역동적인 넘나듦을 꿈꾼다. 그럴 때야 이 세상은 서로를 초대해 만나고 대화하며 사랑할 수 있다는 사실을 보여준다. 우리 모두를 유폐시킬 수 있으면서 동시에 자유롭게 해방시킬 수 있는 창문, '그 오묘하고 신비한' 창문의 상상력은 바로 지금 우리 시대에 필요한 삶과 인간의 윤리학과 대면하고 있다.

4. 최지안의 「놓치다」

　우리가 삶에서 얻는 것은 무엇이고 놓치는 것은 무엇일까. 인간은 태어나서 일생동안 수많은 것을 얻어서 지니고 있지만 동시에 가진 것을 놓치게 된다. 시간, 사람, 물건 같은 소중한 것을 잃으면서 살아간다. 한번 놓친 것들은 좀체 다시 돌아오지 않는다. 우리 곁을 떠난 시간은 영원히 돌아오지 않고 한번 떠난 사람도 쉽게 다시 오지 않는다. 얻은 것과 놓친 것의 총화가 삶이라 할 수 있다.

　「놓치다」에서 화자는 놓침의 의미를 이렇게 말한다. "내 손은 무엇이나 잘 놓쳤다. 손을 놓치고 그릇을 놓치고 기회를 놓쳤다. 놓친다는 것은 안타까운 언어다. 나를 떠난 언어는 가서 다시는 돌아오지 않는다. 간혹 다시 오더라도 언제인지 기약할 수 없다. 입술 밖으로 나온 말을 다시 주워 담지 못하듯 손을 놓은 관객들은 다시 손을 잡지 못했다." 우리가 일상에서 놓치는 것은 언어와 같다는 작가의 지적은 많은 것을 함축하는 진술이다. 입술 밖으로 나온 말을 다시 주워 담지 못하듯 한번 발화된 언어는 다시 돌이킬 수 없다.

언어와 같이 삶도 지난 것을 되돌릴 수 없으며 삶은 언제나 불가역적이고 불수의적이다. 심지어 삶은 우리가 원하는 대로 되기보다는 우연과 섭리에 따라 자의적으로 움직인다. 작가는 삶이 곧 언어이며 언어가 곧 삶이라는 것을 간과치 않고 있다. 따라서「놓치다」에서 언어는 열린 욕망의 시니피앙인 동시에 시니피에가 된다. 욕망과 마찬가지로 언어에 의해서 다양한 삶의 질료와 서사적 요소들은 단순히 재현되는 것이 아니라 재생산된다.

인간은 일생 다른 사람이나 사건과 관련하여 많은 것을 놓치고 상실감을 느끼게 된다. 죽음에 의한 상실, 물질적 상실, 인간관계의 상실은 우리에게 슬픔과 고통을 안겨 주어 삶에 큰 영향을 미친다. 그런데 아이러니하게도「놓치다」의 화자에게서처럼 "내가 놓친 기회는 경쟁자에게 돌아갔고, 내가 놓친 돈은 누군가의 지갑으로 들어갔다. 내가 놓친 소중한 것들, 한번 놓친 희망들은 바늘처럼 촘촘히 가슴에 와서 박히기도 했다." 놓친 것은 항상 아쉬움으로 남는다. 부모님을 졸라 손에 넣은 풍선을 날려버린 남동생의 '까치풍선', 화자를 업어주고 등록금을 내어준 따뜻한 언니의 손을 임종 때 잡아보지 못하고 놓쳐 버렸다.

그렇다면 우리가 놓쳤다고 슬퍼하는 것 중에서 정작 우리에게 가장 중요한 것은 무엇일까. 개인적이든 사회적이든 우리의 삶은 흔히 보존이나 발전의 원리보다는 상실과 소멸의 원리에 의해 지배된다. 우리가

"놓친다는 말은 하늘로 날아가 버린 풍선이다. 날개가 없는 것들에 날아간다는 것은 아득한 실종이다." 삶의 상황은 거대한 상실의 소용돌이 속으로 빨려 들어가며 실종하고 있다. 작가는 '놓치다'라는 술어를 통하여 이 세계에서 이루어지고 있는 상실과 부재에 대한 생생한 존재의 질감을 부여하고자 한다. 그래서 「놓치다」에서 화자는 묻는다. 우리는 "잡은 것보다 놓치는 일이 더 많다. 잡은 고기를 놓치고 집토끼를 놓치고 가까운 것은 놓친다. 눈 앞의 편리함 때문에 정말 소중한 것들을 놓치는 것은 아닌지. 지금도 얼마나 많은 것을 놓치고 있을까." 작품은 놓침과 부재를 확인하는 일로 귀결된다. 특히 인생에서 정말 소중한 것을 놓치는 일은 이중의 상실 속에서 삶의 고통을 견디는 일에 다름 아니다. 이 고통은 바로 정신과 육체, 존재와 부재의 동시적인 불구상태이며 이를 극복하는 여정은 우리 삶의 가장 중요한 과제가 아닐 수 없다.

세상은 상실과 부재로 충만하다. 나와 타자 사이의 존재 굴절, 사람들 사이의 소통 부재, 몸과 마음의 거리, 이런 상황에서 나의 자리는 비어 있고 존재는 상실을 체험한다. 부재한 것이 나에게 절실한 것일수록 그것은 단순히 놓침과 없음에 대한 의식을 넘어서 상실의 감정을 낳게 된다. 상실감이란 가치 있는 것의 놓침에 대한 감정이기도 하지만, 당연히 있어야 할 것이 존재할 수 없음에 대한 아쉬움과 안타까움을 의미한다. 「놓치다」는 이런 사실을 잘 일깨워주고 있다.

5. 장영은의 「모노톤에 물들다」

'단순하게 살아라.'라는 화두는 오늘날 일상적 건강과 행복에 이르기까지 다양한 영역에서 많은 호응을 얻고 있다. 복잡한 삶에서 벗어나 단순하고 소소한 것들에서 기쁨을 발견하는 것이야말로 인생을 행복하게 만든다는 것이다. 「모노톤에 물들다」는 모든 면에서 힘들고 복잡한 현대적 삶과 예술에서 단순함의 소중함을 상기시켜 준다.

실제 현대적 삶은 지나치게 복잡하여 힘들기 그지없다. 삶이 그렇듯이 예술도 복잡하고 난해하기는 마찬가지다. 현대예술을 표상하는 포스트모던 예술은 바로 복잡성과 난해함으로 특징지어진다. 현대예술은 획일성이나 단순성보다는 다원적이며 복잡한 상대적 진리를 지향하고 있다. 자본주의 사회의 등장 이래 각축해야 하는 현대적 삶의 복잡성은 기계의 부품이나 상품처럼 인간을 대상화되고 사물화한다. 삶의 본질적 여유로움과 자유로움은 위축되고 단순한 삶은 상실되고 말았다. 그리하여 우리의 삶과 예술은 '조망 불가능성'(위르겐 하버마스)의 복잡하고 힘든 궁지에 빠져들 수밖에 없게 되었다.

모노톤 기법이란 사진이나 영상매체에서 특별히 한 가지 색깔만을 부각시켜 보이게 하는 것이며, 색채나 문체의 단조로움이나 악기를 연주할 때의 단조로운 선율을 의미하기도 한다. 복잡한 현대적 삶은 우리의 마음을 갈수록 힘들고 어렵게 만들지만, 진정한 예술은 단순성에 있는 것인지 모른다. 그래서 현대의 예술가들은 때때로 복잡한 장식성과 인위성이 최대한으로 배제된 가운데 싫증 나지 않는 단순하고 질박한 미를 그리워한다.

「모노톤에 물들다」에서 작가는 예술과 삶이 좀 더 단순하고 가벼워져야 넉넉하고 풍요로운 공간이 될 수 있다는 사실을 강조한다. 문태준은 그의 시「어두워지려는 순간」에서 어두워지는 것은 하늘에 누군가가 있어 모든 것을 버무린다는 느낌이라고 했고, 야수파 화가 앙리 마티스는 초록색이나 붉은색의 색채를 단순하게 표현하면서 대상을 드러내었다. 또한 드뷔시의 「목신의 오후에의 전주곡」은 신비롭고 몽환적인 음악적 분위기에서 복잡한 생각들을 없애준다. 그래서 작품의 화자는 '모노톤의 마음'으로 "남편에 대한 서운함, 친구와의 갈등, 반복되는 일상의 지루함 등. 서로에게 부드럽게 스며드는 저 저녁의 화소들처럼 나도 내 안의 불화들과 이제 화해를 하리라"고 다짐한다.

복잡하고 숨 가쁘게 살아가는 현대적 삶에서 잠시나마 우리의 영혼을 쉬어가게 만드는 것은 삶을 보다 단순하게 만드는 것이라 할 수 있다. 단순함이 우리의 삶에 필요한 덕목이라는 사실을 잊어버리고 있지만, 삶과 예술에서 단순함은 오히려 자연스럽고 극적인 의미와 기쁨을 준다는 사실을 「모노톤에 물들다」는 힘주어 말하고 있다.

6. 나오며

우리 시대의 문학은 어둠의 미로 속에서 고통을 응시하고, 그럼으로써 새로운 입장들을 다시 끌어모으고 우리의 아픔을 치유해야 하는 당위에 직면하고 있다. 모름지기 작가란 부재에서 존재를 읽어내고 상실에서 획득을 이루어내는 자들이다. 따라서 그들의 시선과 인식은 세계의 이해 불가능성으로부터 세계가 감추고 있는 의미와 실재를 읽어내어야 한다.

앞서 우리가 살핀 작가들은 어둠과 상처로 남은 삶의 풍경 속에서 쉽사리 요약되지 않는 생과 죽음, 안과 밖, 존재와 부재, 단순함과 복잡함의 의미를 모색한다. 그리하여 나침반도 없고 항해도도 없는 이 어둠의 미로를 관통하는 방법이 과연 무엇일까를 사유하고 있다. 이들의 노력은 우리의 기약할 수 없는 항해를 가능케 하는 어둠 너머의 빛이 될 것임이 분명하다.

인간과 세상의 관조
- 정태헌 · 이미영 · 김정화 · 강병숙의 수필

1. 들어가며

　수필은 개인의 일상적 체험을 통하여 인간과 세상에 대한 진실을 규명하는 문학으로 간주되어왔다. 문학에서 일상적 삶의 체험이 중시되고 사람의 정서적 경험이 주목받게 되는 것은 당연한 일이다. 그러나 이런 개별적인 체험을 통하여 세계나 인생의 진상을 밝히려는 노력은 더욱 중요한 일이다. 흔히 문학에서의 이러한 성공을 우리는 문학적 형상화나 전형화를 잘 이루었다고 표현하고 있다. 이런 의미에서 앞으로 우리 수필 문학은 그동안의 노력과 성과에 힘입어 일상적인 '작은' 대상으로부터 더욱 넓고 깊은 차원의 '큰' 진실을 찾기 위한 노력을 해야 할 듯하다. 일상적 삶의 작은 부면에서 큰 진실을 획득한다는 것은 내용과 형식의 면에서 절제와 집약을 강조하는 수필 문학의 본령과도 부합하는 너무나 당연한 일이겠지만, 이것이 지닌 함의는 말과 같이 그렇게 간단한 것이 아니다.

사실 오늘날 우리의 삶의 양상은 한없이 확대 지향적이며, 인간의 행복 또한 무한한 확장을 통하여 이루어진다고 여겨진다. 이것은 필경 기술 문명과 자본주의 시대에 고무되어 한없이 성장하고 확대되기만 바라는 인식에서 생겨나는 것이라 할 수 있다. 그러나 소중하게 꿈꾸어지는 사물들은 절대로 함부로 확장되지 않으며 그 어떤 크기로도 고정되지 않는다.

마찬가지로 우리의 수필문학도 길거리의 작은 돌 하나에서 거대한 산맥 전체와 필적하는 실체를 느끼고, 숲속의 풀잎 하나에서도 우주의 깊은 생명력과 소통할 수 있어야 할 것이다. 당연한 이야기이지만 예술이란 지금 여기에 없는 것을 창조하는 일일 수도 있지만, 그에 앞서 새로운 시선으로 일상을 재발견할 때 세상의 모든 경이로움을 재현할 수 있다. 길거리의 작은 돌과 숲속의 풀잎 같은 미물들을 포함한 모든 생명체는 그저 아무렇게나 존재하는 것이 아니라 거기에는 나름의 긴밀한 공동체를 이루는 상생적 사유가 담겨있기 때문이다. 이 세상의 모든 만물은 크기에 상관없이 모두 존엄하고 의미 있는 존재로 살아있기 때문에, 작은 것을 통하여 큰 것을 호명하고 그들에 상상력을 불어넣을 때 진정한 문학적 사유가 생성될 수 있다.

이러한 관점은 우리가 살고 있는 이 우주의 공간이 인간만을 위한 거처가 아니라 온갖 생물들과 무생물까지 더불어 살고 있는 공동체임을 인식해야 한다는 것을 의미한다. 과학과 기술, 그리고 대량 소비로 이어지는 오늘날의 세상에서 작고 하찮은 것들에 대한 우리들의 관심은 '생명중심주의'를 넘어 생명공동체의 가치를 일깨우는 생태주의로도 승화될 수 있는 것이다. 따라서 모든 문학은 본질적으로 생태주의적 가능성을 내포하고 있는 것이라 할 수 있으며, 특히 '인간과 세상의 관조'를 지향하는 수필 문학의 경우에는 그러한 가능성은 더욱 의미 있게 찾아져야 할 것이다.

이런 의미에서 정태헌의 「새날로 가는 계단」, 이미영의 「방」, 김정화의 「빗방울이 석종을 치고」, 강병숙의 「소나무」는 뜻깊게 읽히는 작품들이다.

2. 정태헌의 「새날로 가는 계단」

「새날로 가는 계단」은 우리의 삶에서 생명현상의 중요성과 일상과 비일상의 의미를 추적하는 수필이다. 일반적인 의미에서의 생명이란 숨 쉬며 살아 있는 힘, 살아가는 원동력으로서의 능력에 의해서 가능하다. 자신이 무엇인지도 모르며 눈에 보이지도 않고 귀에 들리지 않으며 손으로 만질 수도 없는 '생명'이란 없다. 우리가 아침에 눈을 뜨고 "아침이 열리고 물상들이 돌아 오르"고, "창 너머, 벚나무에 앉아 재재거리던 참새들도 눈을" 뜨고, "화단을 맴돌던 암갈색 고양이 녀석"들이 깨어나 움직이는 것을 바라보면서 하루를 시작한다는 것은 생명이 있기 때문에 가능한 일이다. 아침이면 세상의 만물들이 꿈틀거리고 깨어나 하루를 시작한다.

이런 생명현상에 대한 지각과 함께 우리의 일상은 시작된다. '일상日常'은 원래 태양이 매일 뜨고 지는 항상성을 의미한다. 마찬가지로 여기에는 '평생'이라든가 '부단'과 마찬가지로 반복성과 연속성이라는 의미가 함의되어 있다. 그래서 우리는 작가의 표현대로 허구한 날, 그저 아침마다 습관처럼 눈을 뜨고 지겨운 하루가 다시 시작된다고 불평한다. 그렇지만 삶은 "단조로운 반복과 일상의 지루함이 아닌, 빛나는 환희요 기쁨이라는 것을" 느낄 때야 진정으로 살아있는 것이다. 때문에 "깊은 잠에서 다시 깨어나는 일은, 다시 눈을 떠 살아난다는 것은 한량없는 기쁨이고 떨림이다."

「새날로 가는 계단」에서 작가는 일상의 의미는 하찮은 것일 수 있지만, 이런 사소한 삶의 체험에서 더욱 중요한 삶의 의미를 찾고 있다. 따라서 이 작품은 일상적 삶과 새로운 세계에 대한 동화와 투사를 통하여 삶에 대한 새로운 인식과 통찰을 이루는 데 성공하고 있다.

3. 이미영의 「방」

「방」에서 화자는 원룸 건물에서 자취하는 아들의 방문기를 에피소드로 하고 있다. 아들의 자취방은 "학교에 가려고 잠을 자고 즉석 밥에 냉동된 반찬을 데워 속을 메우는 방"일뿐이다. 여기서 방은 우리에게 안식과 평화를 가져오는 삶의 공간이 아니다. 화자와 함께 아들의 자취방을 찾은 남편의 "완전 하꼬방이잖나."라는 이야기는 많은 의미를 함축한다. 화자는 '엄마의 하꼬방'을 기억한다. 엄마의 하꼬방이 인생의 노래 중에 늘어지도록 자꾸 자동 재생되는 까닭은 그 이후로 조금씩 넓은 집으로 옮겨 살고자 하는 욕망을 키우게 되고, 그러면서 차츰 인생의 희망을 싹틔웠기 때문이다.

작품은 화자가 찾은 아들의 자취방이 기본적 모티브가 되지만, 작가는 이 방을 통하여 현대인이 도시의 일상생활에서 겪는 인간 소외와 고립 의식을 상징적으로 묘사하고 있다. 흡사 영화 '기생충'에서 우리가 보았듯이, 방은 현대인들의 단절된 인간관계, 소외 의식과 고립, 사물화되고 파편화된 채로 단절된 삶을 사는 사람들의 공간이다. 아들은 주체로서의 자기의 방을 원했지만, 그가 있는 방은 '빨래건조대'로 상징되는 사물이 주체가 되어 그 의지대로 움직이고 있다.

「방」에서 화자는 "잊고 싶은 아들의 방"을 통해 자신의 삶을 둘러싼 모든 것으로부터 소외되고 고립에 빠진 현대인의 모습을 읽어낸다. 그렇지만 어머니의 "하꼬방처럼 자취방도 희망의 싹을 틔울 수 있"게 되기를 소망해 본다. 「방」은 아들의 자취방을 통하여 현대인의 우울한 삶의 초상을 그려내고 있는 의미 있는 수필이다.

4. 김정화의 「빗방울이 석종을 치고」

「빗방울이 석종을 치고」는 시간과 역사의 의미를 사유하는 의미깊은 작품이다. 인류에게 역사는 과거에 있었던 사실을 기록한 것이지만, 과거에 있었던 모든 일이 역사가 되는 것은 아니다. 엄밀히 말해 '과거에 있었던 사실'들은 역사가의 해석과 작가의 상상력이 더해지면서 더욱 깊은 의미를 획득하게 된다.

한가로운 시골 마을 길모퉁이에 편평한 너럭바위가 펼쳐져 있고, 돌에 빗방울 자국이 새겨져 있다. 찰나의 순간이 그대로 멈춘 영원의 세계, 일억 년 전에 만들어진 빗방울 화석지이다. 중생대 백악기의 어느 날 지상에 내디딘 물의 발자국들이 흔적으로 남아 있다. 빗방울은 화석이 되어 오랜 세월을 이겨 내었다. 빗방울 화석을 바라보면서 작가의 상상력은 빛난다. 빗방울이 새겨 놓은 상형문자는 억겁의 언어일까, 무량의 소리일까. 그들이 남긴 흔적은 어떠한 의미를 지니는가. 또한 하나둘 물방울 고여 들어 이루게 된 생生과 멸滅의 의미는 무엇인가. 레비나스에 의하면, 기호와 달리 흔적은 그것을 남긴 주체의 의미 지향을 전제하지 않고 또한 다른 기호를 지시하지도 않으면서 자족적이다. 그렇기 때문에 우리는 그 흔적을 통하여 삶과 존재의 의미를 추적하게 된다.

작가의 의문과 유추는 역사적 상상력에 의해 추동된다. 화자는 빗방울이 만든 문자의 의미, 존재와 무한, 말의 한계와 가능성, 그 생성과 소멸의 과정을 온전히 담아내고자 진지하고도 고통스러운 성찰을 한다. "세상에 흔적 없는 것이 있을까. 잎이 떨어진 가지 위에 엽흔이 남고, 새들이 지나간 자리에 발 도장이 찍히며, 상처 난 가슴에는 생채기가 생긴다. 강물도 물의 지문을 그리고, 모래밭에는 바람의 문양이 들썩인다."

「빗방울이 석종을 치고」는 흔적에 대한 상상력을 바탕으로 미지의 세계를 독자들에게 펼쳐놓는다. 역사가 가진 통념과 속성, 그리고 그 생성과 소멸의 경로를 살펴보고자 하는 수필은 현실에서 무한으로 이르는 언어적 상상을 통해 독자들에게 수필의 새로운 모습을 보여준다.

5. 강병숙의 「소나무」

문학에서 서사는 사건을 설명하는 역할을 하고, 묘사는 사물에 대한 형상을 만들어주는 노력에 의해 이루어진다. 다른 문학 양식에서와 마찬가지로 수필에서도 상징이나 은유와 같은 묘사는 아무리 강조되어도 지나침이 없다. 표현방식으로서의 상징은 비가시적인 것을 가시적인 것으로 암시하는 형식을 취하면서 사물을 관념으로 표현하는 경우가 많다. 따라서 작품 속의 상징은 지시 대상이 그 자체의 의미를 유지하고 보다 포괄적인 의미를 내포하면서 하나의 단순한 의미로 환원되기보다는 다원적인 의미를 환기하는 작용을 한다. 그러므로 작가는 어떤 대상을 있는 그대로 바라보지 않고 세상의 어떤 현상과 연관 지어 새롭게 인식하고 재해석한 모습을 독자에게 보여주게 된다.

「소나무」에서 화자는 어린 시절부터 좋아하던 소나무를 보면서 어질고 심이 깊은 사람 같다는 생각을 해왔다. 화자는 아파트의 소나무를 바라보면서 수필 교실의 선생님을 떠올린다. 꼿꼿한 성품과 엄격한 소명감이 돋보이는 그는 소나무를 닮았다. 작가는 '소나무'라는 객관적 상관물을 통하여 사물에 담긴 진정한 모습을 새롭게 환기시킨다. 사물의 상투적 모습이나 일상을 제거하여 새로운 메시지를 담아 제시하는 것이 작가의 할 일이며, 사람들이 한 편의 좋은 작품을 읽으며 감탄하는 것도 그런 메시지에 동의하기 때문이다.

작가는 '소나무'를 통하여 낯선 대상에 대한 인식을 이루고자 한다. 소나무는 나름의 모습이나 크기를 갖추고 아파트에 서 있는 대상으로서의 일상적 의미를 지닐 뿐이지만, 그것은 그 속에 담긴 인간과 삶의 모습까지도 투사하는 의미로 존재한다. 작가는 사물이 나타내는 대상으로서의 표면적 의미와는 달리 소나무라는 상징을 매개로 하여 또 다른 의미를 인식하는 데 성공하고 있다.

6. 나오며

흔히 수필은 작가의 가치 있는 개별적 체험을 정제된 언어로 독자에게 전달하는 '자기 고백의 문학'이라고 규정되지만, 우리는 수필 문학을 통하여 개인적인 면에서는 물론 사회적으로도 더 높은 차원에서 기여할 수 있는 가능성을 보다 적극적으로 찾아야 할 것이다.

삶과 인간에 대한 깊은 성찰을 바탕으로 한 새로운 인식이 없다면, 결국 수필은 사적인 차원의 잡문이 될 위험을 면키 어려워진다. 이러한 수필 문학의 위기감을 극복하려면 먼저 수필은 삶과 세상에 대한 깊은 인식을 바탕으로 쓰여야 한다는 당위가 수필가들에게 요구된다. 수필은 '나'를 통해 세상을 말하는 통로이고 삶을 보는 시각이다. 그래서 이 세상과 삶을 형상화해서 창작하기 위한 고뇌가 바로 수필가의 사명이고 소임이다.

　이런 의미에서 수필 문학에서 더욱 중요한 것은 작가의 개별적 체험과 인식의 주제가 더 높은 차원의 보편적 주제를 위한 모색이 이루어져야 한다는 점이다. 그럴 때 수필 문학은 시와 소설과 같이 주제와 소재의 측면에서 더욱 새로운 영역으로 확대해 갈 수 있을 것이다. 수필의 양적인 풍요로움에도 불구하고 눈길을 끌 만한 신선하고 의미깊은 작품이 드문 것은 근본적으로는 인생과 세상에 대한 치열한 작가의식의 부재 탓이지만, 더 나아가 인간의 행복을 겁탈하는 억압적인 현실에 대한 근본적 고민의 상실 때문이라 할 수 있을 것이다. 일상성과 개별성으로부터의 협소함에서 탈피하여 더욱 넓고 깊은 보편성의 문학을 이룰 때, 수필은 지금보다 더욱 확고한 문학 장르로서 자리매김할 수 있을 것이다.

허상문 평론집
불화의 세상, 불화의 언어

인쇄 2025년 9월 22일
발행 2025년 9월 25일

지은이 허상문
발행인 서정환
펴낸곳 인간과문학사
주소 서울특별시 종로구 삼일대로 30길 21, 종로오피스텔 714호
전화 02)3675-3885, 063)275-4000
팩스 (063) 274-3131
이메일 inmun2013@hanmail.net
출판등록 제300-2013-10호
인쇄 · 제본 신아출판사

저작권자 ⓒ 2025, 허상문
이 책의 저작권은 저자에게 있습니다. 서면에 의한 저자의 허락없이 내용의 일부를
인용하거나 발췌하는 것을 금합니다.

저자와 협의, 인지는 생략합니다.
잘못된 책은 바꿔 드립니다.

ISBN 979-11-6084-262-3 03810
값 20,000원

Printed in KOREA